U1076767

·湖南科技大学学术著作出版基金资助·

张笑秋 著

新生代农民工流动行为研究

——以湖南省为例

厦门大学出版社
XIAMEN UNIVERSITY PRESS
国家一级出版社
全国百佳图书出版单位

图书在版编目(CIP)数据

新生代农民工流动行为研究：以湖南省为例/张笑秋著. —厦门：厦门大学出版社，2016.10

ISBN 978-7-5615-6284-0

Ⅰ. ①新… Ⅱ. ①张… Ⅲ. ①农民-劳动力流动-研究-湖南 Ⅳ. ①D669.2

中国版本图书馆 CIP 数据核字(2016)第 254986 号

出 版 人 蒋东明
责任编辑 甘世恒、邓 臻
封面设计 张雨秋
责任印制 许克华

出版发行 厦门大学出版社
社 址 厦门市软件园二期望海路 39 号
邮政编码 361008
总 编 办 0592-2182177 0592-2181406(传真)
营销中心 0592-2184458 0592-2181365
网 址 http://www.xmupress.com
邮 箱 xmupress@126.com
印 刷 厦门市万美兴印刷设计有限公司

开本 720mm×1000mm 1/16
印张 15
字数 268 千字
版次 2016 年 10 月第 1 版
印次 2016 年 10 月第 1 次印刷
定价 58.00 元

厦门大学出版社
微信二维码

厦门大学出版社
微博二维码

序　言

自改革开放以来，我国农民工规模不断壮大，规模巨大的农民工，从代际区分的角度来看，可分为上一代农民工与新生代农民工，新生代农民工已经成为我国外出农民工群体的主体。新生代农民工的流动行为不仅与我国工业、服务业与现代农业的发展息息相关，还与我国的城市化进程、新农村建设、城乡一体化进程紧密相连。本书以新生代农民工流动行为作为研究内容，选题具有重要意义。

不同代际的群体不仅表现为自然属性的差异，更表现为思维方式、行为取向等的不同，在科学研究中，研究对象不同，研究者采取的分析视角、分析框架应有所不同。本书在梳理人口流动理论与新生代农民工流动行为研究文献的基础上，将代际理论与计划行为理论、多维视角的人类行为理论、结构化理论与人口流动理论有机融合，搭建包括流动行为的特征、影响因素与效应的新生代农民工流动行为分析理论框架。在理论框架的指导下，借助“湖南省农民工流动调查”数据，从代际比较角度与代内比较角度提炼新生代农民工流动行为的特征，从心理因素与社会因素两方面分析新生代农民工流动行为的影响因素，从积极效应与消极效应两方面归纳新生代农民工不同流动行为类型的效应。在流动行为特征、影响因素与效应分析的基础上，从政府、企业、社区与新生代农民工角度出发，提出达成新生代农民工流动意愿以实现新生代农民工自由流动的建议。

本书以理论框架指导实证分析，运用代内比较与代际比较相结合的方法，得出以下结论：第一，农民工流动行为不仅存有代际差异，新生代农民工内部的流动行为亦出现分化。第二，新生代农民工流动行为受到心理因素与社会因素的共同影响。第三，新生代农民工流动行为的效应具有两面性，但流动行为主要的、积极的效应与经济社会发展一致，新生代农民工流动是具有生态理性的行为。第四，流动行为的生态理性、不同类型效应的互补性与流动意愿实现程度对效应的重要影响，要求应实现新生代农民工流动意愿以促进新生代农民工自由流动。第五，政府、企业、社区与新生代农民工共同参与、扮演不同角色才能实现新生代农民工的自由流动。

本书在研究视角、研究内容与研究方法三个方面展开积极探索，具有一定的创新性。本书视人口流动为“行为”，从行为视角研究新生代农民工流动，丰富了现有人口流动研究的视角。在行为视角下，本书将心理因素纳入新生代农民工流动行为影响因素分析中，尝试性地进行了农民工流动动机、态度等心理因素的测量，定量分析心理因素对新生代农民工流动行为的影响，充实了人口流动研究的内容。在新生代农民工研究中，更多采用代际比较方法展开研究，本书在采用代际比较研究方法的同时，还采用了代内比较方法，扩展了新生代农民工流动研究的方法。

本书亦存在一定不足。由于农民工的分散性，本书抽取的样本未能实现随机抽样，样本数量如能更多、来源区域更广，则结论的说服力更强。同时，由于农民工流动的动机、态度等测量目前无成熟的量表，本书对农民工流动中心理因素的测量进行了有益的、尝试性的测量，但还有待进一步完善。由于著者水平有限，书中肯定还有不足之处，恳请读者批评指正。

本书根据著者的博士学位论文几易其稿而成，在本书即将出版之际，特别感谢著者的导师西南财经大学杨成钢教授！感谢先生一直以来的指导和教诲！感谢为问卷设计与最终数据采集给予帮助的老师、学长、学生与朋友！感谢接受试调查与最终调查的农民工朋友！感谢在论文写作过程中给予指点的同学和校友！同时，在本书写作过程中，著者查阅并参考了大量相关文献，在此，向查阅并参考过的文献的作者致以深深的谢意！在本书出版过程中，得到了湖南科技大学的领导与同事、厦门大学出版社邓臻老师及其团队的大力支持，在此深表感谢！本书从构思、数据采集、写作、修改到出版，一路走来，得到了家人的大力支持，谢谢你们！

著　者

2016 年 10 月 3 日

前 言 >>>

进入21世纪以来，随着农民工规模的不断扩大，传统的“农村、农业与农民”问题演变为“四农”问题：农村、农业、农民与农民工，“旧三农”问题演变为“新三农”问题：农民工、失地农民与农业村落终结①。近年来，“新三农”问题又演变为农民工问题、农村土地问题与农村组织问题②。无论是“四农”问题还是不同构成的“新三农”问题，均表明农民工的社会影响日益深远，成为推动我国产业发展、城市化进程与新农村建设的重要力量。

在我国产业发展中，农民工是产业工人的主体，已占产业工人群体的2/3以上，在建筑业、煤矿采掘业、纺织服装业以及城市一般服务业中，农民工所占比重分别为90%、80%、60%与50%③。同时，农民工亦是我国城市化进程的重要推动者。目前，因外出且在当地定居半年以上的农民工被统计为城镇常住人口，农民工以外出务工为主，所以，农民工提高了我国的城镇化水平。以2013年为例，我国常住人口城镇化率为53.7%，户籍人口城镇化率为35.7%左右④；《十三五规划纲要》显示：2015年，我国常住人口城镇化率上升到56.1%，户籍人口城镇化率为39.9%。以农民工为主体的流动人口使我国常住人口城镇化率远远高于户籍人口城镇化率。未来，农民工是城市新增人口的主体。根据《国家新型城镇化规划(2014—2020年)》，2020年，我国户籍城镇化人口城镇化率拟从2012年的35.3%提升到45%左右，常住人口城镇化率与

---

① 李培林.全球化与中国“新三农问题”[J].福建行政学院福建经济管理干部学院学报，2006(2)：6.

② 李培林.农村发展研究的新趋势、新问题[J].吉林大学社会科学学报，2010(1)：6.

③ 《我国农民工工作“十二五”发展规划纲要研究》课题组.中国农民工问题总体趋势：观测“十二五”[J].改革，2010(8)：12.

④ 国家统计局.国家统计局数据显示2013年中国城镇化率为53.7%[EB/OL].网易，2014-01-20，http://news.163.com/14/0120/10/9J1BQSN700014JB5.html.

户籍人口城镇化率的差距缩小2个百分点。常住人口城镇化率与户籍人口城镇化率的缩小需要借助农民工市民化,即相当部分的农民工从常住人口转变为城市户籍人口,故农民工是我国新型城镇化进程的重要推动者。沃泽勒与蒂卫(2008)指出:在2025年之前,中国城市人口数量将增加3.5亿人,其中,2.4亿人来自农村[①],即在未来的城市新增人口中,69%是以农民工为主体的农村移民。不仅如此,农民工还是农村的"精英"群体,是我国新农村建设的主体,农民工通过流动获得的收入、信息、机会以及在流动中的素质提升可有力促进新农村建设。

在规模巨大的农民工群体中,出生于20世纪八九十年代的新生代农民工已经成为外出农民工群体中的主体。受教育程度更高、更年轻的新生代农民工将在推动我国产业发展、城市化进程与新农村建设中发挥更加重要的作用。根据国家统计局发布的《2013年全国农民工调查报告》,新生代农民工的受教育程度更高。新生代农民工与上一代农民工相比,虽然受教育程度为初中的比例非常接近,但新生代农民工中初中以下受教育程度的比例比上一代农民工低18.6个百分点,高中及以上受教育程度的比例比上一代农民工高19.2个百分点。将农民工划分为新生代农民工与上一代农民工,是一种代际区分,代际区分的常用标准之一是出生年代的差异。因此,新生代农民工自然比上一代农民工年轻。在我国经济社会发展进入新常态的新背景下,经济增长方式由粗放型转向集约型,经济发展更多依靠创新,职业结构也日趋白领化,上述变化对经济活动参与者的人力资本水平提出了更高要求。新生代农民工与上一代农民工相比,受教育程度更高,能更快更好地适应经济社会发展的新要求,在城乡发展中扮演重要角色。

十六大报告提出"统筹城乡经济社会发展",十七届三中全会通过的《关于推进农村改革发展若干重大问题的决定》提出"着力破除城乡二元结构",十八大报告提出"推动城乡发展一体化"。可见,城乡一体化得到党和国家的高度重视。农民工作为城乡连接的纽带,新生代农民工作为外出农民工的主体,该群体对推进城乡一体化进程意义重大。新生代农民工发挥推动产业发展、城市化进程与新农村建设的作用与新生代农民工如何流动密切相关。对新生代农民工流动的研究,不仅有助于我国城乡协调发展,也有利于新生代农民工群体自身的发展。

---

① Jonathan Woetzel and Janamitra Devan.成长的烦恼——中国城市化进程[EB/OL].360doc个人图书馆,2008-04-16,http://www.360doc.com/content/08/0416/18/267_1194607.shtml.

目录 CONTENTS

第一章 >>>

导　论

第一节　研究背景与研究意义

一、研究背景

自改革开放以来，随着农村家庭联产承包责任制的推行，农村劳动生产率不断提高，大量农民成为剩余劳动力。在城市，经济不断发展，对工人尤其是廉价工人的需求日趋强烈；同时，城市对农民的限制逐渐松动，从限制到默许，再到允许。1984 年以前，限制农民进城务工；1984 年到 1999 年，允许农民自筹资金、自带口粮进城务工，限制城乡人口流动的就业管理制度开始松动，农村劳动力开始快速向城市流动，“农民工”一词首次出现在该阶段的 1984 年；2000 年以后，国家对农民工的政策向积极方向转变，主张取消农民工进城限制的《国民经济和社会发展“十五”计划纲要》《国务院关于解决农民工问题的若干意见》等政策先后发布，农民工流动加速①。在农村劳动生产率提高、城市经济发展与相关制度松动的共同作用下，涌现出有史以来规模最大的民工潮，农民工的规模日益壮大，从改革开放初期的 3 000 万②发展到 2015 年的 27 747 万③，增加了 8.25 倍，增速远高于总人口增长速度。

---

① 石玉顶.我国农民工流动就业的历史演变及制度创新研究[J].农业现代化研究，2008(6)：707－708.

② 杨聪敏.改革开放以来农民工流动规模考察[J].探索，2009(4)：135.

③ 国家统计局.2015 年农民工监测调查报告[EB/OL].国家统计局网站.http://www.stats.gov.cn/tjsj/zxfb/201604/t20160428_1349713.html，2016-04-28.

规模巨大的农民工，早已不是同质性群体。流动人口的群体特性受到社会时空与社会记忆的影响，处在不断的建构、解构与重构之中①，从而形成不同的群体。不同学者从不同角度对其分类，部分学者基于横向比较、以经济地位与社会地位为分类标准，李培林（1996）根据收入高低，将农民工区分为三类人群：占有相当生产资料并雇佣他人的业主、占有少量资本并自我雇佣的个体劳动者、除了劳动力一无所有的打工者②；赵树凯（1998）从农民工职业活动角度将农民工分为四个群体：两个基本群体即雇佣就业者与自营就业者，两个特殊群体即管理者与游民③。唐灿、冯小双（2000）认为：农民工群体内部已出现在资本占有、经济收入、社会声望、价值取向等方面存有显著差异的等级群体，原群体内部的同质性被打破④。从纵向或代际比较的划分来看，王春光（2000）首先提出"新生代的农村流动人口"，认为新生代的农村流动人口即"第二代农民工"，主要指 20 世纪 90 年代外出务工经商的流动人口⑤。王春光（2001）进一步指出：农村流动人口已经出现代际间的变化，两代农民工的流动动机存在显著差别，许多社会特征亦如此，从而提出"新生代农村流动人口"一词⑥。罗霞、王春光（2003）给出更为详细的新生代农民工界定，认为新生代农民工包含两层含义：年龄在 25 岁以下、于 20 世纪 90 年代外出务工经商的农村流动人口，与第一代农村流动人口在社会阅历上差异明显；不是第二代农村流动人口，因为不是第一代农村流动人口在外出过程中出生与长大起来的，而是介于第一代与第二代之间过渡性的农村流动人口⑦。从 1984 年首次出现"农民工"到 2000 年首次出现"新生代的农村流动人口"，间隔 16 年，正是一代劳动力成长的时间，这不仅是巧合，而且是该群体发展的必然。

随着 20 世纪八九十年代出生的新生代农民工陆续进入农民工队伍，新生

---

① 王春光.新生代农村流动人口的社会认同与城乡融合的关系[J].社会学研究，2001(3)：64.

② 李培林.流动民工的社会网络和社会地位[J].社会学研究，1996(4)：48.

③ 赵树凯.纵横城乡——农民流动的观察与研究[M].北京：中国农业出版社，1998：17—19.

④ 唐灿，冯小双."河南村"流动农民的分化[J].社会学研究，2000(4)：72.

⑤ 王春光.新生代的农村流动人口对基本公民权的渴求[J].民主与科学，2000(1)：18.

⑥ 王春光.新生代农村流动人口的社会认同与城乡融合的关系[J].社会学研究，2001(3)：63.

⑦ 罗霞，王春光.新生代农村流动人口的外出动因与行动选择[J].浙江社会科学，2003(1)：110.

代农民工队伍不断壮大,《2013 年全国农民工监测调查报告》显示:2013 年末,在 1.66 亿外出农民工中,新生代农民工占 60.57%,是农民工群体的主体,成为我国经济社会发展的主力军。在新生代农民工成为外出农民工群体主体的背景下,该群体与上一代农民工在成长环境、流动动机和行为选择等诸多方面存在显著差异,如果仍将两代农民工视为整体加以研究,将削弱研究结果的适用性,故应单独研究新生代农民工。

政府高度重视新生代农民工群体的发展,2010 年中央一号文件《中共中央、国务院关于加大统筹城乡发展力度,进一步夯实农业农村发展基础的若干意见》指出:采取有针对性的措施,着力解决新生代农民工问题。“新生代农民工”首次明确出现在中央文件中。从人口学的角度来看,新生代农民工属于流动人口,其面临的所有问题在本质上均属于人口流动问题。从新生代农民工流动的最终归属来看,或者变为市民,或者成为现代农民或农民,其流动行为对这一结果的实现具有重要影响。研究新生代农民工流动行为具有十分重要的理论意义与实践意义。

二、研究意义

(一)研究的理论意义

本研究的理论意义表现在以下三方面:

第一,视人口流动为行为,将代际理论与计划行为理论、多维视角的人类行为理论、结构化理论与人口流动理论有机融合,跨学科搭建新生代农民工流动行为分析的理论框架,实现人口流动理论与其他相关理论的融合,丰富人口流动研究的视角。在代际理论、计划行为理论与人口流动理论的融合中分析新生代农民工流动行为的特征,在多维视角的人类行为理论和人口流动理论的融合中分析新生代农民工流动行为的影响因素,在结构化理论与人口流动理论的融合中分析新生代农民工流动行为的效应。

第二,分析新生代农民工的动机、态度、情感、参照点依赖、从众心理与风险偏好等心理因素及其对新生代农民工流动的影响,拓宽人口流动研究的内容。虽然现有人口流动研究强调动机、心理预期等对人口流动的影响,但多为理论研究;同时,鲜见将影响决策的其他重要的心理因素如情感、态度等引入人口流动影响因素的分析框架之中。本书将在多维视角的人类行为理论与人口流动理论的启发下,运用心理测量方法,探析新生代农民工流动中的动机、态度、情感、参照点依赖、从众心理与风险偏好的现状及其对新生代农民工流动的影响，为全面提出实现其流动意愿的建议提供更为充分的依据。

第三，对人口流动行为中心理因素的测量进行有益尝试，为后续研究与相关研究提供一定的借鉴。心理因素具有潜在性特征，必须借助量表进行测量。笔者将多维视角的人类行为理论与人口流动理论结合起来，运用心理测量知识与方法，对农民工的动机、态度等心理因素的测量进行尝试，虽有缺陷，但可为后续研究与相关研究带来一定启发。

（二）研究的实践意义

通过分析新生代农民工流动的特征、影响因素与效应，从政府、企业、社区与新生代农民工四者出发，提出实现新生代农民工自由流动的建议，以妥善解决新生代农民工的就业问题和其他相关问题，促进我国城市化、工业化的稳定发展和新农村建设，加快城乡一体化进程。具体而言，具有以下实践意义：

第一，为解决新生代农民工半城市化困境、有序推进新生代农民工市民化与新农村建设的政策提供决策依据。新生代农民工的城市融入并不彻底，呈现出“半城市化”的特点；由于与农村联系较为松散，难以以传统务农的形式重新回到农村。本研究在特征、影响因素与效应分析的基础上，从政府角度提出的对策可满足新生代农民工不同流动行为类型的需求，从而推动我国城市化进程与新农村建设。

第二，为企业激励新生代农民工指明方向。新生代农民工群体作为我国产业工人的重要组成部分，也是诸多制造业、服务业、批发零售业等企业员工的重要组成部分，这些企业的绩效在很大程度上受到新生代农民工个体绩效的影响，个体绩效又受制于激励效果，而激励效果不仅取决于外部刺激，还受到激励对象心理因素的影响。本研究通过探析新生代农民工在流动中的经济动机与非经济动机、态度、情感等心理因素的现状及其对流动的影响，突出新生代农民工心理因素对其行为选择的重要性，倡导企业管理新生代农民工的出发点不仅应满足新生代农民工基础的经济需要，还应满足日益突出的非经济需要，关注新生代农民工与上一代农民工不同的心理诉求，采取与新生代农民工心理诉求一致的激励手段，提高激励效果与企业绩效。

第三，为促进新生代农民工融入城市或回归农村提供指导。社区作为新生代农民工生活的场域，对新生代农民工的心理状态形成具有重要影响，从而影响新生代农民工的流动行为选择。本研究在明确影响新生代农民工流动行为的心理因素的基础上，根据心理状态形成与社区的理论关系，在社区层面提出促进新生代农民工自由流动的对策建议。对城市社区而言，提出社区促进新生代农民工融入城市的对策，以明确社区在新生代农民工融入城市中的作为；对农村社区而言，提出完善农村社区的建议，增加农村社区对新生代农民工的吸引力。

第四，为新生代农民工人力资本的提升提供指引。在与新生代农民工流动相关的户籍管理、基本公共服务管理等相关制度日益完善的背景下，新生代农民工为实现个体的自由流动，以能力为核心的人力资本的提升十分重要。本研究通过分析新生代农民工人力资本的现状及其对流动的影响，提出提升新生代农民工人力资本的对策，以期实现新生代农民工人力资本的提升。

第二节 主要概念的界定

与本研究密切相关的主要概念包括：行为、人口流动、流动行为、农民工、新生代农民工与上一代农民工。

一、行为

本研究拟从"行为"视角分析新生代农民工流动，故行为是本研究的主要概念之一。

不同学派、不同学科对"行为"的定义不同，例如，心理学的行为主义学派认为：行为是由刺激引起的、可观察和测量的反应；心理学的精神分析学派认为行为受制于人的潜意识系统，在很大程度上由本能左右。社会学家认为行为是行为者价值观与态度的体现①。勒温（Lewin Kurt，1951）提出心理学场论，可用如下表达式表示行为：

$$B=f(P.E)$$

式中：B 表示行为，P 表示个体，E 表示环境，该公式表明：行为是个体与

① 韩晓燕、朱晨海.人类行为与社会环境[M].上海：格致出版社、上海人民出版社，2009:1.

环境交互作用的结果①。这是被大多数学者接受的定义，亦是本研究"行为"的内涵。

二、人口流动

虽然不同学者从不同角度界定人口流动，但均要考虑地理位置(或行政区划)的变动与时间的长短，地理位置的变动本身难以清楚界定，因此，到底怎样界定人口流动成为一个复杂的问题②。不仅如此，人口迁移与人口流动是两个相近的概念。在以欧美和日本等为代表的发达国家，农村流动人口实行单向的"市民化"转移，以巴西、墨西哥等为代表的发展中国家，实行单向的"贫民化"转移。因此，在国外的人口流动(迁移)理论中，并未严格区分人口迁移与人口流动，使用"人口迁移"较多。

在中国，农村人口流动是由乡村到城市、由城市到乡村的"非稳态转移"，具有双程往返的特点，有必要区分人口迁移与人口流动。人口迁移与人口流动都涉及人口的空间转换，在实践中常常混用。关于二者的关系，主要有以下三种观点：第一，人口迁移包括人口流动，以刘铮、李竞能为代表。刘铮、李竞能(1985)指出：人口迁移变动指人口在空间上的一切移动，包括定居点的移动和暂时的移动③。第二，人口流动包含人口迁移，以辜胜阻等人为代表。辜胜阻、朱农、邓邦林(1989)认为：人口流动有暂时性人口流动和永久性人口迁移之分④。第三，人口流动和人口迁移是泾渭分明的两个概念，不存在包含与被包含的关系，以蔡昉、马本昌、段成荣、孙玉晶等为代表。蔡昉(1995)认为，虽然迁移人口和流动人口具有相似特征，但人口迁移是指改变户口所在地的空间转换，而人口流动是不改变户口所在地的空间转换⑤。马本昌(1998)虽然从广义和狭义的角度理解人口流动与人口迁移，但在比较二者区别时，他认为：人口迁移可以改变户口登记地，而人口流动则不能改变户口登记地⑥。段

① Lewin Kurt.Field Theory in Social Science[M].New York：Harper Torch Books.1951.

② G.J.Lewis.Human Migration[M].New York：Groom Helm Ltd，1986：6－19.

③ 刘铮，李竞能.人口理论教程[M].北京：中国人民大学出版社，1985：13.

④ 辜胜阻，朱农，邓邦林.人口流动及其后果探微[J].人口与经济，1989(4)：24.

⑤ 蔡昉.人口迁移和流动的成因、趋势与政策[J].中国人口科学，1995(6)：8－9.

⑥ 马本昌.人口迁移与流动概念及其调查指标设置探讨[J].人口与计划生育，1998(6)：26－27.

成荣,孙玉晶(2006)持相同观点①。本书亦持该观点,认为人口流动是未改变户口登记地但离开户口所在地半年以上的空间转换。根据流向的不同,人口流动包括城—城人口流动、城—乡人口流动与乡—城人口流动,本研究主要分析乡—城人口流动,即从农村到城市的人口流动。

三、流动行为

本研究视人口流动为行为,从行为角度研究人口流动,故本书所研究的"人口流动"是指在个体因素与环境因素的作用下,农村人口和户口所在地为城市但有土地的人口未改变户口登记地且离开户口所在地半年以上的空间转换与职业转换。本研究的人口流动,不仅关注流出人口空间转换与职业转换,还关注流出人口的心理感受,关注流动人口与环境因素的交互作用。同时,也在同等意义上使用"人口流动"与"流动行为"。

四、农民工

农民工现象与"农民工"一词出现以来,不同学者出于研究目的与研究视角的不同,对"农民工"进行不同的界定。刘传江(2004)从户籍、职业与阶层三个层面界定农民工:农民工是从农民中分化出来的、从事非农经营的、不具有城镇居民身份的人员②;沈立人(2005)则从"农"与"工"的双重身份界定农民工:农民工是兼有"农"与"工"双重身份与角色且以"农"为起点,而以"工"为终点的过渡性群体③。在农民工实证研究中,国务院研究室课题组(2006)的定义广为接受,从户籍身份、土地与职业三个方面界定"农民工":农民工是指户籍身份还是农民、有承包土地,但主要从事非农产业、以工资为主要收入来源的人员④。

对出生在统一户口类型改革之前与农村家庭联产承包责任制实施"增人不增地、减人不减地"改革之前的农民工,从户籍身份、土地与职业界定"农民工"非常精确。但对出生在户口类型改革后、对出生在农村家庭联产承包责任

① 段成荣,孙玉晶.我国流动人口统计口径的历史变动[J].人口研究,2006(4):70.

② 刘传江.农民工生存状态的边缘化与市民化[J].人口与计划生育,2004(11):44.

③ 沈立人.中国农民工[M].北京:民主与建设出版社,2005:43-47.

④ 国务院研究室课题组.中国农民工调研报告[M].北京:中国言实出版社,2006.

制实施“增人不增地、减人不减地”改革之后的农民工而言，该界定中的户籍与土地作为农民工的界定标准已经不完全准确。

统一户口类型后，在户口登记中不区分农民与市民，统称为“居民”，此时，户籍身份不能准确界定农民工。以本书分析的湖南省为例，根据2003年《湖南省深化户籍管理制度改革方案》的有关规定：取消农业户口和非农业户口以及由此衍生的户口类型，统一登记为“居民户口”，实行以居住地划分城镇人口和农村人口、以职业区分农业人口和非农业人口的统计方法，根据户口登记地和是否承包责任田作为享受不同待遇政策的依据，使之与国家现行的法律法规相适应，对户口登记地在居委会但有土地的人员视同农村人口。该规定已经于2006年实施。2014年7月出台的《国务院关于进一步推进户籍制度改革的意见》明确规定：取消农业户口与非农业户口性质区分和由此衍生的蓝印户口等户口类型，统一登记为居民户口。

同时，农村家庭联产承包责任制中的土地承包经营期限不断延长。20世纪70年代末80年代初推行农村家庭联产承包责任制后，在该制度实施初期，并未明确承包年限。由于人口数量为时点指标，总是处于变动之中，导致农民与土地的承包关系不稳定，易出现对土地的短期行为。为稳定农民对农村土地的预期，政府在农村制度变革取向上采取了使农地承包经营权制度化、法律化、长期化的措施。1984年的中央农村工作1号文件提出：“延长土地承包期，鼓励农民增加投资，培养地力，实行集约经营。土地承包期一般应在十五年以上。”1987年，将贵州省湄潭县作为国家试验区，试点“增人不增地、减人不减地”的土地制度。90年代初、中期进行的第二轮承包又将土地承包经营期限延长至30年。2008年的十七届三中全会提出“稳定现有土地与承包关系，实行长久不变”，十八届三中全会重申：稳定农村土地承包关系并保持长久不变。在土地承包期限内，农村土地承包关系稳定，增人不增地，减人不减地，新增人口可能分得土地。根据《中华人民共和国农村土地承包法》第28条规定：在承包期限之内，新增人口的土地来自于集体的机动地、新开垦地和已承包村民自动退回的土地。同时，部分出生在土地承包期限延长后的人口，可能因为集体没有机动地、没有新开垦地与退回的土地，未分到土地。在此背景下，将土地作为农民工界定的必备条件已经不合时宜。

考虑到户籍制度改革和部分农村居民未分到土地的背景，本书对农民工做如下界定：农民工是指户口登记地在农村地区或在居委会且有土地但从事非农产业超过半年的人员。与以往农民工的界定相比，本书农民工的界定仍然强调该群体从事非农产业，不同的是，不考虑户籍身份，将户口登记地的城乡归属作为第一标准，户口登记地为农村但从事非农产业超过半年的人员，不管其有无土地均视为农民工；户口登记地为城镇但有土地且从事非农产业超过半年的人员亦视为农民工。同时，由于农民工是流动行为的执行者，同样具有时间与空间的限制，时间限制表现为从事非农产业的时间必须超过半年时间，空间限制表现为农民工可分为在本乡镇内就业的本地农民工和在本乡镇以外就业的外出农民工，本书的研究对象为外出农民工。本书的“新生代农民工”与“上一代农民工”均指外出的新生代农民工、外出的上一代农民工。

五、新生代农民工

农民工作为一个数量庞大的群体，其内部构成是异质的，其异质的分类标准既有属于社会属性的职业、收入等，还有属于自然属性的标准如年龄，以及既包括自然属性也包括社会属性的代际区分，即将农民工分为不同的代。代际区分首先是年龄的区分，年龄是划定代际边界的标准；然而代际区分的实质是社会文化属性的区分，在开放性的现代社会，代际区分是出生在不同年代、成长在不同社会环境之下、具有不同社会文化属性的异质群体[①]。在农民工的代际区分中，同样需要用年龄或出生年代框定代的自然边界，以不同年龄农民工的价值观与行为方式作为代际区分的实质标准。因此，本书分析的新生代农民工是指 20 世纪 80 年代及其以后出生、并于 90 年代末期及以后进入城市的农民工，其构成主体将由 80 后变为 90 后，在价值观念和行为方式方面与 80 年代之前出生的农民工存在显著差异的群体。

在实证研究中，基于研究可行性的考虑，以出生年代(1980 年及以后)划分新生代农民工，但二者的实质差异是由于成长环境与经历不同所导致的价值观念、行为方式等的差异。

六、上一代农民工

基于代际差异将农民工群体区分为新生代农民工和上一代农民工，二者为互斥关系，因此，上一代农民工指 1980 年前出生的农民工。

---

① 廖小平、曾祥云.“代”论[J].江海学刊，2004(4)：5－7.

第三节 主要内容与研究思路

一、主要内容

根据研究主题，本书主要包括以下内容：

（一）新生代农民工流动行为分析的理论框架

将代际理论与计划行为理论、多维视角的人类行为理论、结构化理论与人口流动理论有机融合，搭建包括流动行为特征、流动行为影响因素与流动行为效应的新生代农民工流动行为分析理论框架。在代际理论、计划行为理论与人口流动理论的融合中分析新生代农民工流动行为的特征，在多维视角的人类行为理论和人口流动理论的融合中分析新生代农民工流动行为的影响因素，在结构化理论与人口流动理论的融合中分析新生代农民工流动行为的效应。

（二）新生代农民工流动行为的特征分析

本部分借助笔者主持的“湖南省农民工流动调查”数据，运用代际比较与代内比较方法，农民工流动行为的特征。在代际比较中，重点从客观与主观方面分析新生代农民工流动行为的特征，在客观方面主要包括流入地区分布、更换工作地点与工作频率、打工方式、求职途径、行业与职业分布、工作时间、收支状况、劳动合同签订与社会保障、失业时间、参与企业管理、工作中不公平待遇与处理和休闲方式十二个方面；在主观方面，主要包括流动中的动机、意愿、态度、相对剥夺感、公平感、参照点依赖、从众心理、风险偏好、工作满意度、城市生活满意度与身份认知等十一个方面。在比较两代农民工流动特征差异的基础上，总结其行为表现，定性分析新生代农民工流动行为的性质。同时，从代内比较分析不同流动行为意向的新生代农民工在务工经历与心理状态方面的差异。

（三）新生代农民工流动行为的影响因素分析

在多维视角的人类行为理论与人口流动理论融合中，将心理因素（动机、态度、相对剥夺感、公平感、从众心理与风险偏好)与社会因素(微观的个人、家庭因素、中观的社区因素与宏观的制度因素)纳入影响因素分析框架中,分析诸因素对新生代农民工流动行为的影响,对具有显著影响与不具有显著影响的因素加以分析与解释。

(四)新生代农民工流动行为的效应分析

在结构化理论与人口流动理论的融合中,分类型分析新生代农民工流动行为的积极效应与消极效应,为建议的价值取向提供依据。

(五)促进新生代农民工自由流动的建议

在新生代农民工流动行为的特征分析、影响因素分析与效应分析的基础上,从宏观的政府、中观的企业和社区与微观的新生代农民工四者出发,提出促进新生代农民工自由流动的建议。

二、研究思路

本书沿着理论研究—实证研究—对策研究的思路展开,具体研究思路见图 1-1。

第四节　理论基础、研究方法与数据来源

一、理论基础

本书视人口流动为“行为”,将代际理论与计划行为理论、多维视角的人类行为理论、结构化理论与人口流动理论有机融合,搭建包括流动行为特征、流动行为影响因素与流动行为效应的新生代农民工流动行为分析的理论框架。在该理论框架的指导下,运用调查数据,分析新生代农民工流动行为。

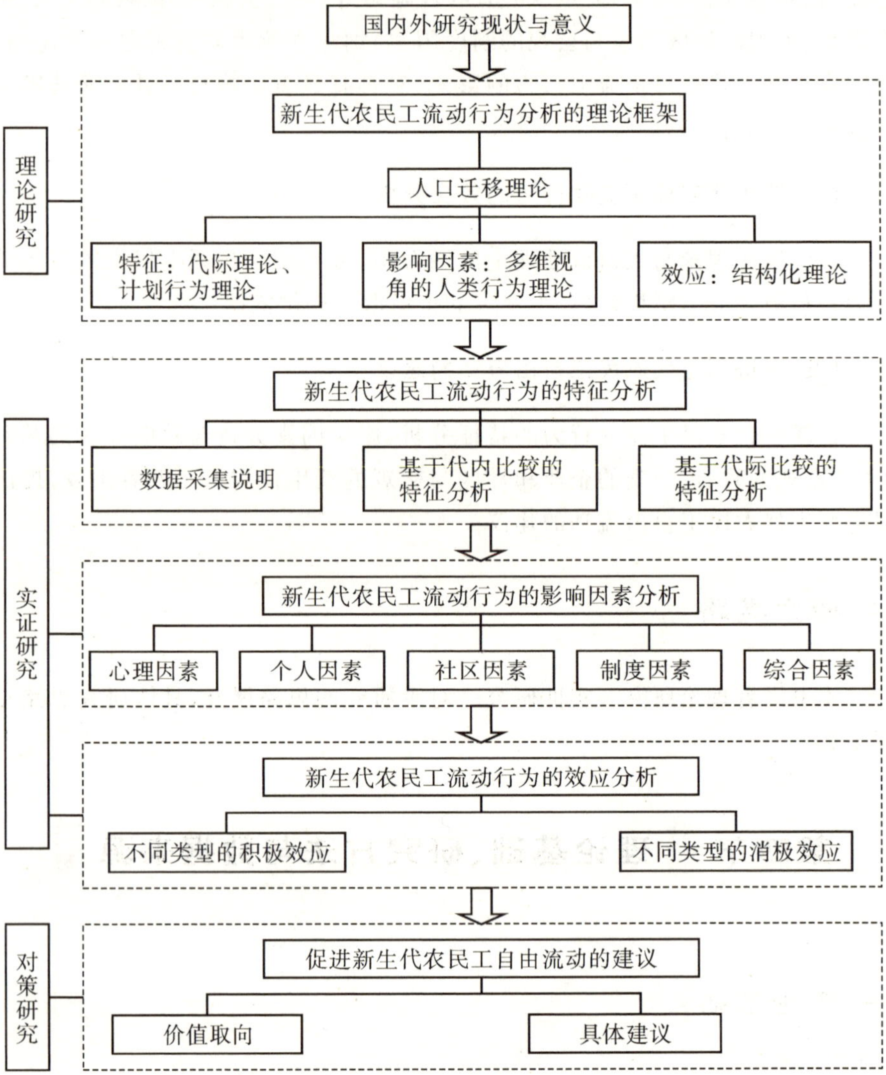

图 1-1　本书的研究思路

二、研究方法

(一)理论分析与实证分析相结合的方法

本书在界定行为、人口流动、流动行为、农民工、新生代农民工与上一代农民工六个主要概念，梳理人口流动理论和新生代农民工流动研究等相关文献的基础上，引入代际理论与计划行为理论、多维视角的人类行为理论与结构化理论，搭建新生代农民工流动的理论分析框架，将动机、态度、情感、参照点依赖、从众与风险偏好等心理因素纳入理论框架中。以理论框架为指导，运用"湖南省农民工流动调查"数据分析新生代农民工流动行为。

（二）定性研究与定量研究相结合的方法

本书首先进行定性分析，建立新生代农民工流动分析的理论框架，在该框架的指导下，借助调查数据，定量地分析新生代农民工流动的特征与影响因素；最后，对定量分析结果进行定性分析，从中得出关于新生代农民工流动行为研究的结论。

（三）纵向比较与横向比较相结合的方法

在分析新生代农民工及其流动行为的特征时，将本书调查结果与以往调查结果进行纵向比较。同时，将新生代农民工与上一代农民工同一时点的流动行为特征进行横向比较。在纵向比较和横向比较之中全面把握新生代农民工流动行为特征。

（四）代际比较与代内比较相结合的方法

在分析新生代农民工流动行为特征时，运用代际比较方法与代内比较方法，明确农民工流动行为特征的代际变迁与新生代农民工流动行为特征的代内分化；在分析新生代农民工流动行为影响因素与效应时，运用代内不同流动行为类型比较的方法，把握不同流动行为类型的影响因素与效应，为提出实现新生代农民工自由流动的建议奠定基础。

三、数据来源

（一）主要来源

本书的数据主要来源于笔者主持的"湖南省农民工流动调查"，调查以年龄分层，按照全国外出新生代农民工比例（60%）拟定样本年龄构成，以学生为主要调查员完成数据收集。

(二)部分其他来源

1.全国总工会新生代农民工问题课题组撰写的《关于新生代农民工问题的研究报告》(2010 年)、《2010 年企业新生代农民工状况调查及对策建议》(2011 年)。

2.国家统计局根据:"农民工监测调查"发布的数量(2011—2015 年)。

3.湖南省统计信息网关于湖南省农民工的相关数据。

第五节 创新与不足

一、创新之处

本书在研究视角、研究内容与研究方法方面具有一定的创新:

(一)视人口流动为"行为",在研究视角上有一定创新

本书将人口流动视为"行为",行为是为心理学、经济学、社会学、管理学等学科的研究对象,行为研究要求交叉学科的支撑。本书运用心理学的测量方法,在社会学与人口学相关理论的融合中,分析新生代农民工流动行为的特征、影响因素与效应。

(二)定量分析心理因素对人口流动行为的影响,在研究内容上有一定创新

在人口流动行为分析中纳入心理因素,制订心理因素测量量表,如动机量表、态度量表等,定量分析心理因素对人口流动行为的影响,以更全面地把握新生代农民工流动行为的影响因素,将人口流动行为影响因素分析内容由社会因素扩展到社会因素与心理因素。

(三)进行代内不同流动类型的比较分析,在研究方法上有一定创新

现有新生代农民工流动研究多以代际比较为主,在把握新生代农民工流动行为特征时,代际比较有利于深入认识人口流动行为特征的代际演变。随着上一代农民工逐渐退出与新生代农民工数量的增加,代内比较更具有现实意义。本书在分析新生代农民工流动行为的特征、影响因素与效应时,采取代内比较方法，基于该方法提出的建议有利于促进新生代农民工的自由流动。

二、不足之处

本书的主要不足之处有四：

（一）未能实现随机抽样

农民工规模巨大，无法获取总体名单，且分布较为分散，尽管本书最终数据采集工作主要由来源同样分散的大学生完成，以湖南籍农民工为调查对象，以农民工家乡地为主要数据来源地，但仍然不是随机抽样。

（二）样本数量不够多

由于问卷较长，导致总有效样本量（808）、新生代农民工有效样本量（483）与部分流动行为类型样本（如回乡务农流动类型）不够多，为增加有效标本量个别相倚变量（如参照点依赖）被删除。

（三）心理测量量表有待进一步探索

在新生代农民工心理因素测量中，不仅应考虑量表本身的科学性，还应考虑新生代农民工的可接受性，制订被调查者理解的量表才具有可行性，在二者之间达到平衡。在本研究中，部分量表如风险偏好的测量由于考虑可行性，不够科学，导致风险偏好与新生代农民工流动的关系与理论预期不一致。此外，相对剥夺感的测量指标数量较少，从众心理的测量的答案设置还有完善的空间。

（四）分析结果是否具有普适性还有待进一步的研究

本书实证分析以湖南省为例，虽然湖南省是新生代农民工流出的主要区域之一，具有典型性与代表性，但中国区域间差异明显，以湖南省为例的分析结论是否适用于其他地区还有待通过扩展调查区域等手段进行验证。

第二章 >>>

新生代农民工流动研究的文献述评

本书将在梳理人口流动理论相关文献的基础上，搭建新生代农民工流动行为分析理论框架，研究新生代农民工流动行为的特征、影响因素与效应。在国外文献研究述评中，将文献述评分为经典人口理论述评与对中国农民工、新生代农民工的研究述评两部分；在国内文献述评中，重点对新生代流动行为的特征影响因素与效应等相关文献进行梳理；同时，流动动机因其重要性单独分析。国外未明显区分人口流动与人口迁移，故在国外文献述评中不区分人口流动与人口迁移；在国内文献述评中，主要根据其特征而非名称区分"人口流动"与"人口迁移"。

第一节 国外相关文献述评

一、国外经典人口迁移理论述评

农村劳动力的迁移现象伴随城市雏形的出现而产生，但对人口迁移的系统研究一般认为始于19世纪末，以雷文斯坦提出的"迁移规律"为标志。其后至20世纪50年代之前，人口迁移理论的研究处于停滞状态，直到50年代以后，人口迁移理论才重新活跃起来，经济学、社会学与人口学等诸多学科都开始关注人口迁移现象，出现了经典的推拉理论、二元结构理论、预期收入理论等人口迁移理论。在实证研究中，研究个人或家庭迁移的动机、后果与迁移决策①。在这些文献中，包括人口流动的动机、影响因素与流动效应等丰富的、

① 李竞能.现代西方人口理论[M].上海：复旦大学出版社，2004：135.

极富借鉴意义的研究成果。

(一)人口流动的动机及其他心理因素研究述评

1.人口流动动机研究述评

动机是某种未被满足的需要所产生的促使行为发生的内在驱动力,在行为研究中,动机是不可回避的重要因素之一,人口流动行为亦然。西方人口流动行为的动机研究主要包括人口流动动机的组成研究、类型研究与人口流动动机的实证研究。

在人口流动动机的组成研究中,较具代表性的是 R.R.塞尔和 G.F.迪琼(Ralph R.Sell and Gordon F.De Jong,1978)在前人研究基础上提出的迁移动机四要素:可能性、价值、预期与诱因。可能性是指迁移决策者在决策过程中,在分析不管迁移是否发生时的认知可能性与物质可能性,认知可能性是迁移决策者是否在认知方面意识到并评价迁移的利弊,物质可能性是迁移是否具备外在的可行性,比如,从一地到另一地的迁移是否受到法律的限制;价值是迁移决策中个人或情景的目标的力量;预期是迁移决策者对达成迁移目标可能性的主观评价;诱因是与迁移目标有关的一系列积极和消极因素①。

人口流动动机类型研究多采用内容为分类标准,从流动动机的内容来看,可将人口流动动机分为经济动机、社会动机与混合动机三种类型。

流动的经济动机包括两个方面:第一,对收入最大化的需要是促使流动行为发生的驱动力。西方占据主导地位的流动理论多持这一观点,收入最大化动机研究既包括宏观的经济收入差距研究,如刘易斯、托达罗等的研究间接反映了流动的经济动机;也包括微观的关于迁移的成本——收益分析研究,如舒尔茨、萧斯塔等的研究。刘易斯(W.Arthur Lewis,1954)指出:城乡之间"峭壁"式的收入差距促使农村人口向城市流动②。托达罗(Michael P.Todaro,1969)认为:预期的城乡收入差距使农民做出流动与否的决策③。在舒尔茨(Theodore W.Schultz,1961)的人力资本理论模型中,迁移作为一种人力资本

① Ralph R.Sell and Gordon F.De Jong.Toward Motivational Theory of Migration Decision Making[J].Journal of Population.Vol.1(4)Winter,1978:313—335.

② W.Arthur Lewis.Economic Development with Unlimited Supplies of Labour[J].The Manchester School,,Volume 22,Issue 2, May 1954: 139—191.

③ Michael P.Todaro.A model of labor migration and urban unemployment in less developed countries[J].The American Economic Review,Vol 59,Issue 1,1969:138—148.

投资方式，只有当迁移的收益大于迁移的成本时，迁移行为才可能发生①；萧斯塔(Larry A.Sjaastad,1962)在分析迁移的收益与成本时，对目标地与原住地收益之差与迁移成本进行贴现分析，仅在净得现值大于零时，迁移才可能发生②。上述文献表明：潜在迁移者在进行迁移决策时，现实的或预期的收入差距与迁移的净收益促使潜在迁移者形成对收入最大化的需要，进而导致迁移的发生。第二，流动的经济动机还表现为流动的保险动机，即流动能满足个人对收入稳定的偏好，降低收入渠道单一的风险。斯塔克(Oded Stark,1984)认为：人口流动动机不仅包括收益最大化，还包括风险最小化③。波尔森(Anna L.Paulson,2000)以泰国为分析对象，认为保险动机在迁移的地方决策中扮演重要角色，对迁移模式产生重要影响④。迪安.杨和崔华军(Dean Yang and HwaJung Choi,2007)以菲律宾为个案，得出与波尔森一致的结论：迁移得到的汇款能较好地减少农业生产的收入风险⑤。流动的保险动机与单纯的增加收入或收入最大化不同，它更强调流动具有分散风险的功能，即流动可以分散家庭的经济风险，从而促使流动的发生。

流动的社会动机包括三个方面：首先，迁移的社会地位变动动机。迁移的社会地位动机强调社会地位变动是迁移的主要动机，通过迁移实现社会地位的上升。人类具有向上流动的动机，人口流动的社会地位变动动机具有必然性。从农村到城市的迁移，不仅是地域的变动，还包含职业和收入的变动，而职业与收入是衡量社会地位的重要标准，因此，人口流动必然带来社会地位变迁。社会地位变动动机既包括个人社会地位上升的动机，亦包括流动者对其家庭成员社会地位上升的动机。芬得利(Sally.Findley,1977)通过对阿根廷、巴西、加纳、印度尼西亚、马来西亚、秘鲁和菲律宾等发展中国家的研究，发现：

---

① Theodore W.Schultz.Investment in Human Capital[J].The American Economic Review,Vol.51,No.1 ,Mar.1961):1—17.

② Larry A.Sjaastad.The Costs and Returns of Human Migration[J].The Journal of Political Economy,Vol.70,No.5,Part 2:Investment in Human Beings.Oct.1962:80—93.

③ Oded Stark.Rural-to-Urban Migration in LDCs:A Relative Deprivation Approach [J].Economic Development and Cultural Chang.Vol.32,No.3,1984:475—486.

④ Anna L.Paulson.Insurance Motives for Migration:Evidence from Thailand[DB/OL],http://www.kellogg.northwestern.edu/faculty/paulson/ftp/thaimig.pdf.

⑤ Dean Yang and HwaJung Choi.Are Remittances Insurance? Evidence from Rainfall Shocks in the Philippines[J].The World Bank Economic Review.Vol 21,No.2,2007:219—248.

从农村到城市的人口流动更多是为子女而非父母接受更好的教育[①],因为教育是改变社会地位的重要手段。其次,生活方式偏好动机。流动的生活方式偏好动机是指对城市(或迁入地)生活方式的偏好引发流动行为。不管是对发达国家还是对发展中国家的实证研究,均表明:生活方式偏好动机是流动的主要动机之一。迪琼(Gordon F.De Jong,1977)对美国等发达国家的研究发现:对工作地点的便利程度、高质量学校、公园和娱乐设施等的偏好是明显的迁移动机[②]。梅和斯凯尔顿(R.J.May and Ronald Skeldon,1977)在巴布亚新几内亚国内迁移研究的基础上,提出"亮光假说"(Bright Light Hypothesis),将城市多姿多彩的生活方式比喻为"亮光","亮光"吸引农村人口迁移到城市[③]。最后,已迁移者对潜在迁移者的影响也是迁移的社会动机之一。研究表明,流动者与居住在原居住地或迁出地的家人、朋友保持密切关系[④]。该关系属于社会资本,能为潜在的迁移者带来需要的关于迁移的信息和各种帮助[⑤],已流动者提供的信息与帮助将在一定程度上促使潜在迁移者做出迁移决策。

对混合动机的典型研究当属达凡佐,达凡佐(Julie DaVanzo,1976)建立了包括非经济动机的人力资本理论分析框架,在此框架下,迁移成本包括心理成本、信息成本、直接的交通成本、机会成本、筹措成本和原住地资产损失成本,收益包括收入提高、福利增加、更好的天气等[⑥]。导致迁移行为发生的动机是潜在迁移者对迁移净收益的需要,与经济动机或社会动机不同,混合动机研究中的净收益不仅考虑经济收益,还包括非经济收益。

---

① Sally.Findley.Planning for Internal Migration:a Review of Issues and Policies in Developing Countries[M].U.S.Government Printing Office,Washington,1977:14.

② Gordon F.De Jong.Residential Preferences and Migration[J].Demography,vol 14,No.2(May,1977):169—178.

③ R.J.May and Ronald Skeldon."Internal migration in Papua New Guinea:an introduction to its description and analysis"[A].in Change and movement:readings on internal migration in Papua New Guinea[M].R.J.May ed.Canberra:Papua New Guinea Institute of Applied Social and Economic Research in Association with Australian National Press,1977:2—26.

④ Sally.Findley.Planning for Internal Migration:a Review of Issues and Policies in Developing Countries[M].U.S.Government Printing Office,Washington,1977:14.

⑤ P.Neal Ritchey.Explanation of Migration[J].Annual Review of Sociology.vol 2,1976:363—404.

⑥ Julie DaVanzo.Differences between Return and Nonreturn Migration:An Econometric Analysis[J].InternationalMig ration Review,Vol.10,No.1 ,Spring,1976:13—27.

随着人口流动动机的理论研究的日趋成熟，人口流动动机的实证研究逐渐兴起，研究表明：在不同的人口流动类型中，担当主导作用的流动动机不同。文其与卡门特(Diana B.Winchie and David W.Carment，1989)从迁移者角度出发，利用调查数据证明：在受教育程度较高的国际移民中，基于职业生涯发展的非经济动机是促使迁移发生的重要原因①；索杭(Engin Sorhun，2011)通过构建国内迁移与国际迁移的动机模型，利用土耳其的数据分析经济动机与社会动机对迁移的影响，实证研究的结果表明：经济动机对迁移的影响是社会动机的三倍②。

2.人口流动中其他心理因素研究述评

除动机之外，态度、价值、对迁移的主观感知等都是重要的影响迁移的心理因素。从20世纪50年代到80年代，国外文献从人口迁移的感知③(Julian Wolpert，1965)、价值④(P.Neal Ritchey，1976)与态度⑤(Ajzen.I.，Fishbein M.，1980)等方面构建相应的理论模型。80年代以来，沿着系统的研究路线展开，詹姆斯·佛森特(James.T.Fawcett，1985—86)将态度、价值、感知与动机整合，统一纳入"迁移心理学"范畴，构建人口迁移的新行为模型。这些因素与迁移动机一起构成迁移心理学⑥。

国外流动动机的组成、类型与实证研究为本研究提供了极具启发意义的借鉴，但动机、感知、价值等心理因素主观色彩浓厚，受个人经历、个人所处环境、个人特征等的综合影响。因此，国外关于人口流动动机实证研究结果是否适合中国新生代农民工流动动机的研究，还有待实践的检验。

---

① Diana B.Winchie and David W.Carment.Migration and Motivation：The Migrant's Perspective[J].Internation Migration Review.Vol.23，No.1，Spring 1989：96－104.

② Engin Sorhun.Economic and Social Motivation-Based Im/migration Modeling：The Case of Turkey[J].Review of Development Economics.Vol.15，Issue 2，2011：356－369.

③ Julian Wolpert.Behavioral Aspects of The Decision to Mignt[J].Papers in Regional Science.Vol.15，Issue 1，1965：159－169.

④ P.Neal Ritchey.Explanations of Migration[J].Annual Review of Sociology.Vol.2，1976：363－404.

⑤ Ajzen.I.，Fishbein M..Understanding Attitudes and Predicting Social Behavior [M].Englewood Cliffs，NY：Prentice Hall，1980.

⑥ James.T.Fawcett.Migration Psychology：New Behavioral Models[J].Population and Environment，Vol.8，Number 1&2，Spring/Summer，1985—86：5－14.

(二)国外人口流动影响因素研究述评

人口流动的动机虽然是影响流动的原因之一，在国外人口流动影响因素研究中，更强调影响因素的客观性，即将影响人口流动的客观原因作为影响因素，具体分为人口学、经济学和交叉学科的影响因素研究。

首先，人口学视野下的研究关注流动者的人口学特征与人口规模对流动的影响。人口学特征的影响即微观影响，表现为迁移的选择性，只有具备某些特征的人才可能成为迁移者。李(Everett S.Lee，1966)指出：对自发迁移而言，由于个人对原居住地与目的地的正因素与负因素的反应不同，个人所具备的克服中间障碍的能力不同，因此，迁移者必然具有选择性，并不是原居住地人口的一个随机样本，它与迁移者的性别、年龄、受教育程度、职业、家庭、生命周期、关键生命事件如进入劳动力市场、结婚、离异等相关①。与非迁移者相比，迁移者在人口学特征方面表现出一定的特殊性，如年轻的、受过更高教育的人口更可能迁移。在这些人口学变量中，年龄的选择性最强。人口学因素的影响在宏观方面表现为人口压力模型，即人口规模过大、人口增长过快使农村人口膨胀，促使剩余人口向城市迁移。马尔萨斯的“人口论”已经指出人口规模过大带来的压力，刘易斯(W.Arthur Lewis，1954)在分析发展中国家的劳动力转移时，亦注意到农村人口过多是引发人口乡城迁移的原因之一②。

其次，经济学视野下的研究关注收入差距对迁移的影响。经典的经济学人口迁移分析理论如二元结构理论、预期收入理论与人力资本理论均强调迁出地和迁入地收入差距对迁移的重要影响，客观收入差距与追求经济利益最大化的主观动机吻合，从而促使迁移的发生。

最后，交叉学科的分析注重系统研究，从多角度分析迁移的原因。迁移的系统研究比较具有代表性的理论包括李的迁移规律、博格的推力——拉力理论、马博贡杰的系统研究模式与霍利的迁移生态学理论。

李(Everett S.Lee，1966)认为：影响迁移的因素包括四个方面：与迁出地相关的因素、与迁入地相关的因素、个人因素和介入障碍因素，个人感知、评价与迁出地、迁入地相关的因素，并考虑是否能克服介入障碍因素，如距离，最终

---

① Everett S.Lee.A Theory of Migration[J].Demography，Vol.3，No.1，1966：47－57.

② W.Arthur Lewis.Economic Development with Unlimited Supplies of Labour[J].The Manchester School，Volume 22，Issue 2，1954，pp：139－191.

决定是否迁移[①]。

人口迁移中的“推力”与“拉力”最早由赫伯尔(R.Herberle,1938)提出,“推力”是促使一个人离开的力量,“拉力”是吸引一个人到另一个地方的力量[②]。博格总结归纳的推力——拉力理论受到广泛认同,并得到广泛运用,博格(D.J.Bogue,1969)将推力因素概括为自然资源枯竭、农业生产成本增加等12条,将拉力因素概括为较好的收入、较好的生活水平等6条[③],推力与拉力因素涵盖经济、社会、资源、环境等多个领域,表现出较强的系统性特点。

马博贡杰(A K.Mabogunje,1970)将迁移作为一个系统加以研究,并分析不同因素在迁移中所发挥的作用。他认为,迁移系统由三个基本要素构成:第一,潜在的迁移者,潜在的迁移者受特定环境的刺激离开农村;第二,多种制度或控制子系统,决定系统内流动水平;第三,包括各种社会、经济与政治力量在内的调适机制,在迁移的转化过程中起决定作用。例如,在农村地区,依靠潜在迁移者的建设,如果需要潜在迁移者在当地建设,可能阻碍的发生;如果需要潜在迁移者向外部寻求资源进行当地建设,则可能促进迁移的发生。在城市地区,就业与居住方面的机会决定潜在迁移者融入城市的程度。该系统研究模式是西方迁移学说中最具兼容性的理论模式,包括农村、城市的相关因素[④]。

以霍利(A.H.Hawley,1944)为代表的迁移生态学理论将迁移视为人口对组织及其变化的反应与适应,人口迁移是达到人口规模与人口组织及其变化平衡的调节机制[⑤]。迁移生态学理论发展的趋向表现为扩大“生态”的内涵,在霍利的观点中,“生态”主要指人口组织,偏向生态的社会方面;斯莱(David F.Sly,1959)对霍利的“生态”概念进行扩充,认为“生态”不仅包括组

---

① Everett S.Lee.A Theory of Migration[J].Demography,Vol.3,No.1 (1966),pp.47—57.

② R.赫伯尔.乡村—城市迁移的原因[A].转引自李竞能编著.现代西方人口理论[M].上海:复旦大学出版社,2004:139.

③ D.J.Bogue,Principles of Demography[M].New York,John Wiley and Sons,1969:753—754.

④ 马博贡杰.乡村—城市迁移理论的系统研究[A].转引自李竞能编著.现代西方人口理论.上海:复旦大学出版社,1970:147—148.

⑤ Amos H.Hawley.Ecology and Human Ecology [J].Social Forces.Vol.22,No.4,May 1944:398—405.

织，还包括人口、环境和技术，并提出“生态复合”(ecological complex)概念①。

上述迁移影响因素的研究，涉及人口学、经济学与社会学的相关理论。迁移作为一种社会现象，若从单一角度或单一学科分析，难免有失偏颇，正如马博贡杰(A K.Mabogunje，1970)所言：迁移的原因是多重的②。系统研究中虽然注重交叉学科的研究，部分理论将心理因素纳入分析框架，但并未深入研究心理因素在流动中的作用，鲜见系统分析心理因素的实证研究。

(三)国外人口流动效应研究述评

人口流动不仅受到经济、社会、文化和心理因素的影响，同时，也将对其影响因素产生反作用，即产生人口流动效应。国外对人口流动效应的研究主要集中在三个维度：对流动者及其家庭的影响、对流出地的影响与对流入地的影响，既有积极的影响，也有消极的效应，由于研究对象、研究时间与研究空间不同，得出的结论并不一致。比如，流动对农村到底存在正面影响还是消极效应，不同学者的研究结果不同，泰勒(Taylor，1999)的研究证明：迁移对农村地区存在正面效应，是地区经济发展的积极因素③。巴翰、鲍切尔(Barham and Boucher，1998)的研究发现：人口流动将加剧流出地收入的不平等，流出社区收入差异大于没有流动的社区，对迁出社区发展产生阻碍作用④。

人口流动的效应具有不确定性与特殊性，因此，新生代农民工流动的效应并不必然与国外相同，具有较强的中国特色。

国外经典的人口流动理论虽然能为本书的分析奠定坚实基础，给本书的分析带来启发，但并不能奉行简单的“拿来主义”。国外人口迁移理论源于稳定的市民化迁移与自由迁移，而中国的乡城流动，仅有小部分流动者实现了从农村到城镇的迁移，大部分是往返城乡的“非稳态转移”，还有部分的回流现

① David F.Sly.Migration and the Ecological Complex[J].American Sociological Review.Vol.37，No.5，Oct.1972：615－628.

② A K.Mabogunje.乡村—城市迁移理论的系统研究[A].转引自李竞能编著.现代西方人口理论[M].上海：复旦大学出版社，2004：147.

③ Edward J.Taylor.The New Economics of Labour Migration and the Role of Remittances in the Migration Process[J].International Migration，Volume 37，Issue 1，1999(March)：63－88.

④ Bradford Barham，Stephen Boucher.Migration，remittances，and inequality：estimating the net effects of migration on income distribution[J].Journal of Development Economics，Vol.55，1998：307－331.

象,归宿不同的流动方式,具有不同的流动动机、影响因素与效应。

二、国外对中国农民工与新生代农民工的研究述评

中国农民工问题作为中国特色的、重要的社会问题,受到学术界的较多关注。国外多将中国农民工视为整体进行研究,主要研究中国农民工流动的影响因素与流动的效应,在分析中国农民工流动行为的影响因素时,既分析了以土地资源为代表的自然资源的影响①、以户籍制度为代表的制度制约②,还分析了以社会资本为代表的社会性因素③。在流动的效应中,泰勒、罗泽勒与艾伦(J.Edward Taylor,Scott Rozelle and Alan.DeBrauw,2003)利用调查数据发现:流动虽然没有减少农作物产量,但因为流动减少农业劳动力,从而减少农业收入,而流动带来的汇款可以部分地弥补该负面效应④。罗泽勒、泰勒与艾伦(Scott Rozelle,J.Edward Taylor and Alan.DeBrauw,1999)的调查显示:在调查地,流动与汇款对玉米产量产生的净影响为负⑤。

中国农民工日渐显现代际区分,国外学术界开始关注中国新生代农民工,从关注新生代农民工的人口学特征到该群体的行为表现与流动意愿。在人口学特征研究中,艾伦、黄吉昆等人(DeBrauw.Alan,Huang Jikun,Rozelle Scott D.,Zhang Linxin,Zhang Yigang.,2002)从年龄角度区分农民工,分析了改革开放以来中国农村劳动力市场的演变,认为新生代农民工是年轻的受过良好

① Yaohui Zhao.Leaving the Countryside:Rural-to-Urban Migration Decisions in China [J].The American Economic Review.Vol 89,No.2,1999:281-286.

② Kam Wing Chan and Li Zhang.The Hukou System and Rural-Urban Migration in China:Processes and Changes[J].The China Quarterly.Vol.160.1999:818-855.

③ Yaohui Zhao.The Role of Migrants Networks in Labor Migration:The Case of China[J].Contemporary Economic Policy.Vol.21,No.4,october 2003:500-511.

④ J.Edward Taylor, Scott Rozelle and Alan.DeBrauw.Migration and Incomes in Source Communities:A New Economics of Migration Perspective from China[J].Economic Development and Cultural Change.Volume.52,Issue:1,October.2003:75-101.

⑤ Scott Rozelle, J.Edward Taylor and Alan.DeBrauw.Migration,Remittances,and Agricultural Productivity in China[J].AEA Papers and Proceedings.Vol 89.No 2,1999:287-291.

教育的工人①。在新生代农民工群体的行为研究中，陈珍妮、潘毅(Jenny Chan and Ngai Pun，2010)以富士康新生代农民工自杀事件为个案，剖析了新生代农民工自杀行为的原因，新生代农民工自杀的根本原因是企业不合格的工作条件、不合法的管理、政府与企业勾结下对新生代农民工权益的侵犯②。在新生代农民工流动意愿研究中，朱宇、陈文珍(Yu Zhu、Wenzhen Chen，2010)的研究发现：新生代农民工具有更高的定居城市意愿③。

国外文献在农民工实证研究中，多将农民工群体视为一个整体加以研究，较少关注新生代农民工。

第二节 国内相关文献述评

自20世纪80年代出现农民工群体以来，农民工一直是学术界研究的对象之一，尤其是进入21世纪以来，已经成为学术研究领域的一个热点，但在21世纪最初的十年里，绝大部分研究将农民工群体作为一个整体加以分析。2010年以来，随着新生代农民工数量的增加与政府、社会对该群体关注的增加，学术界对新生代农民工的相关研究呈增加之势。笔者于2015年9月10日在中国知网输入“新生代农民工”“青年农民工”“新生代农村”“新生代的农村”几个位于篇名的词语，起止时间为2000年到2014年，因为国内首次出现“新生代的农村流动人口”一词在2000年。搜索结果显示：从2000年到2010年，以上述关键词做篇名的文献从1篇增加到447篇，2014年，已经增加到680篇，呈逐年增加之势。同时，还有新生代农民工的专著问世，比如，刘传

① DeBrauw.Alan，Huang Jikun，Rozelle Scott D..Zhang Linxin，Zhang Yigang.The Evolution of China Rural Labor Markets during the Reforms[C].Agriculture and Resource Economics Working Paper，03－01，2002：1－44.

② Jenny Chan and Ngai Pun.Suicide as Protest for the New Generation of Chinese MigrantWorkers：Foxconn，Global Capital，and the State[EB/OL].http：//w3.uniroma1.it/sapienzamillenniumcourse/Student%20Assignments/May%2020%20－%20Battistin/promoting%20basic%20rights%20at%20work%20and%20economic%20growth%20－%20which%20one%20is%20the%20priority.pdf.

③ Yu Zhu，Wenzhen Chen.The Settlement Intention of China's Floating Population in the Cities：Recent Changes and Multifaceted Individual－level Determinants [J].Population，Space and Place，Vol.16，Issue 4，pp：253－267，July/August 2010.

江、董延芳(2014)的《农民工的代际分化、行为选择与市民化》,谢建社(2011)的《新生代农民工融入城镇问题研究》,刘传江、程建林与董延芳(2009)的《中国第二代农民工研究》,葛正鹏、王宁、琚向红(2009)的《农民就业问题研究——基于浙江省新生代农民工视角》等。亦有关于新生代农民工的学位论文,朱永安(2005)的"新生代农民工研究"、张宝庆(2005)的"新生代农民工流动研究"、姜典航(2012)的"新生代农民工社会流动问题研究"等是硕士论文中关联程度较高的文献,也有博士学位论文,如柳延恒(2014)的"人力资本对新生代农民工职业流动的影响研究——基于辽宁省三类城市的考察"。无论是期刊论文、专著还是学位论文,与新生代农民工相关的文献从21世纪初到现在,均呈增加之势,表明新生代农民工群体作为学术研究对象,受到的关注逐渐增加。

从人口流动的学术研究来看,学术界对人口流动的研究多从规模、现状与特征、流动的影响因素与流动的效应等方面展开。王德、叶晖(2004)认为人口迁移(实质为人口流动)的研究包括以下内容:数量研究、空间与模式变化研究、影响人口迁移的因子分析及上述三种类型以外的其他研究①;张永丽、黄祖辉(2008)将农村劳动力流动研究分为以下四个专题:流动者特征、流动的影响因素、流动的效应与流动中出现的新问题如"民工荒",对新生代农民工应该关注其流动的新特征②。上述两篇具有代表性的人口流动研究综述性文献表明:影响因素与效应(流动的影响)是流动行为研究不可回避的问题,对新生代农民工而言,研究其流动行为的新特征具有重要意义。因此,本书将在界定"新生代农民工"的基础上,将"流动行为"分为流动者与流动行为的特征、流动行为的影响因素与流动行为的效应三个维度,国内文献梳理亦沿着这一思路展开。

一、新生代农民工界定研究述评

从"新生代的农村流动人口"到"第二代农民工"或"新生代农民工",其内涵和外延经历了一定的变化。以时间区分不同代际的农民工,对新生代农民工的界定主要有以下五种观点:

---

① 王德、叶晖.1990年以后的中国人口迁移研究综述[J].人口学刊,2004(1):40.

② 张永丽、黄祖辉.中国农村劳动力流动研究述评[J].中国农村观察,2008(1):71—77.

第一，新生代农村流动人口即“第二代农民工”，主要指20世纪90年代外出务工经商的那些流动人口。持该观点的代表人物是王春光（2000①，2001②）。

第二，新生代农村流动人口有两层含义，一层含义是他们年龄在25岁以下，于20世纪90年代外出务工经商。另一层含义是他们不是第二代农村流动人口，因为他们不是第一代农村流动人口在外出过程中出生和长大起来的，而是介于第一代和第二代之间过渡性的农村流动人口。该观点的代表人物是罗霞、王春光(2003)③。

第三，新生代农民工是于20世纪90年代后(也包括80年代末)出生的农民工。韩长赋(2010)将中国农民工分为三代:第一代是80年代“离土不离乡”的农民工，第二代是80年代成长起来的农民工，第三代农民工是90年代后出生的农民工，模糊一点也包含80年代末出生的农民工④。第三代农民工即新生代农民工。

第四，新生代农民工是以出生于20世纪70年代、80年代为主体的农民工，持该观点的主要有葛正鹏(2009)⑤、黄乾(2007)⑥。

第五，第二代农民工指1980年以后出生，20世纪90年代后期开始进入城市打工的农民工，是相对于第一代农民工的农民工群体。持该观点的代表性文献如刘传江和徐建玲(2007)⑦、刘传江和程建林(2007)⑧、刘传江和程建

① 王春光.新生代的农村流动人口对基本公民权的渴求[J].民主与科学，2000(1):18.

② 王春光.新生代农村流动人口的社会认同与城乡融合的关系[J].社会学研究，2001(3):66.

③ 罗霞、王春光.新生代农村流动人口的外出动因与行动选择[J].浙江社会科学，2003(1):110.

④ 韩长赋.第三代农民工群体已经形成[N].人民日报，2010-02-01.

⑤ 葛正鹏.农民工就业问题研究——基于浙江省新生代农民工视角[M].北京:水利水电出版社，2009:5.

⑥ 黄乾.农村劳动力转移就业问题性质的根本转变与社会政策选择[J].人口研究，2007(4):71.

⑦ 刘传江、徐建玲.第二代农民工及其市民化研究[J].中国人口.资源与环境，2007(1):7.

⑧ 刘传江、程建林.我国农民工的代际差异与市民化[J].经济纵横，2007(4):18.

林(2008)[①]。

提出“新生代农民工”概念的出发点是基于代际间成长环境的差异导致的群体差异,因此,以外出时间为界定的方法(第一种定义)与提出初衷不符。对第二种定义,赵芳(2003)对该观点提出质疑,通过对湖南省青玄村的调查,发现“90年代外出”“年龄25岁以下”的流动人口并未体现出特殊性,建议取消这一概念,或者寻找其他更为确切的概念内涵[②]。第三种观点指明了新生代农民工的发展趋势,根据2015年“农民工监测调查报告”数据,2015年,该群体(16—30岁)占农民工总体的29.2%,并未成为主体,新增劳动力增速虽然放缓,随着上一代农民工逐渐退出劳动力市场,这一群体是未来农民工群体的主力。在第四种观点中,虽然以年代为划分标准,但对中国而言,改革开放前后是两个不同的时代,20世纪70年代属于改革开放前,80年代属于改革开放后,故将七八十年代出生的、异质程度较明显的群体放在同一范畴中,不能很好地体现这一群体与上一代农民工的差异。第五种观点是现在的主流观点,也是本书采用的“新生代农民工”定义。

新生代农民工与上一代农民工成长环境与成长经历迥异,上一代农民工直接脱胎于农业生产和农村生活,新生代农民工多直接从学生到农民工,因此,新生代农民工流动行为与上一代农民工存在明显区别。

新生代农民工流动行为研究可分为流动者特征研究、流动行为的特征研究、流动行为的影响因素研究与流动行为的效应研究。

二、新生代农民工及其流动行为的特征研究综述

(一)新生代农民工的特征研究综述

新生代农民工群体特征研究分为对新生代农民工人口学特征的研究与新生代农民工其他特征的研究,如观念与行为特征、家庭与社区特征以及宏观性的社会特征。

研究新生代农民工流动行为的出发点是新生代农民工群体的人口学特

① 刘传江、程建林.第二代农民工市民化:现状分析与进程测度[J].人口研究,2008(5):48.

② 赵芳.“新生代”,一个难以界定的概念——以湖南省青玄村为例[J].社会学研究,2003(1):83.

征。不管运用逻辑推理法[①]还是局部调查法[②]，还是权威的、全国性的调查数据如“五普”数据[③]、2005年1%人口抽样调查数据[④]，或者综合运用国家统计数据与局部调查数据[⑤]，均认为新生代农民工与上一代农民工相比，年龄构成更年轻，性别比更低，受教育程度更高，身份认同更倾向于工人与市民。个别指标由于资料来源不同，资料所属时间不同，结论存有差异甚至相反，在王春光、刘传江、王宗萍、段成荣等人的研究中，未婚比例更高，而在刘俊彦和胡献忠、张娜和雷怀英等人的研究中，已婚比例更高，张娜和雷怀英(2013)的研究结果表明：新生代农民工已婚比例高达60.8%[⑥]。即使结论相同，具体的代际差异程度因研究对象、时间与空间的不同而不同，比如，在王春光(2010)的研究中，新生代农民工婚姻状况占据首位的是未婚，未婚比例为48%[⑦]，而在刘传江(2010)的研究中，未婚比例为63.9%[⑧]。

部分学者分析了新生代农民工的观念与行为特征、家庭与社区特征以及较为概括的社会特征。吴漾(2009)根据《中国农民工调研报告》和其他相关调查的描述统计结果，认为新生代农民工具有如下观念与行为特征：消费观念更加开放，生活目标明显转移，生活方式差别显著，维权意识不断增强[⑨]。张永丽、黄祖辉(2008)不仅分析了新生代农民工的个体特征，还分析了该群体的家庭特征与社区特征，新生代农民工的家庭特征表现为户主的比例较低、家庭责任轻、与家庭土地资源的相关性减弱，社区农业和非农业的发展与新生代农民工流动的相关性较上一代农民工低[⑩]。全国总工会新生代农民工问题课题组(2010)从新生代农民工与社会环境的联系出发，认为新生代农民工具有四大

---

① 钱入磊.新生代农民工生活状况调查[J].中国乡村发现，2007(3)：96－97.

② 刘传江、程建林.第二代农民工市民化：现状分析与进程测度[J].人口研究，2008(5)：49－50.

③ 丁志宏.我国新生代农民工的特征分析[J].兰州学刊，2009(7)：71.

④ 王宗萍、段成荣.第二代农民工特征分析[J].人口研究，2010(2)：40－41.

⑤ 刘俊彦、胡献忠.新一代农民工发展状况研究报告[J].中国青年研究，2009(1)：50.

⑥ 张娜、雷怀英.新生代农民工收入影响因素研究——基于天津市的调查[J].农业技术经济，2013(07)：46.

⑦ 王春光.对新生代农民工城市融合问题的认识[J].人口研究，2010(2)：32.

⑧ 刘传江.新生代农民工的特点、挑战与市民化[J].人口研究，2010(2)：34－35.

⑨ 吴漾.论新生代农民工的特点[J].东岳论丛，2009(8)：57－58.

⑩ 张永丽、黄祖辉.新一代流动劳动力的特征及流动趋势——来自甘肃省10个样本村的调查与分析[J].中国人口科学，2008(2)：81－83.

社会特征:时代性、发展性、双重性与边缘性①。迟帅、金银(2012)通过文献梳理,认为新生代农民工城市社区认同高、农民身份认同减弱与仍然不高的受教育水平②。

(二)新生代农民工流动行为的特征研究综述

本书主要从新生代农民工的流动动机、流动中获取信息与职业的途径、流入地区分布、行业和职业分布、收入和社会保障、工作忍受力、就业能力、未来流动计划与流动过程等方面梳理新生代农民工流动行为特征研究的相关文献。

流动动机是流动行为的内在驱动力,现有研究表明:新生代农民工流动动机呈现多元化倾向,处于生存型向发展型过渡的阶段,由谋求生存向谋求发展转变,生存动机与发展动机并存,注重个人发展③。

新生代农民工在流动中获取信息和职业的途径研究显示:主要途径仍然是个人社会网络,但与上一代农民工相比,更多地利用了市场与政府渠道④。

新生代农民工流入地区研究表明:该群体流入地区分布仍然集中在东部地区,但其发展趋势学术界持有不同观点。刘俊彦、胡献忠(2009)认为省内流动趋势将加强⑤,但丁志宏(2009)的研究发现:第二代农民工更多选择跨省流动,流向较上一代农民工更集中在东部地区⑥。

新生代农民工的行业和职业分布研究认为:新生代农民工虽然在就业层次方面仍然较低,但在具体的行业职业分布方面存在明显差异。新生代农民工的时间多分配在非农业生产中,由上一代农民工的亦工亦农转换为全职非农⑦。新生代农民工就业行业更倾向于制造业和服务业,在建筑业中从业的

---

① 全国总工会新生代农民工问题课题组.关于新生代农民工问题的研究报告[N].工人日报,2010-06-02(1).

② 迟帅、金银.新生代农民工群体特征研究[J].当代青年研究,2012(5):77—78.

③ 典型文献如王春光.新生代农村流动人口的社会认同与城乡融合的关系[J].社会学研究,2001(3):66、刘传江、程建林.我国农民工的代际差异与市民化[J].经济纵横,2007(4):19.杨廷钫、凌文辁.新生代农民工工作嵌入测量量表构建——社区嵌入的调节作用[J].人口与经济,2013(04):28.

④ 典型文献如刘传江、程建林.第二代农民工市民化:现状分析与进程测度,人口研究,2008(5):52.

⑤ 刘俊彦、胡献忠.新一代农民工发展状况研究报告[J].中国青年研究,2009(1):49.

⑥ 丁志宏.我国新生代农民工的特征分析[J].兰州学刊,2009(7):73.

⑦ 颜维琦.愿"农民工"成为历史[N].光明日报,2010-11-24(11).

比例有所降低。在职业方面，以生产工人和服务员为主，技术工人有所增加，管理人员略有增加①②。但杨菊华(2010)的分析得出与前面不一致的结论：新生代乡—城流动人口在建筑行业就业的比例高于其他乡—城流动人口的相应比例，职业声望最低③。

新生代农民工收入和社会保障研究显示：新生代农民工的收入水平仍然不高，与上一代农民工相比，差异表现为：从分布来看，新生代农民工中低收入(月收入低于500元)比例更高，高收入(月收入高于2000元)比例更低④，从水平来看，月平均收入低于上一代农民工，但因为年均外出务工时间更长，务工年收入高于上一代农民工⑤。劳动合同签订率低，社会保障水平虽然不高，但与第一代农民工相比，有一定程度的改善⑥、⑦。

关于新生代农民工工作忍受力高低的研究存有分歧，一般认为新生代农民工工作忍受力低，部分学者的研究结果证实了该观点，如刘传江、程建林(2007)从新生代农民工成长环境出发，认为该群体在工作中吃苦耐劳特征较弱⑧；但杨菊华(2010)通过比较新生代农民工与上一代农民工的劳动时间和居住条件，发现新生代农民工可能在意愿上不愿意吃苦，但在实际生活中，却吃苦更多⑨。

国内对农民工就业能力的界定以及在界定基础上的测量呈现多样化的特点。主要有以下五种界定与测量：第一，从微观、中观与宏观三个层次界定与测量农民工就业能力，并使用社会福利享有、社会网络、组织和社区支持、文化

---

① 王兴周.新生代农民工的群体特性探析——以珠江三角洲为例[J].广西民族大学学报(哲学社会科学版)，2008(7)：53.

② 王宗萍、段成荣.第二代农民工特征分析[J].人口研究，2010(2)：41.

③ 杨菊华.对新生代流动人口的认识误区[J].人口研究，2010(2)：46.

④ 张永丽、黄祖辉.新一代流动劳动力的特征及流动趋势——来自甘肃省10个样本村的调查与分析[J].中国人口科学，2008(2)：83.

⑤ 柳建平、孙艳飞.新生代农民工就业行为、收入水平及其变动趋势[J].农村经济，2014(8)：56.

⑥ 刘俊彦、胡献忠.新一代农民工发展状况研究报告[J].中国青年研究，2009(1)：50—51.

⑦ 柳建平、孙艳飞.新生代农民工就业行为、收入水平及其变动趋势[J].农村经济，2014(8)：55.

⑧ 刘传江、程建林.我国农民工的代际差异与市民化[J].经济纵横，2007(4)：18.

⑨ 杨菊华.对新生代流动人口的认识误区[J].人口研究，2010(2)：49—50.

素质、工作环境五个因子代表就业能力[①]。第二，采用 Fugate 关于就业能力分析的框架，从职业认同、个人适应性、社会资本与人力资本界定和测量农民工就业能力[②]，部分研究在该分析框架的基础上进行细微改动，如用基本素质代替人力资本[③]。第三，将就业能力分为专业知识与技能、学习力、适应力及环境力四个方面[④]。第四，从个人资本、社会资本、市场供求状况与赋能性公共服务与政策扶持测量就业能力[⑤]。第五，运用专家访谈法、文献研究法与问卷调查法，借助因子分析，就业能力包括技能素养、关系素养与基本素养三个维度[⑥]。不管以农民工就业能力测量指标衡量农民工就业能力水平，还是从比较角度来看，农民工就业能力水平均呈现较低特征。例如，运用微观、中观、宏观的就业能力测量指标体系进行实证研究，发现新生代农民工的就业能力较低[⑦]；从比较视角分析，与城市青年相比，新生代农民工就业能力低的表现包括：家庭负担重，居住和工作场所环境差甚至恶劣，同群效应较低，与就业和创业相关的金融资本和社会网络支持较少，相对自身经济承受能力的工作流动成本较高[⑧]。从族际比较角度来看，少数民族农民工与汉族农民工在就业能力的人力资本、个体适应性方面存在显著差异，而在社会资本与文化适应性方面差异不显著[⑨]。

新生代农民工流动计划研究显示：新生代农民工具有较强的市民化意愿，不愿意返回农村，更倾向于留在城市，成为“新城市人”[⑩]。

---

① 罗恩立.就业能力对农民工城市居留意愿的影响——以上海市为例[J].城市问题，2012(7)：98.

② 张新岭.农民工就业能力及其开发刍议[J].人口与经济，2008(2)：25－26.

③ 高建丽、张同全.新生代农民工就业能力量化评价体系的构建[J].西北人口，2013(2)：100－102.

④ 刘俊威.我国新生代农民工就业能力内涵与特征研究[J].安徽农业科学，2012(8)：4895－4896.

⑤ 马云献.新生代农民工就业能力评估及代际差异——基于河南的调查[J].郑州航空工业管理学院学报，2011(6)：113－114.

⑥ 高建丽、孙明贵.新生代农民工就业能力综合评价模型构建[J].理论观察，2014(12)：73－74.

⑦ 罗恩立.新生代农民工的就业能力研究[J].中国人力资源开发，2010(2)：7－8.

⑧ 彭仁贤、韩江波、饶惠霞.分享经济：新生代农民工可持续就业能力研究的新视角[J].学习与实践，2013(6)：18－29.

⑨ 里昕.基于族际对比的少数民族农民工就业竞争能力研究[J].贵州大学学报(社会科学版)，2014，(2)：114.

⑩ 刘传江.新生代农民工的特点、挑战与市民化[J].人口研究，2010(2)：36.

新生代农民工流动过程研究显示：该群体流动更加频繁，多体现为城际之间和城市内不同单位之间的流动而不是城乡之间的流动，流动中社会地位变迁与流动次数呈现倒“U”型关系[①]。

三、新生代农民工流动行为的影响因素研究综述

现有研究新生代农民工流动行为影响因素的文献从研究内容来看，主要表现为对新生代农民工市民化意愿与回乡创业意愿影响因素的分析。在新生代农民工市民化意愿影响因素研究中，更多从经济因素和社会因素方面进行探讨，部分文献开始在研究中加入部分心理因素，但较为零散，且多未使用量表进行测量。姚植夫、薛建宏(2014)研究发现：家庭劳动力数量、家庭和家乡经济水平、新生代农民工对务工动机、农村生活、社会生活、城市生活境遇等的认知显著影响新生代农民工市民化意愿[②]。陈延秋、金晓彤(2014)认为：新生代农民工的心理资本如对城市的归属感、对本地人的态度以及对城市同龄人的看法与社会资本、人力资本共同影响新生代农民工的市民化意愿[③]。张丽艳、陈余婷(2012)以理性选择理论为视角，利用广东三市调查数据，分析结果表明：性别、受教育程度、是否购房等个体特征、制度特征(是否购买城市社会保险)与城市融入感和身份认同等心理因素对新生代农民工市民化意愿产生显著影响[④]。张斐(2011)的研究表明：新生代农民工市民化受到性别、年龄等个体因素、自评经济状况与对城市的归属感等主观认知因素的共同影响[⑤]。在新生代农民工回乡创业影响因素研究中，既有关于回乡创业意愿影响因素的一般性分析的文献，也有专门探讨创业地的文献，显著影响新生代农民工回乡创业意愿的因素主要是专业职业培训与从事行业[⑥]，地域属性显著影响创

---

① 符平、唐有财，倒“U”轨迹与新生代农民工的社会流动——新生代农民工的流动史研究[J].浙江社会科学，2009(12)：46.

② 姚植夫，薛建宏.新生代农民工市民化意愿影响因素分析.人口学刊，2014(3)：108.

③ 陈延秋，金晓彤.新生代农民工市民化意愿影响因素的实证研究——基于人力资本、社会资本和心理资本的考察[J].西北人口，2014(4)：109.

④ 张丽艳、陈余婷.新生代农民工市民化意愿的影响因素分析——基于广东省三市的调查[J].西北人口，2012(04)：63－66.

⑤ 张斐.新生代农民工市民化现状及影响因素分析[J].人口研究，2011(06)：106－108.

⑥ 罗光帆.广州外来新生代农民工流动性和回乡创业意愿分析[J].广东青年干部学院学报，2011(2)：50.

业地的选择①。

从研究性质来看，可分为定性分析和定量分析两类。在定性分析中，刘传江(2010)从迁移的推力——拉力理论出发，认为新生代农民工流动的首要原因是“城镇拉力”，而非第一代农民工的“农村推力”②；张宝庆(2005)对新生代农民工流动行为进行多因素分析，主要包括作为推力的经济原因、作为拉力的社会原因、作为助力的体制原因与作为动力的文化原因③。在定量分析中，李培林、田丰(2011)采用2008年“全国社会状况综合调查”数据分析，结果表明：生活压力的变化和个人权利意识的增强对新生代农民工的行为取向存在非常重要的影响④。张永丽、黄祖辉(2008)对调查数据进行描述统计分析，认为：与第一代农民工相比，新生代农民工流动行为与农业资源禀赋条件的相关性减弱，与家庭结构的相关性增强；与村庄经济发展水平的相关性低于第一代农民工⑤。悦中山等(2009)运用多元Logistic回归模型就农民工流动意愿影响因素的代际差异进行分析，认为：新生代农民工与上一代农民工不同的流动意愿受到不同因素的影响，以留城发展影响因素为例，在0.1的显著性水平上，显著影响上一代农民工留城发展意愿的因素包括：教育、方言掌握、动机、配偶居住地、父母健康状况、个人社会经济地位与居住状态，显著影响新生代农民工留城发展意愿的因素是：教育、工作经验、动机、配偶居住地、居住状态与个人流出区域⑥。

四、新生代农民工流动行为的影响研究综述

与农民工群体的流动相比，新生代农民工的流动同样对新生代农民工个体、流出地与流入地产生影响。

① 郭星华、郑日强.农民工创业：留城还是返乡？——对京粤两地新生代农民工创业地选择倾向的实证研究[J].中州学刊，2013(2)：68.

② 刘传江.新生代农民工的特点、挑战与市民化[J].人口研究，2010(2)：37.

③ 张宝庆.新生代农民工流动研究[D].2005.

④ 李培林、田丰.中国新生代农民工：社会态度和行为选择[J].社会，2011(03)：1－23.

⑤ 张永丽、黄祖辉.新一代流动劳动力的特征及流动趋势——来自甘肃省10个样本村的调查与分析[J].中国人口科学，2008(2)：86.

⑥ 悦中山、李树茁、费尔德曼、杜海峰.徘徊在“三岔路口”：两代农民工发展意愿的比较研究[J].人口与经济，2009(6)：63－65.

对新生代农民工个体而言，现有研究表明：流动可增加个人收入和家庭收入，改变个人观念与行为模式。与上一代农民工相比，新生代农民工汇款回家的数量和比例相对较低，对家庭收入的贡献相对较小；由于新生代农民工受教育程度更高，更易接受新观念，流动行为对个人观念的影响大于上一代农民工①。在城市、工作单位的影响下，新生代农民工不断建构越来越务实的观点和行为模式②。

就新生代农民工流动对流出地而言，现有研究证实：新生代农民工流动既存在通过汇款增加地区收入、缓解地区贫困的正面影响，但由于与流出地情感和现实联系减弱，定居城市意愿加强，也将对部分地区的农业生产、农村人口结构等产生负面影响。其中，最突出的影响是农村精英减少，影响农村经济社会发展和农村基层组织建设③。

对流入地而言，相关文献表明：新生代农民工因具有较强的市民化意愿，其流动将对中国工业化与城市化产生较上一代农民工更为显著的积极影响。新生代农民工已成为中国产业工人的主体，其流动行为选择与工业化的发展息息相关。同时，其流动行为将从三方面影响中国城市化进程：增加城市GDP、工业化发展的重要力量与促进城市劳动力市场的发育④。但第二代农民工的发展壮大将给城市带来三方面的负面影响：低技术水平陷阱、价值取向矛盾进一步加剧"民工荒""技工荒"与较强的相对剥夺感引发的严重社会问题⑤。

五、新生代农民工流动行为研究评价

国内较具典型意义的新生代农民工流动行为研究成果将为本研究奠定坚

---

① 张永丽、黄祖辉.新一代流动劳动力的特征及流动趋势——来自甘肃省10个样本村的调查与分析[J].中国人口科学，2008(2)：84－85.

② 符平、黄莎莎.在梦想与现实之间——"80"后新生代农民工与"四个世界"关系的研究[J].青年研究.2009(4)：33.

③ 刘传江、程建林、董延芳.中国第二代农民工研究[M].济南：山东人民出版社，2009：104.

④ 白南生、李靖.城市化与中国农村劳动力流动问题研究[J].中国人口科学，2008(4)：4－5.

⑤ 刘传江、程建林、董延芳.中国第二代农民工研究[M].济南：山东人民出版社，2009：101－103.

实的基础，提供富有启发性的思路。但新生代农民工流动行为现有研究仍然存在不足，不足主要表现在两个方面：一是因新生代农民工流动行为理论框架缺陷导致的研究内容不足，二是由于忽略新生代农民工群体内部构成差异导致的研究方法不足。

新生代农民工流动行为研究理论框架不足表现有二，一是在新生代农民工流动行为研究中，理性预设与新生代农民工流动行为性质不匹配；二是虽然有学者提出建立新的分析框架，但并不具体和完整。在各种社会科学的理论中，几乎都隐含着行动者理性的预设。流动作为一种行为选择，研究者在分析这一选择行为时，同样需要预设行为主体的理性。农民曾经被作为“愚昧”“无知”与“落后”的代表。但随着研究的深入，学者们发现：农民也具有某种理性。在“有限理性”被广为接受之前，存在“道义经济”（the normal economy）与“理性小农”（the rational peasant）之争，前者以苏联社会农学研究者恰亚诺夫（Chayanov）、美国东亚问题研究专家詹姆斯·斯科特（James Scott）与经济人类学家卡尔·波拉尼为代表，后者以美国经济学家舒尔茨（Theodore Schultz）与美国学者塞缪尔·波普金（Samuel Popkin）为代表。提倡“道义经济”的学者认为：农民的行为选择以生存为目标，推崇“生存理性”，追求最小化代价；而提倡“理性小农”的学者认为：农民追求最大化收益。从经济学的观点来看，不管是最小化代价还是最大化收益，都是追求最大化效用的经济理性的表现[①]。流动者作为农民的一部分，作为流动的直接决策者，在西方人口流动（迁移）理论中，主流理论亦体现了“理性经济人”假设，以刘易斯、费景汉、拉尼斯为代表的人口迁移研究者认为：迁移是个人寻找利益最大化与最小的成本的合理决策过程[②]；在以托达罗为代表的预期收入理论中，将流动者描述为可以清楚计量流动所带来的收入（城市工资水平及其就业概率）和成本的决策者[③]，鲜明地体现了完全理性假设。

国内在分析农民工现象时，对农民工流动行为中的理性程度认识同样经历了从非理性到完全理性的变迁。中国初现农民工、民工潮现象时，社会将其

---

① 文军.从生存理性到社会理性选择：当代中国农民外出就业动因的社会学分析[J].社会学研究，2001(2)：22.

② 曹向昀.西方人口迁移研究的主要流派及观点综述[J].中国人口科学.1995(1)：45.

③ John R. Harris and Michael P. Todaro. Migration, Unemployment and Development: A Two-Sector Analysis[J]. The American Economic Review, Vol.60, No.1 , 1970: 126—142.

视为“盲流”,认为农民工的流动是盲目无序的行为。随着经典人口理论的传入,虽然对经典人口流动理论进行了本土化的改进,但较有影响的研究多以“理性经济人”为假设前提,蔡昉(2007)在分析流动人口时,假设所有的行动者(包括农民、市民、各级各地政府的政策制定者)都具有经济理性①。王国辉(2006)认为:中国乡城劳动力迁移的本质是追求家庭预期收入最大化的行为②。

虽然完全理性能简化分析,建立精密的模型,但完全理性的假设前提诸如完备对称的信息与行为人无懈可击的计算能力不符合现实,直接动摇了完全理性的现实性。信息有利于消除不确定性,因此,在决策中,信息能有效降低决策风险。但潜在的流动者在决策时,面临复杂的环境与较多的选择,不可能掌握完备对称的信息。例如,中国农民工在进行流入地决策时,既可选择省内流动,也可选择跨省流动;在跨省流动中,存在由 30 个省份组成的选择目标集,潜在流动者由于个人能力有限与较高成本等原因不可能收集到 30 个省份所有相关信息,不可能获得完备对称的信息。现实中,潜在的流动者更多依靠已流动者获取部分信息以支持其流动决策③,即采取易得式启发进行风险决策。即使获取较多信息,由于人类认知能力的有限性,同样无法做出收益最大化决策。在包括流动行为决策在内的所有决策行为中,不存在完备对称信息,不存在“无所不知、无所不能”的决策者。因此,理性经济人假设备受质疑,完全理性分析下“十分复杂的数学模型闪现耀眼的科学光环,但是经济学的解释能力却受到越来越明显的限制”④。古德(CWJ.Goode,1997)嘲讽那些极端理性主义者:“只有那些白痴才相信理论选择理论的主要教条,他们几乎不关注真实的生活行为。”⑤。

新生代农民工作为农民工群体的主体,对新生代农民工的研究不可避免地延续了这一分析框架的精髓:完全理性假设。但完全理性假设在新生代农民工流动行为分析中失真。

---

① 蔡昉.中国流动人口问题[M].北京:社会科学文献出版社,2007:12.

② 王国辉.基于农户净收益最大化的宏观乡城迁移模型[J].中国人口科学,2006(2):49.

③ Yaohui Zhao,The Role of Migrant Networks in Labor Migration:The Case of China[J].Contemporary Policy.Vol.21,No.4,October 2003:500—511.

④ 刘少杰.经济社会学的新视野——理性选择与感性选择[M].北京:社会科学文献出版社,2005:1.

⑤ Rational Choice Theory[J].The American Sociologist,Summer 1997:22—41.

在理论研究中，即使可将完全理性作为理论分析的预设前提，也仅在工具理性行为类型中具有较强的阐释力。完全理性假设源于经济学，使用于经济学，经济学正是在完全理性的基础上，建立了严密的经济学体系。但部分经济学家使用经济学工具不断向其他社会科学领域扩展，出现了“经济学帝国主义”现象，贝克尔(Gary.S.Becker，2008)认为：经济分析是一种统一的方法，适用于解释全部人类行为①。但人类行为可根据一定的标准区分为不同的类型，不同行为具有不同的实现逻辑，适用不同的分析方法。韦伯(Marx.Web，2010)将社会行动②根据取向不同分为以下四类：工具理性社会行动、价值理性社会行动、情绪(尤其是情感)社会行动与传统社会行动。同时，其还指出：从工具理性的角度来看，价值理性总是无理性的，当价值理性行动者越是无条件地追求某种价值观念时，他就越不考虑自身行动的结果③。由此可见，价值行动无法运用工具理性的计算原则进行分析。人口流动行为不是源于习惯的传统社会行动，也不是源于潜在流动者具体情感和情绪状态的情绪社会行动。在现有人口流动行为分析中，多认为人口流动行为属于工具理性社会行动，而工具理性社会行动是完全理性地考虑目的、手段与后果的行为，因此，研究者自然地采用经济学的分析方法。新生代农民工流动行为与上一代农民工不同，其流动动机呈现多样化特点，经济动机与非经济动机并存，行为取向多样化，既包含工具理性的成分，又带有价值理性④的色彩，而价值理性社会行动的取向是价值观念，价值观念的成本、效用难以计量，自然不能使用完全理性假设。新生代农民工流动行为取向的变化在宏观方面表现为农民工问题性质的转变，黄乾(2007)指出：由于新生代农民工已经成为农村劳动力的主体、农村劳动力市场的转变与城市、农村就业环境的改变，农民工就业问题已经由经

---

① 加里.S.贝克尔著.人类行为的经济分析[M].王业宇、陈琪译.上海：格致出版社、上海三联书店、上海人民出版社，2008：11.

② 虽然人类行为不等同于社会行动，但本书分析的人类行为特指流动行为，流动行为满足韦伯分析社会行动的内涵(社会行动是行动的个人赋予其行动以主观意义，行动者考虑到他人的行为，并且在其行动过程中以他人的行为为目标的行动)，故将“人类行为”与“社会行动”等同起来。

③ [德]马克斯·韦伯著.经济与社会(第一卷)[M].阎克文译.上海：世纪出版集团，2010：114－116.

④ 新生代农民工流动行为的工具理性表现为流动动机中同样存在经济动机，价值理性表现为在流动中存在比上一代农民工更为强烈的非经济动机。

济问题转变为社会政策问题与公共问题①。

从上述分析可以看出：一方面，完全理性下的人口流动分析因为其假设前提脱离现实，使其不能用来预测人们的实际行为选择。单就理论分析之便来看，如果完全理性假设可以作为行为研究的预设前提，也只能用于工具理性行为，对流动动机多样化的新生代农民工流动行为而言，则不适用于该预设前提。因此，不管是从预设前提的现实性来看，还是从新生代农民工流动行为的性质来看，均不适用于完全理性假设。

另一方面，虽然部分学者提出针对新生代农民工的分析框架，但未具体化，未用于实证分析。新生代农民工流动行为因其特殊的流动动机，一般农民工分析不能有力解释其流动行为。早在 2003 年，罗霞、王春光已经指出新生代农民工流动行为分析的可行方向：随着新生代农民工外出动因的多样化，单一因素的分析无法深入阐释其行为选择，其行为在惯习和社会场域②的互动中产生③，即可从惯习与社会场域的互动中寻找行为产生的具体原因。该观点为新生代农民工流动行为研究提供了较好思路，表明在新生代农民工流动研究中，应该同等重视环境因素与心理因素对新生代农民工流动行为的影响，但这一观点在以后的相关研究中，并未得到较好的体现，影响新生代农民工流动行为的惯习和场域并未具体化，未付诸实证研究。

新生代农民工流动行为分析框架的不足导致新生代农民工研究内容不够完整与细化，主要表现为现有新生代农民工研究虽然认识到心理因素对流动行为的影响，但缺乏对心理因素系统、实证与定量的研究。在完全理性假设下的分析不用考虑心理因素的影响，但行为作为个体对外界变化的反映，不仅仅受到外界环境的影响，还受到个体心理因素的制约。在现有西方人口流动行为心理因素研究中，关注价值、态度、感知与动机对流动行为的影响④。国内在研究人口流动行为时，部分研究分析了农民工的心理特征及其对流动的影

① 黄乾.农村劳动力转移就业问题性质的根本转变与社会政策选择[J].人口研究，2007(4)：71.

② “惯习”和“社会场域”是布迪厄实践理论中的基本概念，惯习是行为者个人的性情倾向，接近于心理因素；社会场域是行为者形塑的社会空间，更多表现为一种社会关系，接近于外在因素。二者的互动表现为社会场域制约贯习，而惯习促使社会场域的形成。

③ 罗霞、王春光.新生代农村流动人口的外出动因与行动选择[J].浙江社会科学，2003(1)：113.

④ James T.Fawcett.Migration psychology：New Behavioral Models [J].Population & Environment，Vol.8，Numbers 1－2，1985：5－14.

响，例如，刘怀廉(2005)认为：农民工的快富奔小康心理、追求身份转变心理、救急解困心理、求安怕险心理、横比攀高心理、干事创业的心理、小富即安心理、从众心理影响农民工的就业行为①。胡凯、胡莹(2009)分析了隔离感、失落感、不满情绪与自卑等心理因素对农民工回流的影响②；近两年的研究更多关注新生代农民工心理健康的现状③及其相关因素④。现有相关研究多从理论层面分析心理因素对流动行为的影响，在为数不多的新生代农民工心理因素的实证研究中，更多将其作为因变量而非自变量。相关研究在分析流动行为时，总体研究仍强调外界环境如制度、社区和家庭的影响，忽略行为生成的内在因素，即使意识到流动者的心理因素对流动行为的影响，多为理论分析，缺乏对心理因素的定量研究。

此外，现有研究因为强调代际变迁，忽略了新生代农民工群体的内部构成，导致研究方法重视代际比较，忽略代内比较。代际比较在把握农民工流动行为特征的代际变迁时非常必要；但在分析其影响因素与效应时，由于上一代农民工将逐渐退出农民工群体，代内不同类型的影响因素分析与效应分析更具现实意义。

新生代农民工随时间推移不断发生变动，在新生代农民工成为农民工主体的背景下，搭建与新生代农民工流动行为特征匹配的理论框架，运用代际比较与代内比较相结合的方法，探讨新生代农民工流动行为的特征、影响因素与效应等问题十分迫切。

本章小结

本章从国外与国内两个方面展开对新生代农民工流动行为研究文献的梳理。其中，国外文献既有关于人口迁移的经典理论研究，又有关于对我国农民工的研究。国内文献包括新生代农民工界定、新生代农民工及其流动行为特

① 刘怀廉.中国农民工问题[M].北京：人民出版社，2005：161—164.

② 胡凯、胡莹.心理因素对农民工回流的影响及对策[J].湖南省医科大学学报(社会科学版)，2009(3)：22.

③ 汪永涛.各年龄层新生代农民工心理状况比较研究[J].预防青少年犯罪研究，2012(09)：27.

④ 郭星华、才凤伟.新生代农民工的社会交往与精神健康——基于北京和珠三角地区调查数据的实证分析[J].甘肃社会科学，2012(4)：33.

征、新生代农民工流动行为的影响因素与效应等内容。国外文献对分析的概念、框架等方面可提供有益启示，但实证研究结果难以直接用于我国农民工问题的决策。国内文献可为本研究提供大量材料、观点等方面的支持，但缺乏与新生代农民工流动行为性质一致的、系统的、完整的理论分析框架，由此导致研究内容不完整细化；同时，在研究方法方面，重代际比较，轻代内比较。

第三章 >>>

新生代农民工流动行为分析的理论框架

新生代农民工流动行为与上一代农民工的流动行为同为人口流动行为，研究内容的构成一致，均包括流动行为特征、流动行为影响因素与流动行为效应，但在具体的流动行为特征、影响因素与效应方面存在差异。流动行为特征的差异源于两代农民工成长于不同的社会环境，存有不同的价值观念与思维方式，代际理论可为代际流动行为特征的表现提供较好的解释。同时，在新生代农民工内部，其行为倾向存有差距，故应根据行为倾向的差异进行代内比较，行为计划理论可为代内比较提供理论指导。由于代际间流动行为的主观表现与客观表现不同，尤其是新生代农民工流动动机的多样化，必须从多维视角入手阐释其流动行为的影响因素，多维视角的人类行为理论强调行为研究的系统性，从生理因素、心理因素与社会因素的多重视角出发分析行为的影响因素，可为新生代农民工流动行为影响因素的选取提供启发。流动行为的影响因素与流动行为的效应是“流动行为”这一社会实践的两个侧面，在分析影响因素的同时还应该分析流动行为的效应。结构化理论强调行为主体的主观能动性，即在行为受到社会结构的影响下，行为主体将发挥自身的主观能动性，通过行为对社会组织与社会结构产生影响，在人口流动行为中，流动者主观能动性的发挥体现为流动效应，故可在结构化理论的指导下分析新生代农民工流动行为的效应。流动行为的特征分析、流动行为的影响因素与流动行为的效应分析还必须借助人口流动理论的相关内容。

综上，本书将在代际理论与计划行为理论、多维视角下的人类行为理论、结构化理论与人口流动理论的融合中搭建新生代农民工流动行为分析的理论框架，为实证分析提供理论支撑。

第一节　新生代农民工流动行为特征的理论分析

一、代际比较视角下新生代农民工流动行为特征的理论分析

(一)代际理论简介

代际理论是专门阐述“代”与“代际冲突”形成机理和表现方式的一种理论学说。“代”是指一定社会中具有大致相同年龄和类似社会特征的人群，具有自然和社会两重属性，可分为自然“代”和社会“代”两种类型，自然的“代”是人的辈分关系，社会的“代”被赋予社会和文化内涵，由时代和文化塑造而成。“代”的自然属性集中体现在年龄，是不同年龄相似群体的集合。但“代”的本质属性是社会属性，表现为价值观念和行为方式的差异①，即表现为“代差”或“代沟”。“代差”一般出现在社会巨变的环境下，因为在变迁缓慢的社会中，人们可预期的未来社会是过去社会的“复制”，一切伦理道德、文化习俗、社会规范、价值体系均固定，且神圣不可侵犯，代际之间不存在价值观念的冲突。但是，在巨变的社会条件下，社会规范、价值体系受到冲击并发生断裂，当年轻一代面临急剧变化的社会或全新社会时，从父辈处学来的经验不足以解决生存问题，不得不在同辈中寻找经验与认同，从而获取与祖辈完全不同的知识、经验，形成“代差”或“代沟”。

中国自改革开放以来，社会发生日新月异的变化，出生成长于改革开放之前与之后的群体受到不同社会环境的影响，具有不同的价值观念与行为方式，农民工群体亦然。上一代农民工出生于改革开放之前，而新生代农民工出生成长于改革开放之后，根据代际理论，两代农民工的流动行为特征正发生着与时代变动一致的变迁，在流动行为方面存在代差。

(二)农民工流动行为特征代际差异的理论分析

根据代际理论，不同代际之间具有不同的自然属性与社会属性，具有不同

① 廖小平、曾祥云.“代”论[J].江海学刊，2004(4)：5－7.

的价值观念与行为方式；在不同价值观念与行为方式的作用下，行为特征存在差异，代际间的人口流动行为特征亦如此。流动行为特征的代际差异表现为两个方面：以流动动机为代表的流动行为主观差异与流入地区分布、收入支出等客观差异。

1.流动行为的主观差异

行为的差异从本质上来讲，源于行为背后动机的不同，因此，行为背后的动机是区分行为差异的根本依据①。行为受到动机驱使，人口流动行为亦不例外，同样是动机导向性行为②，在代际人口流动行为特征的差异分析中，仍然可从行为动机进行区分。动机可分为追求收入的经济动机与追求发展、权利、公平等的非经济动机，同一行为在不同时期与不同群体中，占据主导地位的动机类型不同，一般而言，将经历经济动机主导、非经济动机与经济动机并存与非经济动机为主导三个阶段，即主导动机由经济动机逐渐演变为非经济动机。

在动机驱动下，行为人将产生不同的行为倾向，即行为意愿，行为意愿亦可体现行为特征的代际差异。此外，流动中的工作生活满意度与其他心理因素同样可体现行为特征的代际差异。

运用多种因素判断行为的代际差异时，必须选取判断标准。动机作为决定行为性质的依据，是行为性质判断的重要标准。

2.流动行为的客观差异

行为差异还表现为行为表征的区别。行为表征差异源于动机的差异，但动机与行为之间不完全等同，一般情况下，动机先于行为，如果动机仅仅存在于思想层面，行为表征尚未发生变化，受到多种影响因素的制约，该动机驱使下的行为可能最终不会发生，此时的研究更多是一种前瞻性研究；如果行为表征已经发生变化，研究该动机驱使下的行为显得必要而又紧迫。因此，本研究不仅仅从动机等主观层面分析农民工流动行为的代际差异，还从行为表征分析流动行为代际差异。本研究拟从务工方式、工作时间、工作收入与支出等方面分析农民工流动行为表征的代际差异。

在主观与客观差异方面，主观差异更体现了代际的本质属性，故主观差异是流动行为代际差异的主要判断标准。

---

① 马克斯·韦伯.经济与社会(第一卷)[M].阎克文译.上海：世纪出版集团，2010：114.

② 钟水映.人口流动与社会经济发展[M].武汉：武汉大学出版社，2000：2.

二、代内比较视角下新生代农民工流动行为特征的理论分析

（一）计划行为理论简介

计划行为理论（Theory of Planned Behavior，TPB）源于多属性态度理论，该理论认为行为态度决定行为意向，预期的行为结果及结果评估又决定行为态度[①]。Fishbein 和 Ajzen（1975）将多属性态度理论发展为理性行为理论（Theory of Reasoned Action），理性行为理论认为行为意向是决定行为的直接因素，而行为意向受到行为态度和主观规范的影响[②]。理性行为理论认为行为意向是决定行为的直接因素，它受行为态度和主观规范的影响。理性行为理论假定个体行为受意志控制，这一假定制约了该理论的应用，为克服这一理论假定导致的应用范围狭隘问题，Ajzen（1985）在理性行为理论的基础上，增加知觉行为控制变量，初步提出计划行为理论[③]，Ajzen（1991）发表《The Theory of Planned Behavior》一文，标志着计划行为理论的成熟[④]。

计划行为理论认为：行为态度、主观规范（是否执行行为时感受到的社会压力）与知觉行为控制（个体感知到执行某特定行为的难易程度）影响行为意向，行为意向直接影响实际行为。同时，信念影响行为态度、主观规范和知觉行为控制，而行为态度、主观规范、知觉行为控制三者之间两两相关。当知觉行为控制准确反映实际控制条件时，知觉行为控制单独即可预测行为发生的可能性。同时，除行为意向外，行为还受到个人能力、机会、资源等实际控制条件的制约，当实际控制条件充分时，行为意向可直接决定行为[⑤]。

---

① Fishbein M.An Investigation of the Relationships between Beliefs about an Object and the Attitude toward That Object[J].Human Relations，1963，16(3)：233－239.

② Fishbein M，Ajzen I.Belief，Attitude，Intention，and Behavior：An Introduction to Theory and Research Reading[M]，MA：Addison-Wesley，1975.

③ Ajzen I.From Intentions to Actions：A Theory of Planned Behavior[A].In：Kuhl J，Beckman J，(Eds.)，Action Control：From Cognition to Behavior. Heidelberg，Germany：Springer，1985：11－39.

④ Ajzen I.The Theory of Planned Behavior[J].Organizational Behavior and Human Decision Processes，1991，50(2)：179－217.

⑤ 段文婷、江光荣.计划行为理论述评[J].心理科学进展，2008(2)：315－316.

（二）新生代农民工流动行为特征代内比较的理论分析

计划行为理论更多用于对行为的预测与解释。但在本书中，主要将其作为新生代农民工流动行为特征代内差异比较的理论基础。因为代内比较需要使用分类标准，本书将人口流动视为"行为"，根据计划行为理论，行为意向是行为的直接决定因素，故在分析新生代农民工流动行为特征的内部差异时，采用行为意向进行分类。

代内比较根据新生代农民工流动意愿对其流动行为进行分类，主要从务工经历与流动中的心理状态两个方面展开新生代农民工流动行为的代内比较，刻画新生代农民工流动行为不同类型的的特征。

第二节 新生代农民工流动行为影响因素的理论分析

在人口流动行为研究的内容中，影响因素具有重要作用，因此，搭建新生代农民工流动行为分析理论框架的重点是影响因素的理论分析。

S.Åkerman(1972)指出：从经济学、地理学与人口学角度研究人口迁移存在诸多不足，人口迁移研究的方向之一是行为科学[①]。人类行为理论是阐释行为发生、发展的理论的总称。伴随"行为"内涵的演变，行为的影响因素也在不断拓展，从过于关注个体因素或环境因素发展到现在广为接受的系统视角。例如，皮亚杰的认知理论认为行为随着个体认知结构的成熟而变化，以弗洛伊德精神分析学说为代表的心理动力理论注重心理因素对行为的影响；而华生的行为主义则认为行为是个体对环境刺激的反映，环境刺激是行为的决定因素，勒温的"场论"强调从个体与环境的互动解释行为。随着"行为"系统观的日益普及，愈来愈多的研究从个人与环境的角度探讨行为的影响因素。乔斯·B.阿什福德等的专著《人类行为与社会环境——生物学、心理学与社会学视角》(2005)强调从生物、心理与社会维度分析人类行为，不仅开创了人类行为与社会环境教程的新时代，而且明显体现了多维视角的人类行为研究倾向，成为现在行为研究重要的分析框架。多维视角的人类行为理论提供了行为影响

① Sune Åkerman.The psychology of migration[J].American Studies in Scandinavia, 1972,5(1):45－55.

因素分析的一般框架，在该框架的指引下，借鉴迁移心理学与其他人口流动理论提出人口流动的影响因素，选取影响新生代农民工流动行为的因素，并对其中的心理因素进行操作化。

一、多维视角的人类行为理论中行为的影响因素

根据乔斯等人的多维视角的人类行为理论，可从个体的生物维度和心理维度与环境的社会维度出发分析人类行为的影响因素，个体的生物维度包括生化系统、细胞系统、器官系统等；心理学维度是对个人精神活动（包括决策）过程产生影响的系统，包括认知发展与信息处理、交流、态度、情感、社会认知与调节；社会维度是社会关系系统，包括个体的社会经济特征、家庭、社区、群体等社会因素[①]。可用图 3-1 表示行为一般的影响因素：

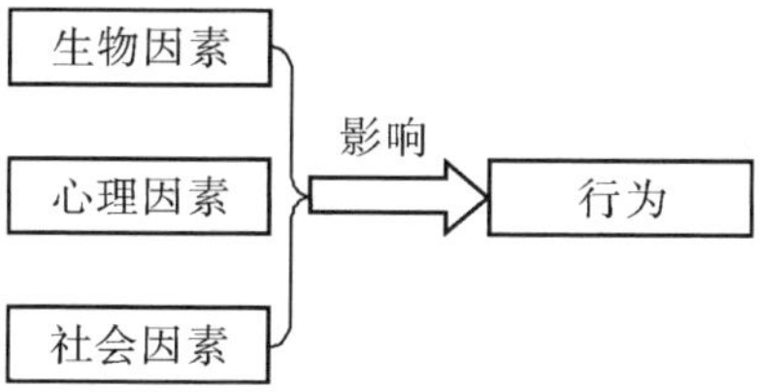

图 3-1 行为的一般影响因素

（一）生物因素

生物因素虽然是行为的基础，但在分析社会行为时，社会行为分析的目的不是从医学或生物学的角度探讨行为的生物机制，而是探讨行为的心理与社会机制。因此，一般更多关注心理因素与社会因素。

（二）心理因素

心理学维度的作用是动员我们的生物与社会资源去获取和完成目标，安德森和卡特（Anderson & Carter，1990）认为：目标获取功能是心理学因素的

① ［美］乔斯·B.阿什福德、克雷格.温斯顿.雷克劳尔、凯西·L.洛蒂著，王宏亮、李艳红、林虹译.人类行为与社会环境——生物学、心理学与社会学视角（第二版）［M］.北京：中国人民大学出版社，2005：35.

本质特征①。而目标是行为的导向，行为总是指向特定的目标，因此，组成心理因素的认知发展与信息处理、交流、态度、情感、社会认知与调节均对行为产生影响。

认知是对来自当前环境、过去经历和其他来源的信息的获取、组织和应用过程②，认知发展是个体处理信息能力的变化，因此，认知发展和信息处理可以视为“认知”一个因素。认知的对象是信息，信息是行为的重要依据，由此可见：个体的认知能力和认知水平直接关系到个体行为的开展。

交流是互动双方信息的交换，通过交流，行为者可获得更多的信息，还可加强情感，形成非正式群体，进而产生“从众”“趋同”等影响个体行为的心理或现象。

态度是个体对事件评价的积极反应方式或消极反应方式。态度与行为存在复杂的互动关系，20 世纪 60 年代前，“态度决定行为”占据主流地位。但随着态度与行为关系研究的推进，学者们逐渐认识到态度只有在特定情况下（如其他因素的影响最小化、态度是针对具体行为与当我们清楚意识到态度是强有力的时候）才能决定行为。同时，由于个体倾向于认同自己的行为，往往夸大当前行为的重要性，因此，行为也会影响态度③。尽管态度与行为之间存在复杂的互动关系，但不能否认态度是行为的影响因素之一的事实。

情感同样是对事件的反应，但态度强调行为者对事件的评价，而情感强调行为者对事件的体验。行为者体验到的不是事情本身，而是客观现实与个人主观加工后的混合物④，个人主观加工直接或隐含地表达了个人的需要。因此，情感直接关系到个人需要是否满足与满足程度。当与特定行为相联系的需要得以满足时，则行为人可能开始新的行为，但需要未能得到满足时，将强化当前行为。

社会认知是个体对自我与他人、人与人之间的社会关系、社会习惯、群体

---

① Anderson, R.E. & Carter, I.. Human Behavior in the Social Environment: A Social System Approach (4th ed.)[M]. New York: Aldine, 1990.

② Kietzman, Spring & Zubin. Perception, Cognition, Information Processing[A]. in. H.I.Kaplan & B.J.Sadock (Eds), Comprehensive Text-book of Psychiatry. Baltimore: Williams & Wilkins. Vol.4, 1985: 157—178.

③ 戴维·迈尔斯.社会心理学(第 8 版)[M].侯玉波、乐国安、张智勇等译.北京：人民邮电出版社，2009：97—110.

④ 柳友荣主编.现代心理学基础[M].合肥：安徽人民出版社，2003：113.

和社会制度的认识和思考①。行为者对他人、与他人关系以及社会制度等的认识，直接关系到该个体对互动另一方的期望。因此，社会认知及其调节是行为顺利开展的重要前提。

如果说心理因素是内在变量，那么，社会因素则是外在变量，更容易被研究者所认识。

（三）社会因素

多维视角下影响行为的社会因素更多从系统论的观点出发，从微观、中观、外观与宏观系统进行分析②。

影响行为的首要社会因素是微观因素，包括行为者的个体特征与家庭因素。行为者的个体特征如性别、年龄、受教育程度等将对行为产生显著影响，诸多行为由于男性与女性在生理构造和思维方式等方面的不同，均存在性别差异；年龄不仅表明个体的认知水平及其发展，还体现个体的社会关系与社会资本，不同年龄阶段的行为者，具有不同的行为方式；教育作为一种人力资本投资方式，受教育程度的提高有助于增加个体的人力资本存量，提高个人获取、利用信息等资源的能力，从而对行为产生影响。在社会因素的微观系统中，除了个体特征，家庭亦是一个重要因素，家庭关系的现状、家庭的经济社会地位与家庭的教育方式等将对家庭中的每一个成员产生深远的影响。根据弗洛伊德的人格发展理论，儿童早期的经历在人格发展中起着关键作用，而儿童早期的经历主要是在家庭中的经历，家庭对子代的教育方式将对子代的态度、情感等心理因素产生重要作用，从而影响行为。家庭不仅对个体的心理因素产生影响，还对个体社会资源的获取产生影响，例如，如果家庭在社区中处于相对较高的经济地位和社会地位，则可为成员提供更多的社会资源，成员更易达成自己的行为目标。

在中观系统中，行为的影响因素包括：社区、学校、工作场所与同辈群体。童星、赵夕荣（2006）指出：滕尼斯最早提出“社区”概念，他认为：社区是由血缘、地缘联系在一起的传统社会，是“社会”的对称③，其内涵随着时代的发展

① Flavell, J. H. Cognitive Development (2nd ed.) [M]. Englewood Cliff, NJ: Prentice Hall, 1985.

② Bronfenbrenner, U. Toward an experimental ecology fo human development[J]. American Psychologist, No.32, 1977: 513－531.

③ 童星、赵夕荣.“社区”及其相关概念辨析[J].南京大学学报(哲学·人文科学·社会科学版)，2006.(2)：67－69.

和地域的变化而有所变化。目前，对“社区”的定义高达数百种，郑杭生等(2007)指出：社区是进行一定社会活动、具有某种互动关系和共同文化维系力的人类群体及其活动区域①。从该定义可以看出：社区不仅为个体行为的开展提供地域，还为行为的开展提供各种有形或无形的规则，使行为人能较好地预测他人行为并使行为得以顺利实现。学校、工作场所与同辈群体都是重要的社会化环境条件，个体在学校、工作场所和同辈群体的社会化是否成功、社会化程度如何都将影响个体与他人的互动，即个体的各种社会行为，如果个体成功、顺利地实现社会化，则能正确地扮演各种社会角色，与他人顺利互动，从而使个人行为得以顺利开展。反之，如果个体不能顺利社会化，则可能发生角色冲突、角色中断等现象，该角色下的行为实施受挫。

社会因素的外观系统特指社会制度，从制度经济学的产生和兴起可以看出制度的重要性，柯武刚、史漫飞(2004)认为：制度是人类相互交往的规则，它的功能在于抑制可能出现的机会主义和乖僻的个人行为，增进社会秩序，使人们的行为更可预见并由此促进劳动分工与财富创造②。如果将行为视为资源、项目与回报的集合，制度则通过影响行为人可能获取的资源、项目的目标与可能的回报影响行为③。制度既为行为提供预见从而促进行为的顺利进行，又为行为提供限制，确定行为的边界。

社会因素中的宏观系统特指文化环境与亚文化环境，众所周知，文化有广义和狭义之分，广义的文化是人类创造的一切财富，包括物质财富和精神财富，而狭义的文化仅指人类创造的精神财富。从文化对人类行为的影响来看，物质财富和精神财富都将对行为产生影响，因此，影响行为的文化环境是广义的文化环境。当面临多元文化背景的互动时，文化对行为的影响尤其明显，不同文化背景中成长的个体具有不同的思维方式、价值观念与表达习惯，在不同文化的互动中，常发生“文化震惊”现象，该现象将给互动的行动者带来思想上的混乱和心理上的压力，行为难以顺利进行。

上述分析表明：心理因素与社会因素是行为发生、发展不可缺少的条件。心理因素和社会因素对行为的作用应该辩证看待，各种心理因素和社会因素

---

① 郑杭生，李强、李路路、林克雷.社会学概论新修[M].第三版.北京：中国人民大学出版社，2007：272.

② 柯武刚、史漫飞.制度经济学——社会秩序与公共政策[M].韩朝华译.北京：商务印书馆，2004：32－35.

③ 刘继云、孙绍荣.制度影响行为的机理分析[J].科技创业月刊，2005(5)：125－126.

既可支持个体行为，使个体行为得以实现，也可能对个体行为产生限制，使个体行为不能无限制发展，个体行为目标不能无限制膨胀，个体只能有限制地开展各种行为。

多维视角的人类行为理论为新生代农民工流动行为的影响因素分析框架的构建提供了思路，但这一框架忽略了部分重要的心理因素，如动机；同时，该框架适用于一般行为的分析，在分析具体行为时，还应该根据该行为的特点对影响因素进行一定的筛选和增减。

二、新生代农民工流动行为影响因素的选取

由个体的流动行为所组成的人口流动行为作为一种人类行为，同样受到生物因素、心理因素与社会因素的制约。因此，本书以多维视角的人类行为理论为基础，结合迁移心理学与人口流动行为的影响因素研究，提出新生代农民工流动行为影响因素的分析框架。该框架与上述人类行为与社会环境分析框架的不同之处在于：一是本书主要从心理、社会视角分析人口流动行为，故未分析生物因素。二是结合人口迁移理论，将影响行为的一般性的心理因素与社会因素转变为影响人口流动行为的因素。三是对影响因素进行操作化，为实证分析奠定基础。

（一）影响新生代农民工流动行为的心理因素及其操作化

心理因素是行为产生的内在机制，尤其在行为动机多样化的背景下，探讨影响行为的心理因素，有利于深入认识、剖析和预测行为，新生代农民工流动行为亦然。

本书选取影响新生代农民工流动行为的心理因素的依据是多维视角的人类行为理论与迁移心理学。在多维视角的人类行为理论中，心理因素包括认知发展与信息处理、交流、态度与情感、社会认知与调节。迁移心理学的提出者詹姆斯·佛森特（James Fawcett，1985－1986）认为：构成迁移心理学的主要内容包括动机、态度、价值与对迁移的主观感知①。

结合人口迁移心理学与多维视角的人类行为理论，可发现，两者都包括“态度”；“动机”作为行为的内在驱动力，在人口流动研究中一直受到重视；“价

① James T. Fawcett. Migration Psychology: New Behavioral Models[J]. Population and Environment, Vol.8, Number 1&2, Spring/Summer, 1985－86: 5－14.

值”作为流动决策中看重的事物，可包含在“动机”中（R.R.Sell，G.De Jong，1978）；情感作为行为者对事件的主观体验，与“感知”具有一致性，在人口流动行为研究中，情感多分析在迁移过程中形成的相对剥夺感与公平感，而相对剥夺感与公平感以参照点为前提，表现为参照点依赖；同时，在相对剥夺感与公平感下的行为反应与个人风险偏好相关，在较高的相对剥夺感与较低的公平感下，风险追寻型流动者倾向于采取继续流动以降低剥夺感，风险厌恶型流动者可能保持现状或回流。此外，多维视角的人类行为理论中的社会认知作为个人如何看待自己与他人、与社会关系的判断过程，较易受到他人影响，具有一定的从众性，故将从众心理纳入影响新生代农民工流动行为的心理因素之中。认知能力受制于个人受教育程度的高低、工作经历与获取信息渠道的多少及其易得性高低，与个体特征存在极高相关性，故在心理因素中不纳入认知能力。交流在研究微观行为时较为适用，本书虽然从研究个体的流动行为入手，但最终研究群体的行为，故不分析交流对人口流动行为的影响。因此，本研究选取动机、态度、情感（相对剥夺感、公平感）、参照点依赖、风险偏好与从众心理作为影响新生代农民工流动行为的心理因素。

1.动机

在影响新生代农民工流动行为的心理因素中，首要因素是流动动机。动机表明行为的取向，是行为的内在驱动力，是行为性质区分的重要依据。不同动机将导致不同行为，比如，某一流动者的主要动机是挣钱，只要有工作，流动者都会接受；如果流动者的动机是学技术，几乎没有技术含量的工作，即使待遇再高，流动者也可能拒绝；如果流动者流动的动机是追求平等的权利，一旦在工作中遇到不公平待遇，“用脚投票”将是流动者的选择。

在新生代农民工流动行为实证研究中，虽然关注流动动机对其行为选择的影响，但仅通过频率分析粗略解释新生代农民工的流动动机，未对动机进行识别与量化。如何识别与测量动机是动机研究的重点，也是动机研究的难点，因为动机作为一种内在驱动力，“摸不到、闻不到”①。在动机测量中，不同类型的动机采用不同的测量方法，麦克莱兰德等（David C.McClelland etal，1989）将动机分为自陈动机与内隐动机，自陈动机是人们有意识地做出行为归因，受社会要求和规范的强烈影响，与个体能够清晰意识到的目标、价值观和期望有关；而内隐动机则产生于个体发展的早期，不为个体意识所表达，不直接受到社会要

① L.G.希夫曼，L.L.卡纽克.消费者行为学（第七版）[M].俞文钊，肖余春译.上海：华东师范大学出版社，2002：120.

求和规范的影响①。流动者的流动动机受到社会环境的影响，具有较为清晰的目标。因此，流动者的流动动机更可能与自陈动机接近，对自陈动机，一般采用自陈量表法②。本书亦采用自陈量表法识别、测量流动者的动机。

动机源于需要，虽然不能直接测量行为的动机，但可以通过自陈量表法测量行为者的需要，达到对其动机进行测量的目的。将个人需要分为经济需要和非经济需要，经济需要体现为对收入的需要；根据国外经典的人口流动动机研究，非经济需要包括对个人能力发展、新生活方式权利与公平的需要，与此对应的动机分别为经济动机与非经济动机。再将经济需要与非经济需要转变为指标，用"收入"代表对经济的需要，用"见识、本领"代表个人能力发展，用"城市生活方式"代表新生活方式，用"市民享受的权利"代表权利与公平，在当前背景下，市民权利不仅代表实际的利益，还代表公平。问题是"初次外出(现在外出)时对下列因素的需要程度"，备选答案采用李克特 5 级量度，分别为完全不需要、不需要、一般、需要与非常需要，赋值分别为 1 到 5③。

表 3-1　动机测量量表

	完全不需要	不需要	一般	需要	非常需要
1.收入					
2.城市的生活方式					
3.见识、本领					
4.市民享受的权利					

该量表总分在 4—20 之间，分值越高，需求越强烈，动机也越强烈，也越可能流动。不同维度的不同需求将表现为不同的流动类型，对经济动机更需要的流动者很可能保持流动，而对市民权利很需要的流动者极可能选择定居城市。根据调查结果，还可计算农民工在经济动机和非经济动机方面的得分，比较两代农民工流动动机的异同，比较结果不仅有利于把握农民工群体流动动

① David C.McClelland，Richard Koestner，and Joel Weinberger.How Do Self-attributed and Implicit Motives Differ? [J].Psychological Review，1989，96(4)：690－702.

② 自陈量表法是心理测试中常用的方法，针对研究内容编写若干陈述句，被试根据自己的实际情况作答，根据回答结果对被试的心理做出判断。

③ 这一思路主要参照了如下文献：牟新云.基于需要理论的进城农民工行为分析与管理研究[D].2007.陈善平、闫振龙、谭宏彦.体育消费需要量表的编制和信效度分析[J].体育科学，2010(6)：49.

机的演变趋势，亦可对行为进行定性分析。同时，为探讨流动对动机的影响，可将动机分为初次外出动机与现在外出动机。

2.态度

影响新生代农民工流动行为的第二个心理因素是态度。态度是主体对客体相对稳定的评价性反应①。在人口流动行为中，涉及农村、城市、工作场所以及社会制度等诸多要素，流动者的态度主要表现为对流动行为本身、农村、城市与相关制度的评价，当流动者对流动赋以积极意义评价时，反复、长期流动的可能性更大；城市作为农民工主要的生活场所，对城市的认同，同样将对自身的流动行为产生影响。与农民工流动相关的制度包括融入城市的户籍制度、社会保障（住房、医疗、养老）制度与教育制度等。

在态度的测量方式中，李克特量表是常用方法之一。在态度测量量表中，用“外出务工是增加收入、改变自己和生活状况的最佳方式”代表被调查者对流动的态度；“城市比农村好”代表被调查者对城市与农村的态度；“户口阻碍打工与打工选择”“住房价格阻碍打工与打工选择度”“教育制度阻碍打工与打工选择”“医疗制度阻碍打工与打工选择”“养老制度阻碍打工与打工选择”分别代表流动者对户籍制度、住房制度、教育制度、医疗制度与养老制度的态度。问题是“对下列说法，您的意见是”，采用 5 级赋分，在对户籍、住房、教育、医疗与养老制度进行态度测量时，采用负面陈述，因此，赋分方向与前面两项相反。具体而言，从完全不同意到非常同意，前面两项的赋分从 1 到 5，后面五项从 5 到 1，具体见表 3-2：

表 3-2　态度测量量表

	完全不同意	不同意	说不准	同意	非常同意
1.打工是增加收入、改变自己和生活状况的最佳方式					
2.城市比农村好					
3.户口阻碍打工与打工选择					
4.住房价格阻碍打工与打工选择					
5.教育制度阻碍打工与打工选择					
6.医疗制度阻碍打工与打工选择					
7.养老制度阻碍打工与打工选择					

① 孟昭兰.普通心理学[M].北京：北京大学出版社，1994：580.

该量表总分在 7—35 之间，分值越高，态度越积极，反之亦然。并可具体分析流动者对非制度（打工与农村）的态度与对制度的态度。

3.情感

情感作为对客体的体验与感受，不同情感将导致不同行为结果。在人口流动行为中，与城市居民和乡村社区邻居比较形成的相对剥夺感与在工作场所形成的公平感对新生代农民工流动行为具有重要影响。

（1）相对剥夺感

相对剥夺感（relative deprivation）是人们通过与参照群体的比较而产生的一种自身利益被其他群体剥夺的内心感受①。在人口流动分析中，早期的经典研究注重现实的或预期的绝对收入差距对流动行为的影响，但绝对收入差距并不能解释所有的流动行为，例如，在宏观方面，并不能很好地解释我国农民工来源的地区差异，根据“绝对收入差距是流动的巨大动因”的观点，中国西部人口流动动机应该强于中部，农村流动人口占农村总人口的比重应该高于中部。但 2012 年全国农民工监测调查报告显示：2012 年，中部地区的农民工占农民工总量的 31.4%，西部为 26.0%；中部地区农村户籍劳动力中农民工占37.2%，西部地区农村户籍劳动力中农民工占 28.7%。经济发展水平相对较低的西部，农民工的绝对规模与其占相应区域农村户籍人口的比重并未高于中部地区。在微观方面，杜鹰（Du，2000）的研究发现：在农村社区中，最具迁移动机的潜在迁移者不是最贫困的人②。在流动行为分析中加入相对剥夺感这一心理因素，可更好地解释人口流动行为，卢卡斯和斯塔克（Lucas，Stark，1985）较早注意到相对剥夺感对流动行为的影响，流动的可能性与相对剥夺感成正比③。斯塔克和泰勒（Stark & Taylor，1991）进一步指出：农村劳动力的流动不仅取决于预期的绝对收入差距，还取决于流动者在原住社区和流入地区的收入相对剥夺感④。蔡昉、都阳（2002）认为应该从双重原因——

① 郭星华.城市居民相对剥夺感的实证研究[J].中国人民大学学报，2001(3)：71.

② Du，Ying.“Rural Labor Migration in Contemporary China：An Analysis of its Features and the Macro Context.” In Loraine A.West and Yaohui Zhao，Eds.，Rural Labor Flows in China.Institute of East Asian Studies，University of California，Berkeley，2000 ：67—100.

③ Lucas，Robert E.B.and Oded Stark.Motivation to Remit：Evidence from Botswana [J].Journal of Political Economy，Vol 93，No.5，Oct.1985：901—918.

④ Oded Stark and J.Edward Taylor.Migration Incentives，Migration Types：The Role of Relative Deprivation[J].The Economic Journal.Vol.101，No.408，Sep.1991：1163—1178.

收入的绝对差距与相对贫困①解释劳动力流动行为②。在农村社区，相对剥夺感越强，潜在流动者越有可能变为现实流动者；在城市，相对剥夺感越强，越可能导致就业和社会的不稳定。韩雪松(2009)将在城市的相对剥夺感列为新生代农民工心理困境之首③，该心理困境将成为影响新生代农民工流动的主要因素之一。

相对剥夺感的测量包括纵向和横向两个维度，纵向维度是与自己过去相比，横向维度是与他人相比；从内容来看，可表现为收入、权利等方面的相对剥夺感。鉴于本书分析的需要，主要采取横向维度，测量农民工在经济地位与政治权利方面的相对剥夺感，包括农民工与农村社区邻居的比较、农民工与城市居民的比较。当被调查者与参照群体比较时，所处位置越低，相对剥夺感越强，故可借助被调查者自己与参照群体比较时得出的位置判断其相对剥夺感的强弱。

表 3-3　相对剥夺感的测量

	绝对劣势	劣势	相同	优势	绝对优势
1.与城市居民相比，您在收入方面处于					
2.与老家邻居相比，您在收入方面处于					
3.与城市居民相比，您在社会保障方面处于					

总分在 3－15 之间，分值越低，相对剥夺感越强，可根据比较对象与比较内容进行分类分析。

(2)公平感

农民工在工作生活中所受待遇基础上形成的公平感亦是影响新生代农民工流动行为的重要因素。公平感是主体将自己所得与付出之比与他人的所得与付出之比比较后形成的主观感受。亚当斯(J.S.Adams，1965)使用公式简明地分析公平感的含义：

① 在该文献中，考虑我国的语言习惯，将“relative deprivation”翻译为“相对贫困”，但其本质含义与“相对剥夺感”一致。

② 蔡昉、都阳.迁移的双重动因及其政策含义——检验相对贫困假说[J].中国人口科学，2002(4)：1－7.

③ 韩雪松，新生代农民工的心理困境与解决策略，西安社会科学，2009(11)：121.

$$\frac{O_p}{I_p}=\frac{O_o}{I_o}$$

式中：O_p 代表主体感觉到的自己所获结果，I_p 代表主体感觉到的自己的付出；O_o 代表主体对比较对象感觉到的所获结果，I_o 代表主体对比较对象感觉到的付出。当二者相等时，产生公平感，二者不相等时，产生不公平感①。公平感与相对剥夺感都是与一定群体比较的结果，但二者的区别在于：公平感包含主体对自己与他人的所得与付出所进行的评估和比较，而相对剥夺感更强调对所得的比较，是不公平感强烈的一种表现形式。

公平感之所以影响人们的行为，在于人类具有公平偏好，近年来的一系列博弈实验②令人信服地证明：人类具有公平偏好，在追求个人收益的同时还会关注收益分配或行为动机是否公平，公平偏好影响人们的行为决策③，如果决策主体感受到公平，将会产生"投之以桃，报之以李"的积极互惠效应；反之，如果决策主体感受到不公平，将不惜牺牲自己的利益"惩罚"对方，出现消极互惠效应④。在农民工的流动中，积极互惠效应表现为稳定、持续努力地工作，消极互惠效应表现为"用脚投票"，频繁流动。新生代农民工由于"农民"的制度性身份，在就业机会和就业待遇等方面遭受到不公正待遇，大部分只能进入待遇较低的城市次级劳动力市场，以劳动密集型产业为主；养老保险、工伤保险、医疗保险、失业保险的参保率虽然逐渐有所提高，但仍然处于较低水平。根据"农民工监测调查"数据，从 2011 年到 2014 年，养老保险从 13.9%上升到 16.7%，工伤保险从 23.6%上升到 26.2%，医疗保险从 16.7%上升到 17.6%，失业保险由 8.0%上升到 10.5%，生育保险从 5.6%上升到 7.8%。即使在同等学历下，也不能获取与城镇职工相同的报酬，2006 年，同等学历的非农民工与农民工相比，非农民工平均月工资超过农民工 36.7%⑤。对同一社会现象，不同群体存在不同的建构，从而形成不同的感觉，教育程度愈高的群体，更易感

① John.Stacey Adams.Inequity in Social Exchange[A].In Leonard Berkowitz(Ed), Advances in Experimental Social Psychology (Volume 2)[J].New York: Academic Press, 1965:267—297.

② 如最后通牒博弈实验、礼物互换博弈实验、信任博弈实验和独裁博弈实验等。

③ 金雪军、杨晓兰主编.行为经济学[M].北京：首都经济贸易大学出版社，2009:197.

④ Rabin, Matthew.Incorporating Fairness into Game Theory and Economics[J].American Economic Review, 2, 1993:1281—1302.

⑤ 蔡和平.农民工工资的变动趋势[A].韩俊主编.中国农民工战略问题研究[M].上海：上海远东出版社，2009:82.

受到不公平感。新生代农民工受教育程度高于上一代农民工,已经成为研究共识。更高的受教育程度导致更高的心理预期,更容易产生不公平感,新生代农民工更容易出现“用脚投票”的行为。因此,公平感对新生代农民工流动行为的影响较上一代农民工将更加显著。

公平感的测量同样包含纵向维度与横向维度,内容可包括收入、机会、制度等各个方面。公平感的测量亦可采用李克特量表,问题是“对下列问题,您的感受是”,将答案分为5级,分别为“经常”“有时”“偶尔”“很少”和“没有”,分值为1到5。在内容方面,本书主要测量新生代农民工在就业待遇、就业机会、参与企业管理、参与社会政治与社会总体公平等方面的主观感受。具体见表3-4。

表3-4　公平感测量量表

	经常	有时	偶尔	很少	没有
1.打工时做得多,得到少					
2.受到老板的剥削					
3.没有机会得到晋升					
4.没有机会参与企业的管理					
5.没有机会进入收入更高的部门					
6.没有机会参与与己相关政策的制定					
7.社会不公平					

该量表总分在7—35之间,分值越低,越感到不公平,分值越高,则主观感知更为公平。该量表不仅可以测试农民工的公平感,还可测量被调查者的内部公平感和外部公平感,因为量表中的陈述1、2、3、4测量内部公平,陈述5、6、7测量外部公平。

4.参照点依赖

相对剥夺感和公平感以一定的参照群体为前提,因此,参照点依赖也是影响新生代农民工流动行为的重要心理因素。卡尼曼与特维斯基(Kahneman & Tversky,1979)首次提出“参照点”(reference point)概念,他们认为,参照点是某个既存的心理中立基点,个体在进行决策时依据的不是决策方案各种可能结果的绝对效用值,而是以参照点为基准,把决策结果理解为实际损益量与心理参照点的偏离方向和程度。参照点通常是个体习惯的一种状态,有时由社会规范或习俗规定,有时是一种期望水平或抱负水平。它的位置一般与个人财富水平和社会现状有关。此外，近期财富变化、财富期望与他人的社会比较等都会影响到参照点位置的确定①。自卡尼曼与特维斯基提出“参照点”概念后，学术界对其进行了分类，耶茨和斯通（Yates & Stone，1992）将其分为两类：一类是现状参照点（status quo references），以目前所处的现实情况为参照点；另一类是非现状参照点（non-status quo references），以无客观现状参照的情况作为参照点②。王晓田（X. T. Wang，2002）提出三参照点理论（tri-reference point theory，TRP 理论），认为人们在决策时，将同时考虑以下三个参照点：现状、决策任务的目标与最低要求③。从参照点定义及其分类的发展可以看出，多重参照点日益受到重视，正如何贵兵、于永菊（2006）所言：在真实的生活情境中，个体的决策行为往往受到内在、外在及历史经验和期待等多重参照点的影响④，该结论得到实证研究结果的支持，林承煌、黄文森与泽林伯克（Chien-Huang Lin、Wen-Hsien Huang and Marcel Zeelenberg，2006）通过对投资者的研究发现：他们以没有投资本来可能的结果、期望的结果和未被选择的表现最好的证券为参照点⑤。

不管将参照点分为几类，其核心是参照点影响人们的决策，参照点不同，决策者的行为选择随之发生变化。参照点对决策的影响通过两条途径实现：一是通过感知结果和参照点的差值定义收益或损失，并采取相应行动。当感知的结果超过参照点时，决策者将其视为收益，面临收益，决策者表现出风险规避倾向，倾向于采取该行为；反之，则视为损失，决策者面临损失时，具有风险偏好倾向，为减少损失，摈弃当前行为，倾向于采取风险较高的行为。二是通过感知结果和参照点的对比，形成公平感或不公平感，从而影响决策。

在新生代农民工流动行为分析中，刘传江、徐建玲（2006）从劳动供需角度分析，发现新生代农民工以城市收入为参照点是形成新生代农民工民工荒的

---

① Kahneman D，Tversky A..Prospect theory：An analysis of decision under risk[J]. Econometrica，47(2)，1979：263－291.

② Yates F J，Stone E R.. Yates F J，Stone E R. The risk construct[M]. Yates F J. Risk-taking behavior. New York：John Wiley &Sons，1992：1－25.

③ X.T.Wang：Risk as reproductive variance[J]，Evolution and Human Behavior，1，2002：35－57.

④ 何贵兵、于永菊.决策过程中参照点效应研究述评[J].心理科学进展，2006(3)：411.

⑤ Chien-Huang Lin、Wen-Hsien Huang and Marcel Zeelenberg.：Multiple reference points in investor regret，Journal of Economic Psychology，6，2006：781－792.

重要原因之一①。在新生代农民工的流动行为中,不仅应将城市收入作为参照点,还应将农村收入作为参照点,从多重参照点视角出发,可以较好地解释新生代农民工的流动行为,对新生代农民工"民工荒"现象做出更全面的阐释。因此,在本书的分析中,将调查新生代农民工的心理参照群体。

在参照点依赖的测量中,主要通过询问被调查者是否和他人比较与具体比较对象两个问题体现,在问卷中通过如下过滤问题与相倚问题体现:

在流动中是否与他人比较?1.是;2.否(填答"否"的朋友不用填答下一问题)

您将__________作为第一比较对象,将__________作为第二比较对象:1.城里同事;2.城里同龄人;3.城里人;4.同乡同事;5.父辈;6.老家未外出的邻居;7.其他人(请注明)__________

选择与他人比较的比例表明参照点依赖的普遍程度,选择以谁为参照群体,表明该群体对被调查者的行为选择具有重要影响。

5.风险偏好

风险偏好(risk preference)是个体在风险决策时对风险的偏爱程度,可分为三种:风险厌恶、风险中立与风险追寻。风险偏好是预测个体在风险情景下行为选择的重要心理因素,不同风险偏好的个体,在面临同样环境时,将做出不同的选择。农民工从农村到城市、从一个城市到另一个城市以及从一个企业到另一个企业等决策,都存在不同程度的风险,此时,风险偏好水平不同的流动者将做出不同的选择。斯塔克和利夫哈瑞(Stark and Levhari,1982)分析了不同风险偏好对人口流动的影响,在城乡预期收入之差等于零的情况下,对风险厌恶的人而言,由于城市收入包含不稳定性,他(她)更倾向于选择回流;对风险中立或风险追寻的流动者而言,当对闲暇赋予价值时,更倾向于留在城市②。因此,测量流动者的风险偏好水平对预测流动者的选择十分重要。

在风险偏好测量中,既可以采取普通问卷的形式,也可使用量表这一特殊问卷形式。为定量分析风险偏好对流动的影响,在试调查时,拟采取量表形式。在风险偏好测量中,赫塞和艾尔克·韦伯(Hsee & Weber,1997)构建的

---

① 刘传江、徐建玲."民工潮"与"民工荒"——农民工劳动供给行为视角的经济学分析[J].财经问题研究,2006(5):79.

② Oded Stark and David Levhari.On Migration and Risk in LDCs:A Relative Deprivation Approach[J].Economic Development and Cultural Chang.Vol.31,No.1,Oct(1982):191-196.

风险偏好量表与风险偏好指数(Risk Preference Index,缩写为RPI)具有较高的使用频率。该量表分为得益量表和损失量表,每一量表均由7个问题构成,每个问题包括两个方案,根据被调查者的回答计分。在得益量表中,如果在7个情景问题中均选择肯定,RPI为1;如果在问题1中选择风险方案,而在其他问题中选择肯定方案,则RPI为2,依此类推。在损失量表中,如果所有问题均选择肯定方案,RPI为1;如果在问题7中选择风险方案,而在其他问题中选择肯定方案,则RPI为2,依此类推。如果在测试中出现反应不合逻辑的回答,视为无效回答,例如,在获益情况下,在情景2选择风险答案,而在答案3选择确定答案。得益量表和风险量表的总分均为8,可合并计算,也可分开计算。分值越高,风险偏好水平越高,中位数为4.5,表示风险中立,得分小于4.5表示风险厌恶,得分大于4.5表示风险追寻①。陈世平、张艳(2009)利用赫塞和韦伯的量表分析风险偏好对大学生职业决策的影响,发现该量表具有较高的重测信度与内容效度②。本书拟借鉴这一量表,构建农民工风险偏好量表并计算风险偏好指数。

概率对风险偏好存在明显影响,因为在不同概率下,个人对损失和风险的态度不同。卡尼曼与特维斯基(Kahneman & Tversky,1979)在前景理论中分析了概率对风险偏好的影响:由于人类存在低估中高概率、高估小概率事件的倾向,因此,在决策中,当面临小概率事件时,在收益中表现为风险追寻,在损失中表现为风险厌恶;面临中高概率时,在收益中表现为风险厌恶,在损失中表现为风险追寻③。同时,风险偏好与文化相关,赫塞和艾尔克·韦伯(Hsee & Weber,1999)的研究显示:不管是美国人还是中国人,他们不管在面临收益或损失时,风险偏好水平均不同,甚至存在质的差异④。中国受“中庸”思想的影响较为明显,因此,本书采取折中方案,设定风险事件的概率为50%。

① Christopher K.Hsee & Elke U.Weber.A fundamental prediction error:Self-others discrepancies in risk preference[J].Journal of Experimental Psychology:General,Vol.126 ,No.1,1997 :45-53.

② 陈世平、张艳.风险偏好与框架效应对大学生职业决策的影响[J].心理与行为研究,2009(3):183-184.

③ Kahneman D,Tversky A..Prospect theory:An analysis of decision under risk[J].Econometrica,2,1979:263-291.

④ Christopher K.Hsee & Elke U.weber Cross-National Differences in Risk Preference and Lay Predictions [J].Journal of Behavioral Decision Making.1999(12):165-179.

农民工在流动中，面临的收益或损失相对较大，故本书仅建立数额较大的获益情况与损失情况两张风险偏好测量量表，请被调查者选择每种情况下期望的收入或损失。具体见下表：

表 3-5　获益情况下风险偏好测量量表

	确定性收入	风险性收入
情景 1	A 400 元	B 得到 2 000 元的可能性为 50%，得到 0 元的可能性为 50%
情景 2	A 600 元	B 得到 2 000 元的可能性为 50%，得到 0 元的可能性为 50%
情景 3	A 800 元	B 得到 2 000 元的可能性为 50%，得到 0 元的可能性为 50%
情景 4	A 1 000 元	B 得到 2 000 元的可能性为 50%，得到 0 元的可能性为 50%
情景 5	A 1 200 元	B 得到 2 000 元的可能性为 50%，得到 0 元的可能性为 50%
情景 6	A 1 400 元	B 得到 2 000 元的可能性为 50%，得到 0 元的可能性为 50%
情景 7	A 1 600 元	B 得到 2 000 元的可能性为 50%，得到 0 元的可能性为 50%

表 3-6　损失情况下风险偏好测量量表

	确定性损失	风险性损失
情景 1	A 400 元	B 损失 2 000 元的可能性为 50%，损失 0 元的可能性为 50%
情景 2	A 600 元	B 损失 2 000 元的可能性为 50%，损失 0 元的可能性为 50%
情景 3	A 800 元	B 损失 2 000 元的可能性为 50%，损失 0 元的可能性为 50%
情景 4	A 1 000 元	B 损失 2 000 元的可能性为 50%，损失 0 元的可能性为 50%
情景 5	A 1 200 元	B 损失 2 000 元的可能性为 50%，损失 0 元的可能性为 50%
情景 6	A 1 400 元	B 损失 2 000 元的可能性为 50%，损失 0 元的可能性为 50%
情景 7	A 1600 元	B 损失 2 000 元的可能性为 50%，损失 0 元的可能性为 50%

根据调查结果计算 RPI 以判断农民工的风险偏好水平，并将风险偏好水平与其流动决策联系起来，探讨在一定概率下农民工的风险偏好水平与流动决策之间的关系。

该量表在预调查中由于本身难以理解缺乏可行性而被否定。考虑到可操作性，改用普通问卷形式，仅用“在肯定得到 1 000 元与有 50%的可能性得到 2 000 元的收入中，您选择”粗略地测试收入偏好，用“在肯定遇到 1 000 元损失与有 50%的可能性遇到 2 000 元的损失中，您选择”粗略地测试损失偏好，答案分为肯定得到的收入（或遇到的损失）、无所谓和可能得到的收入（或遇到的损失）三种，赋值分别为 1、2、3，合并计算，总分在 2—6 分之间，中位数为 4，此时表现为风险中立，小于4为风险厌恶，大于4为风险追寻。

6.从众心理

从众心理是受他人行为影响并与他人行为保持一致的心理倾向。朱考金(2003)的调查研究证实：在农民工中，部分流动者存在从众心理①。从众心理的产生源于两种因素：一是获得重要信息，亦即信息影响；二是希望被群体接纳或免遭拒绝，即规范影响②。同样，在人口流动行为中，从众心理一方面源于信息影响，潜在流动者在进行流动决策时，需要关于流入地收入、就业概率、心理收益与心理成本等方面的信息。这些信息可分为与流入地相关的一般信息和与流动者个人特殊需求相关的特殊信息③，一般信息可通过电视、报纸等大众传媒知晓，特殊信息的相当部分源于先行流动者，潜在流动者通过先行流动者的收入了解城市非农就业的收入，通过先行流动者的就业概率判断自己的就业概率，流动的心理成本随着相识流动者数量的增加而减少，潜在流动者通过先行流动者眼界的开阔、社会尊重的实现等心理收益判断自己的心理收益④。潜在流动者根据先行流动者的信息做出自己的流动决策，必然受到先行流动者的影响，甚至最终采取与先行流动者一致的流动行为，产生趋同行为。在中国农村劳动力流动中，务工渠道和行业的趋同印证了由于信息影响导致的从众心理，虽然新生代农民工更多地利用政府和市场的就业信息渠道，但仍以个人社会网络为主⑤，与务工渠道趋同相联系的是行业趋同，流入同一地域的同乡常在同一行业中就业。根据零点调查公司的调查，在北京，福建人多做木材生意，湖南人多做鲜花生意，浙江人多做小商品生意，而山东人多做蔬菜贩运⑥。规范影响在农村劳动力的流动中同样存在，在农村劳动力流出较多的地区，外出打工成为一种“潜规则”，未外出者担心自己被同村人耻笑，也不得不加入流动大军。在魏城(2008)的调查中，一位被调查者道出了规范

① 朱考金.城市农民工心理研究——对南京市610名农民工的调查与分析[J].青年研究，2003(6)：8.

② Morton Deutsch & Harold B.Gerard.A Study of Normative and Informational Social Influences upon Individual Judgment[J].Journal of Abnormal and Social Psychology，51(3)，1955：629 －636.

③ Philip Nelson.Migration，Real Income and Information[J].Journal of Regional Science.Vol.1，Issue 2，Mar.1959：43－74.

④ 刘世定、胡冀燕.趋同行为与人口规模[M].北京：中国人口出版社，1993：112.

⑤ 王兴周.新生代农民工的群体特性探析——以珠江三角洲为例[J].广西民族大学学报(哲学社会科学版)，2008(7)：53.

⑥ 魏城.中国农民工调查[M].北京：法律出版社，2008：38.

影响在农村劳动力流动中的作用：即使现在农村收入不太差，但全村劳动力都出来了，此时，如果谁还守在家种田，将被人笑话①。

从众心理源于信息影响和规范影响，因此，在测量从众心理时，可通过测量信息影响和规范影响，从而达到测量从众心理的目的，"外出务工时，多少相关信息来自同乡"测量信息影响，答案分别为与同乡无关、部分来自同乡、大部分来自同乡与完全来自同乡，分别赋值为1、2、3、4；"您外出务工是因为同村人务工吗？"测量规范影响，答案分别为不是、说不清、部分是、大部分是、完全是，分别赋值为1、2、3、4、5。总分为2—9，分值越高，从众心理越明显，越易产生趋同行为。

上述心理因素相互影响，比如，流动者选择的参照点将影响本人的相对剥夺感和公平感，情感又影响个人态度，而态度又将引发相应的情感体验。同时，心理因素的形成又受到外在因素的制约。

(二)影响新生代农民工流动行为的社会因素

从系统观点来看，在现有人口流动社会影响因素研究中，主要有以下三种分析视角，第一，从影响因素的层次出发，将影响因素分为个人、家庭、社区和制度四个层次②，这一分类方法反映了微观、中观和宏观因素对人口流动的影响。第二，从资本视角出发，将社会影响因素分为物质资本、社会资本与人力资本③，或者分为人力资本、社会资本与心理资本④。第三，从劳动力禀赋出发，分析资本禀赋、能力禀赋和资源禀赋对人口流动的影响⑤。虽然三种视角下影响农村劳动力流动的因素在名称上存在差异，但在内容方面，均包括：微观的个人人口学特征、外出经历与家庭特征，中观的农村社区与宏观的社会制度。而在多维视角的人类行为理论中的文化因素将不纳入该分析框架，原因在于社会因素中的制度等属于文化；同时，本书分析的是农民工的国内流动，

① 魏城.中国农民工调查[M].北京：法律出版社，2008：36.

② 盛来运.流动还是迁移——中国农村劳动力流动过程的经济学分析[M].上海：上海远东出版社，2008：67.

③ 杨云彦、石智雷.家庭禀赋对农民工外出务工行为的影响[J].中国人口科学，2008(4)：66.

④ 陈延秋，金晓彤.新生代农民工市民化意愿影响因素的实证研究——基于人力资本、社会资本和心理资本的考察[J].西北人口，2014(4)：106—107.

⑤ 王春蕊.禀赋、有限理性与农村劳动迁移行为研究[D].西南财经大学博士学位论文，2010：37.

而非异文化之间的跨国流动。

1.微观个人因素

微观个人因素包括流动者的人口学特征、个人外出经历与家庭特征。其中,流动者的人口学特征主要包括流动者的性别、年龄、婚姻状况、受教育程度、技能及与之密切相关的培训。个人外出经历既包括工作经历,也包括生活经历。家庭特征主要表现在家庭收入、家庭耕地面积与家庭劳动力数量方面。

性别对人口流动的影响在人口流动理论中存在三种观点:第一种观点认为,女性较男性更易流动,以雷文斯坦为代表。雷文斯坦(Ravenstein,1885)在论述人口流动的七大法则时指出:女性较男性更具有迁移性①。第二种观点认为:男性较女性更易流动②。第三种观点认为:随着经济的发展,迁移的性别选择性将越来越不明显③,我国农民工性别比的变迁充分证实了该观点。在劳动力流动初期,其就业领域集中在建筑业与加工制造业,性别比较高,女性所占比例较低,1986 年的"全国百村劳动力转移调查"显示:在外出转移的农民工中,女性的比例为 21.8%④。随着服务业的发展壮大,性别比不断降低,女性在农民工中所占比重不断提高,根据国家统计局公布的《2015 年农民工监测调查报告》,2015 年,男性农民工占 66.4%,女性农民工占 33.6%。根据配弟—克拉克定律,一国占据主导地位的产业将由第一产业转变为第二产业,最终,第三产业将占据主导地位。我国第三产业具有较大发展空间,在第三产业中,女性就业比例较高,最终将导致农民工性别比的下降,女性农民工所占比重上升。在新生代农民工流动中,由于呈现年轻化趋向,女性比例与男性比例差距相对较小,迁移的性别选择性可能不明显。但性别作为基本的人口学特征,仍然纳入分析之中。

年龄是较具选择性的人口学特征,表现为特定年龄阶段的人口具有更高的流动概率。在不同的研究中,年龄范围有所不同,托马斯(B.Tomas,1973)

---

① E.G.Ravenstein.The Laws of Migration[J].Journal of the Statistical Society of London.Vol.48,No.2,Jun.1885:167—235.

② 李竞能编著.现代西方人口理论[M].上海:复旦大学出版社,2004:170.

③ Anthony H.Richmond.Sociology of Migration in Industrial and Post-industrial Societies[A].In J.A.Jackson,(ed),Migration.Sociological Studies 2.Cambridge:Cambridge Press,1969.

④ 庚德昌.全国百村劳动力调查资料集[A].高小贤.当代中国农村劳动力转移及农业女性化趋势[J].社会学研究.1994(2):84.

认为:20—30岁的劳动者最具流动性[①]。钱文宝(Qian Wenbao,1996)的研究发现:18—35岁的劳动力比18岁以下和35岁以上的劳动力具有更高的流动意愿[②]。这两项研究均表明:流动者呈现年轻化的特征,年龄与流动概率呈现倒"U"型关系。而新生代农民工的主体均处于流动性最高的年龄区域之内,因此,从年龄来看,新生代农民工具有更高的流动概率,但随着年龄的增长,流动可能性可能下降。但在不同的流动行为类型中,因其对年龄的选择性不同,年龄与流动行为发生概率可能存在不同关系。

婚姻状况对流动的影响一般表现为未婚者较已婚者容易流动,未婚劳动者多依附于父母,从其个人的角度出发,仅承担较少的家庭责任,流动遭遇的阻力更少,因此,更容易流动。

教育对人口流动的影响表现为一种复杂的关系,教育既可能通过提高流动者的人力资本存量增加流动的可能性,也可能提高个人心理预期从而增加流动的不稳定性。尽管部分研究发现:在农村社区中,受教育程度最高的劳动者常在本地非农产业就业,而非外出就业[③],但这并不能否定教育对人口流动的促进作用,因为受教育程度越高,其就业能力更强,越易受到用人单位的青睐,非农就业的可能性增加[④]。同时,受教育程度越高,越有利于降低找工作的信息成本,从而增加非农就业的可能性[⑤]。教育对流动的影响不仅表现为提高劳动者的人力资本水平,还表现在影响流动者的心理预期,受教育水平越高,心理预期越高[⑥]。如果现实就业环境与其心理预期不一致,有可能导致流动者就业的不稳定性。对新生代农民工而言,受教育程度较上一代农民工有所提高,从农村流出的可能性增加。伴随受教育程度的增加,其心理预期也有

---

① Brinley Thomas.Migration and Economic Growth:A Study of Great Britain & the Atlantic Economy(2nd ed) [M].Cambridge University Press,1973.

② Qian Wenbao.Rural-Urban Migration and Its Impact on Economic Development in China[M].Ashgate Pub Co,1996.

③ Yaohui Zhao.Labor Migration and Earnings Differences:The Case of Rural China [J].Economic Development and Cultural Change,Vol.47,No.4 ,Jul.1999:767—782.

④ Gary S.Fields.Rural-Urban Migration,Urban Unemployment and Underemployment,and Job-search Activity in LDCs[J].Journal of Development Economics.Vol 2.,Issue 2,Jun.1975:165—17.

⑤ M.Schwartz.Information Transmission,Modulation,and Noise(4th ed)[M].New York:McGraw-Hill,1990.

⑥ 李培林、李炜.近年来农民工的经济状况和社会态度[J].中国社会科学,2010(1) 126.

所提高，在城镇的就业稳定性可能降低。因此，教育对新生代农民工流动行为到底产生怎样的影响有待实证的检验，但教育是其流动行为的重要影响因素不会发生变化。与教育效应相似的还有流动者本人接受过的培训以及是否拥有一技之长。

个人外出经历既是以往流动决策的结果，又是以后流动决策的影响因素，有外出经历的流动者将视自己的流动经历做出后续决策。高芸、张丞(2010)的研究证明：个人以往外出的累积时间、从事行业、外出地点、外出形式等外出经历作为整体将对个人的继续外出产生显著影响①。新生代农民工作为一个流动性较高的群体，其外出经历同样将对后续流动产生影响。在个人经历对农民工流动行为选择影响的研究中，具体因素未达成一致。在个人外出经历中，个人在城市的打工地点、行业与职业、收入与支出、在外累积时间与工作时间等可能对将来的流动产生影响。如果打工地点为省外，因为当地的高房价，易产生保持流动或回流的行为选择；如果在当地打工，生活成本更低，更有可能做出定居城市的选择。农民工所在行业相对集中，因此，职业以及由此带来的收入与流动行为的联系将更为紧密，收入足够弥补城市支出，则再次外出的可能性更大，更倾向于做出定居城市的选择。与此密切关联的还有新生代农民工的工资拖欠情况，如果存在工资拖欠，收入与结余就无从谈起。外出时间越久，个人在外积累的社会资本越丰厚，继续流动的可能性更高，亦可能引发回乡创业选择。工作时间与休息时间此消彼长，如果工作时间过长，对追求多样化的新生代农民工而言，易产生频繁流动行为，甚至出现回乡选择。个人外出的工作经历除上述客观方面，还包括对工作的满意度这一主观方面，工作满意度越高，维持现有状态的可能性更高。同时，个人外出的生活经历同样影响农民工的流动决策，本研究拟选择对生活的满意度与身份认同两个指标。对城市生活的满意度与对工作的满意度影响机理类似，满意度越高，留居现有城市的可能性越大。身份认同是新生代农民工自身对其身份归属的感知，身份归属包括农民、市民与不清楚三类，不同身份归属将导致不同的行为计划。

家庭对迁移的影响在新迁移经济学中得到集中体现，新迁移经济学认为：迁移决策的单位是家庭，迁移的目标不仅包括家庭收入最大化，还包括风险最小化。迁移通过迁移者带回农村的收入实现收入的最大化，通过收入来源的

---

① 高芸、张丞.农村劳动力反复流动行为的决定因素分析[J].农业技术经济，2010(3)：76.

二元化(务农收入与务工收入)分散风险,实现风险的最小化①。中国的家庭作为独立参与市场活动的主体,面临资本和风险规避工具的短缺;同时,重视家庭传统的观念依然存在。因此,以家庭作为迁移决策的单位在中国较具说服力和解释力②。新生代农民工作为家庭的一员,其流动同样受到家庭因素的影响。在家庭因素中,尽管实证研究由于数据收集区域和方法的不同得出不同结论③④⑤,就一般而言,家庭的绝对收入和相对收入、人均耕地面积、家庭劳动力人口数量等因素将对农村劳动力的流动产生影响。家庭的绝对收入既通过提供流动成本促进流动,也可能通过增加收入降低继续流动的可能性,因此,家庭的绝对收入与流动概率呈倒"U"型关系;家庭在社区的相对收入将形成家庭的相对剥夺感,相对收入越低,流动意愿越强烈。家庭的人均耕地面积越低,所需劳动力越少,劳动力外出可能性越大,回乡务农可能性越小;家庭劳动力人口数量越多,意味着可供家庭支配的劳动力资源越丰富,越有可能做出部分劳动力外出打工的选择。

2.中观社区因素

社区⑥作为流动者的生产生活区域,将对流动行为产生促进或制约作用。社区因素主要包括社区内耕地类型、社区非农产业的发展与社区流动情况。社区耕地类型决定了土地所需劳动力数量和农业生产可能的机械化程度,丘陵和山区与平原相比,更可能对流动产生阻碍作用。社区非农业的发展程度越高,吸收的农村劳动力越多,越有可能产生当地非农就业对外出就业的替代。社区流动与潜在流动者流动所需信息相关,社区流动情况不仅有利于流动特殊信息的传播,还有利于在流入地形成社会网络,降低流动者在流入地的生活成本与心理成本。社区基础设施曾是影响农民工流动的一个重要因素,但随着"村村通"工程的实施和通讯网络覆盖面的增加,绝大多数农村社区在

---

① Oded Stark.The Migration of Labor[M].Cambridge.1991.

② 陈芳妹、龙志和.新迁移经济学视角的 RD 模型述评[J].中国劳动经济学,2006(2):145.

③ 盛来运.中国农村劳动力外出的影响因素分析[J].中国农村观察,2007(3):13.

④ 洪小良.城市农民工的家庭迁移行为及影响因素研究——以北京市为例[J].中国人口科学,2007(6):49.

⑤ 杨云彦、石智雷.家庭禀赋对农民外出务工行为的影响[J].中国人口科学,2008(5):72.

⑥ 与农民工有关的社区包括农村社区与城市社区,由于农民工在城市居住的相对独立性和集中性,本书仅分析农村社区对流动行为的影响。

道路与通讯等基础设施方面已经不存在质的差异，故本书不予分析社区基础设施对流动的影响。

3.宏观制度因素

制度因素是我国人口流动中的特殊影响因素，尤其是户籍制度，国外人口流动现象多发生在自由市场经济制度之中，在国外人口流动分析中，几乎不涉及制度因素。但我国自 20 世纪 60 年代以来，人口流动一直受到制度的影响。60 年代到 80 年代中期，统购统销制度、人民公社制度与严格的户籍制度构成“三架马车”，抑制人口的乡城流动①。随着户籍制度的日益松动，涌现出“民工潮”现象，由于受到权利分配制度如户籍制度、社会保障制度等的制约，到目前为止，绝大部分农民工仍然采取候鸟式的流动，形成非稳态转移。在我国影响人口流动的制度因素中，在不同时期，占据主导地位的制度不同，户籍制度一直以来都受到关注，但多地已进行了户口登记制度的改革。随后，土地制度的影响日趋突出。现在，关系农民工权利分配的社会保障制度②与劳动合同制度成为热点。因此，本书主要考虑劳动合同制度与社会保障制度对新生代农民工流动行为的影响。

三、新生代农民工流动行为影响因素分析的理论框架

综合上述分析，新生代农民工流动行为影响因素的理论框架如图 3-2 所示。

第三节　新生代农民工流动行为效应的理论分析

新生代农工流动行为的效应是新生代农民工流动对其影响因素的反向作用，强调社会实践对社会结构影响的结构化理论可作为新生代农民工流动行为效应分析的指导理论。

一、结构化理论简介

通过对现代西方社会理论的广泛考察，吉登斯系统概括了西方社会理论

① 蔡昉.中国流动人口问题[M].北京：社会科学文献出版社，2007：19.

② 社会保障制度包括社会保险、社会救济、社会福利与优抚安置等内容，其中，社会保险是其核心内容，因此，文章主要调查新生代农民工的社会保险情况。

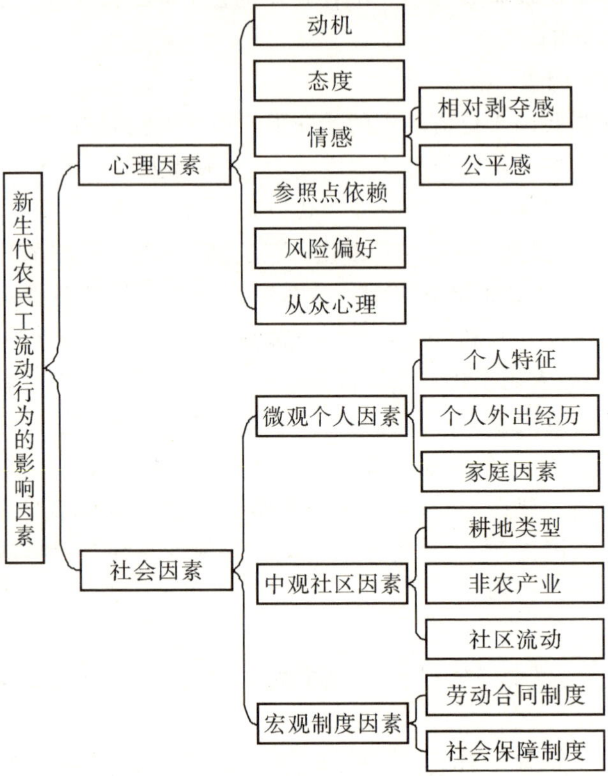

图 3-2 新生代农民工流动行为影响因素的理论框架

中长期存在的两种对立的理论分野：从结构出发看待社会的客体主义与从行动出发看待社会的主体主义，前者以功能主义和结构主义为代表，表现为"强结构而弱行动"倾向；后者以解释学为代表，表现为"强行动而弱结构"倾向。吉登斯揭示了其中根深蒂固地存在的行动与结构的二元对立，并且把其归结为社会理论的本体论问题①。客体主义与主体主义将结构与行动对立起来，吉登斯将二者统一于人的实践之中，"紧密渗入时空中的社会实践恰恰是同时构建主体和社会客体的根基"②。结构与行动是社会实践的两个侧面，表现为：社会结构所包含的规则与资源为人类行为提供制约与前提，同时，社会结

① 安东尼·吉登斯.社会的构成[M].李康、李猛译.北京：生活·读书·新知三联书店，1998:40.

② 安东尼.吉登斯.社会的构成[M].李康、李猛译.北京：生活.读书.新知三联书店，1998:41－42.

构并不外在于个人存在,是人类行为的产物[①],此即结构化理论(Structuration Theory)的核心。该理论在肯定社会结构的前提性与制约性的同时,更突出行动主体的能动性,突出个人行为对社会结构的影响。将结构化理论运用于人口流动行为分析中,应强调流动者的流动行为对社会结构的影响,即人口流动的效应。

二、结构化理论下新生代农民工流动行为效应的理论分析

流动行为受到心理、个人、社区与制度等因素的影响,根据结构化理论,流动行为的主体——新生代农民工具有主观能动性,在流动这一社会实践中反作用于上述影响因素,产生人口流动效应。在人口流动效应研究中,一般认为,人口流动的效应具有双重性。对流动者的心理而言,流动同样产生双重效应,以动机为例,流动可能满足流动者的需要,实现其动机,但也可能因为流动改变参照点,产生更为强烈的相对剥夺感。对流动者而言,流动有利于增加个人收入和提升个人素质,通过汇款增加家庭收入,提高家庭在社区的相对地位;但也可能带来流动者就业和收入不稳定的负面影响。对迁出地区而言,虽然可能增加地区收入,但可能带来人口年龄结构与性别结构、家庭结构失衡,造成大规模的留守儿童、留守妇女与留守老人,使家庭结构不完整;还可能造成农村人才的流失、农业发展缓慢等其他消极影响。对迁入地而言,可丰富当地劳动力资源,并且低成本使用已经培养合格的劳动力,但也可能带来城市拥挤、污染等拉美城市病。对制度而言,新生代农民工的流动可能引发相应制度(如户籍制度)的变革。

不同流动行为类型因其特点、选择人数的多寡等将对农村与城市、企业与个人产生不同的效应,故在分析人口流动效应时,应进行分类型的双重效应分析。

第四节 新生代农民工流动行为分析的整体理论框架

根据流动行为特征的理论分析、流动行为影响因素的理论分析与流动行

① 李红专.当代西方社会理论的实践论转向——吉登斯结构化理论的深度审视[J].哲学动态.2004(11):12.

为效应的理论分析，新生代农民工流动分析的整体理论框架如图 3-3 所示：

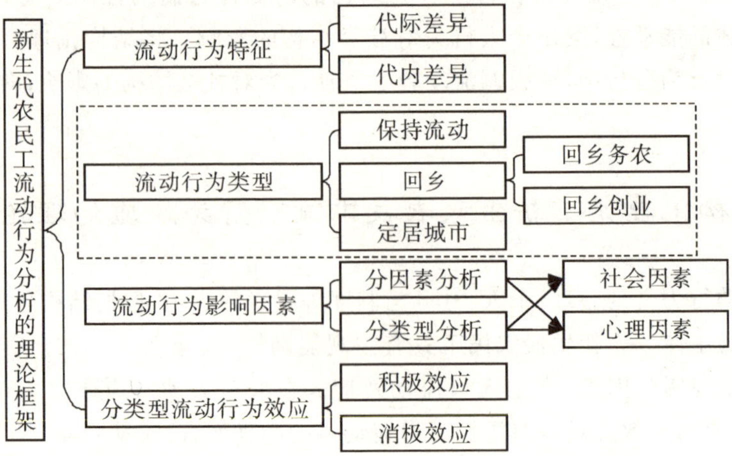

图 3-3 新生代农民工流动行为分析的整体理论框架

注：本书将进行分类型的新生代农民工流动行为特征分析、影响因素分析与效应分析。因为在代内比较及以后引入分类型分析，故将流动行为类型置于流动行为特征之后；流动行为类型本身不属于该框架的主体内容，故使用虚框。

罗伯特与卡提斯(Robert & Curtis，1979)通过构建与一般迁移者不同的年长者迁移过程的概念性框架，认为在人口迁移研究中应该进行类型化研究①，类型不同，其行为方式也不同。在人口流动类型划分中，依据不同的划分标准，可进行不同的分类。例如，以流动的区域划分，可分为国内流动与国际流动，对绝大多数中国农民工而言，其流动行为如果按照区域划分，可分为本地流动行为与外出流动行为。詹姆斯等(James B.Kau，C.F.Sirmans，1976)将流动分为初次流动(new migration)、反复流动(repeat migration)和回流(return migration)三种类型，并认为此三种类型的流动者具有不同的行为方式②，达凡佐(J.DaVanzo，1978)肯定了这一分类方式③，李强(2003)将农民工

① Robert F.Wiseman & Curtis C.Roseman.A Typology of Elderly Migration Based on the Decision Making Process[J].Economic Geography，Vol.55，No.4，Oct.1979：324－337.

② James B.Kau.C.F.Sirmans.New，Repeat，and Return Migration：A Study of Migrant Types[J].Southern Economic Journal，Vol.43，No.2，Oct.1976：1144－1148.

③ J.DaVanzo.New，Repeat，and Return Migration：Comment[J].Southern Economic Journal，Vol.44，No.3，Jan.1978：680－684.

的生存策略分为两种：不准备定居与准备定居，调查证明：不同策略的农民工，具有不同的生活方式和行为方式①。王国辉(2006)将乡城人口流动行为分为四种类型：非永久乡城迁移、永久乡城迁移、非永久乡城迁移回流与非永久乡城迁移转换为永久乡城迁移，并分析了相同因素在不同迁移类型中的作用，以及不同迁移类型的影响因素②。盛来运和杨肖丽则从流动过程出发对人口流动进行分类，不同的是，盛来运(2008)将人口流动过程分为外出、回流和留城③，而杨肖丽(2009)将人口迁移分为迁入城市、多次流动和停留城市④，均表明：在不同的流动过程中，同一影响因素将产生不同影响，不同流动过程的影响因素不尽相同。流动类型不同，行为方式不同，影响行为形成的各种因素及其影响程度也不同。同理，当以流动意愿作为流动行为划分依据时，不同流动类型同样存在差异。本书根据农民工的流动意愿，将流动类型分为保持流动、回乡创业、回乡务农与定居城市四种类型。在新生代农民工流动行为的特征分析、影响因素分析与效应分析中，均将进行分类型分析，分析四种流动类型的特征、影响因素与效应。

根据新生代农民工流动行为分析的整体理论框架，本书以人口流动理论为主线，将在代际理论与计划行为理论的启发下，运用代际比较方法与代内比较方法，提炼新生代农民工流动行为的特征；在多维视角的人类行为理论的指引下选取影响新生代农民工流动行为的因素，并进行分因素与分类型分析；在结构化理论下，强调新生代农民工流动行为不同类型的积极效应与消极效应。

该理论框架的鲜明特点有三：一是从流动行为的代际比较与代内比较把握新生代农民工流动行为的特征；二是在考虑社会因素的基础上，在新生代农民工流动行为分析中，纳入心理因素，与新生代农民工流动行为特征一致，解决新生代农民工分析中特征认识与影响因素分析脱节的矛盾；三是分类型分析新生代农民工流动行为的特征、影响因素与效应，将新生代农民工的比较分析方法由代际比较转向代内比较，与新生代农民工不断增加、上一代农民工不

---

① 李强.影响中国城乡流动人口的推力与拉力因素分析[J].中国社会科学，2003(1)：133－135.

② 王国辉.基于农户净收益最大化的中国乡城迁移研究[M].北京：经济科学出版社，2006：61－85.

③ 盛来运.流动还是迁移——中国农村劳动力流动过程的经济学分析[M].上海：上海远东出版社，2008：69－219.

④ 杨肖丽.城市化进程中农民工的迁移行为模式及其决定[D].沈阳农业大学博士论文，2009：35－103.

断减少的发展趋势契合。

本章小结

本章将代际理论与计划行为理论、多维视角的人类行为理论、结构化理论与人口流动理论有机融合，搭建包括流动行为特征、流动行为影响因素与流动行为效应的新生代农民工流动行为分析的理论框架。在代际理论、计划行为理论与人口流动理论的融合中分析新生代农民工流动行为的特征；在多维视角的人类行为理论与人口流动理论的融合中选取影响新生代农民工流动行为的心理因素与社会因素，其中，心理因素包括动机、态度、相对剥夺感、公平感、参照点依赖、风险偏好与从众心理，社会因素包括个人、社区与制度，并进行分因素、分类型的影响因素分析；在结构化理论与人口流动理论的融合中探析新生代农民工流动行为的效应，分类型分析新生代农民工流动行为的积极效应与消极效应。

第四章 >>>

新生代农民工流动行为的特征分析

新生代农民工流动行为特征是新生代农民工流动行为分析首要的、基础的内容，明确新生代农民工流动行为的特征，可为新生代农民工流动行为影响因素分析提供论据，为新生代农民工流动行为的效应分析提供依据，为提出促进新生代农民工自由流动的建议提供支撑。“新生代农民工”是与“上一代农民工”对比产生的概念，产生该概念的前提是农民工已经分化为两个不同的群体，从代际比较角度把握新生代农民工流动行为特征，可对新生代农民工群体做出准确判断。同时，在新生代农民工内部也存在因行为倾向不同的分化，还需要从代内比较角度分析新生代农民工流动行为的特征。

本章将以上一章新生代农民工流动行为特征的理论分析为指引，借助调查数据，从代际比较角度与代内比较角度厘清新生代民工流动行为概貌，提炼新生代农民工流动行为特征。

第一节　湖南省及其农民工简介

一、湖南省简介

湖南省地处东南腹地，长江中游，是连接西部内陆地区与东部沿海地区的桥梁地带。根据《湖南省统计年鉴(2014)》，湖南省国土面积 21.18 万平方公里，其中，山地占 51.2%，盆地占 13.9%，平原占 13.1%，丘陵占 15.4%，水面的比例为 6.4%。2000 年，湖南省地区生产总值为 3 551.49 亿元，人均地区生产总值 5 425 元；根据《湖南省 2015 年国民经济和社会发展统计公报》，2015 年，湖南省地区生产总值为 29 047.2 亿元，人均地区生产总值 42 968 元。从 2000

年到2015年，湖南省地区生产总值增加了7.2倍，人均地区生产总值增加了6.9倍。

湖南省经济快速发展既得益于良好的地理位置，地处中部使湖南省成为新一轮产业转移的重要承接地，也得益于湖南省丰富的人力资源。根据湖南省与全国2015年的国民经济和社会发展统计公报，2015年，湖南省常住人口总量6 783万，人口密度为320人/平方公里，全国人口密度为143人/平方公里，湖南省人口密度是全国人口密度的2.24倍。2009年，湖南省人均耕地面积为为0.81亩，逼近0.8亩的国际警戒线①。良好的地理位置与丰富的劳动力资源不仅促进湖南省经济发展，与较低的人均耕地面积一起，为当地的农村劳动力转移创造条件。

二、湖南省农民工概况

2006年，湖南省农民工规模已突破千万大关，但部分年份外出农民工②总量在新增劳动力减少、本地就业增加与因年龄老化而引发回流的共同作用下出现减少之势。20世纪90年代前期，全国（包括湖南省）的总和生育率（TFR）明显下降，导致近年来新增农村劳动力逐年减少，2006年，湖南省新增农村劳动力91万，2009年，仅为58.7万③，2009年较2006年减少32.3万；同时，湖南省承接产业转移带来的本地就业增加与农民工年龄老化而引发的回流农民工逐渐增加。在三者共同作用下，2010年，湖南省外出农民工数量为1 063.3万，2012年，降低到1 056.9万，减少6.4万。近两年，湖南省外出农民工数量出现回升势头，2014年，湖南省外出农民工上升到1 206.8万。湖南省农民工规模呈现波动态势并不能否定湖南省作为一个劳动力输出大省的地位，因为湖南省外出农民工自2006年突破千万大关以来，一直保持在1 000万以上的规模。根据湖南省调查总队公布的数据，2010年④，湖南省不含本乡

① 全国政协担忧：2020年湖南人均耕地将低于警戒线[EB/OL].中国政协新闻网，http://cppcc.people.com.cn/GB/34956/17951312.html.

② 本次调查中的新生代农民工为外出务工人员，故本部分重点分析湖南省外出农民工概况。

③ 刘剑康、李清菊.从湖南省情况看农民工就业问题[J].文史博览（理论），2009(9)：59.

④ 本书主要数据来源的时间为2010年底至2011年初，为提高可比性，本部分均使用湖南省2010年的数据。

镇就业的农民工共计 1 063.3 万人，约占湖南省农村人口的 29.2%，占全国外出农民工 15 335 万的 6.9%。同期，湖南省农村人口占全国农村人口的比重为 5.41%。不管从湖南省农民工总量来看，还是从湖南省流动人口占总流动人口的比例与湖南省农村人口占全国农村人口的比例的比较来看，湖南省仍然是一个农民工输出大省。亦有研究文献表明：湖南省是新生代农民工最多的省份①。选择湖南省作为调查地，具有较好的代表性。

2010 年底，湖南省农民工的平均年龄为 30.56 岁。在 1 063.3 万农民工中，732.6 万人在省外务工，占总数的 68.9%；330.7 万人在省内务工（本乡镇内从业人员除外，下同），占总数的 31.1%；主要流向为广东省与湖南省省内，流向广东的湖南籍农民工占湖南省农民工总数的 53.9%，二者合计占农民工总数的 85.0%。从务工地区的行政级别来看，湖南籍农民工首选地级市，在此就业的农民工比例为 41.5%，其后依次为县级市、省会城市、建制镇、其他地区与直辖市，比例分别为 18.7%、18.3%、16.6%、2.6%与 2.3%。从行业分布来看，52.8%的农民工从事制造业，13.7%的农民工从事建筑业，从事服务业的农民工的比重为 11.9%，其他行业为 21.6%。从职业分布来看，与行业分布一致，占据主导地位的生产运输设备操作人员及有关人员为 52.4%，服务员为 13.9%，专业技术人员为 5%，商业从业者为 3.6%，个体经营者为 2.2%，办事人员为 2%，企业经营管理人员为 1.1%，农林牧渔水产业为 0.6%，私营企业主不到 0.1%，其他职业为 19.1%。在劳动合同签订率方面，除自营职业者外，劳动合同签订率为 51.7%②。

2010 年底，湖南省出生于 20 世纪 80 年代及以后的新生代农民工的比例为 59.8%，由于湖南省老龄化程度（11.18%）高于全国平均水平（9.72%），因此，该比率略低于全国平均水平。规模为 636 万人，性别比为 150，未婚者 471 万人，未婚比率为 74%；在流动意愿方面，希望留在城市的比例为 41%，愿意回到农村的比例为 35.9%，暂无计划的比例为 23.1%③。

湖南省调查总队公布的数据既勾勒出湖南省农民工的总貌，又为本书从比较样本结构与总体结构角度考察样本质量提供了依据。

---

① 丁志宏.我国新生代农民工的特征分析[J].兰州学刊，2009(7)：73.

② 姜文杰.2010 年湖南省农民工总人数 1 063.3 万人[EB/OL].湖南省统计信息网，http://www.hndc.gov.cn/Article/ArticleShow.asp? ArticleID=1096.2011-01-25.

③ 姜文杰.2010 年湖南省新生代农民工总数 636 万人[EB/OL].湖南省统计信息网 http://www.hndc.gov.cn/Article/ArticleShow.asp? ArticleID=1100，2011-01-25.

第二节 数据收集说明与样本质量评估

一、数据收集说明

本书使用的数据除特别说明外，均来自笔者主持的“湖南省农民工流动调查”。该调查从2010年11月初开始，在湖南省湘潭市进行为期近二十天的试点调查，试点调查采取问卷调查与访谈调查相结合的方式，在制造业、服务业和建筑业分别选取4名、4名与2名农民工进行深度访谈与问卷调查，新生代农民工6名，上一代农民工4名，男性6名，女性4名。根据问卷调查与访谈结果以及社会调查经验丰富的导师、老师、学长的意见反馈修改问卷，正式调查于2010年12月底开始，持续到2011年2月中旬。

农民工来源比较分散，笔者在来源地同样分散的大学生中挑选调查员，以大学生为调查者主体，提高样本数据对总体的代表性。挑选出来的学生来自两个学院、三个专业、三个年级与两个大学生社团，并对参与调查的学生进行培训。问卷较长，为保证调查质量，绝大多数学生完成的问卷数量为3份，其中，新生代农民工问卷2份，上一代农民工问卷1份。学生主要利用农民工春节回家的机会实施调查。共计发放问卷950份，回收850份，剔除填写错误、填写不完整、外出时间未超过半年①的问卷后，有效问卷808份，回收率89%，有效回收率85%，回收率超过了巴比认为的非常好的标准——70%②。

本调查通过在调查员培训与问卷封面信中采用与本书农民工一致的定义、运用年龄区分不同代际的农民工，并使用与流动行为一致的时间和空间标准，以保障理论研究对象与实证研究对象一致。

① 工作地点是否为本乡镇主要由调查员判断。

② 艾尔·巴比.社会研究方法(第十一版)[M].邱泽奇译.北京：华夏出版社，2009：262.

二、样本质量评估

评估样本质量除考虑抽样方法和抽样程序外，还应考虑样本重要特征的结果与总体或同类调查结果的差距，二者差距越小，说明样本质量越高①。

本次调查最终获取有效样本 808 份，其中，上一代农民工样本 325 份，新生代农民工样本 483 份。将全体样本与新生代农民工样本就重要流动特征与湖南省农民工总体与新生代农民工总体进行比较，以评估样本质量。

（一）全体样本质量评估

根据本次调查的目的与比较的可行性，特选取年龄、流入地、行业与职业、劳动合同签订率等指标，进行全体样本与湖南省总体农民工的比较，二者差异越小，说明样本数据对总体的代表性越高。

表 4-1　全体样本与湖南省农民工的比较

单位：岁、%

指标名称	指标分类	全体样本	湖南省农民工	差值
年龄	平均年龄	30.48	30.56	－0.08
	30 岁以上比重	40.22	40.2	0.02
	30 岁及以下比重	59.78	59.8	－0.02
流入地区	广东省	50.4	53.9	－3.5
	湖南省	31.2	31.1	0.1
	其他地区	18.4	15.0	3.4
行业	制造业	42.9	52.8	－9.9
	建筑业	17.5	13.7	－3.8
	服务业	25.9	11.9	14
	其他	13.7	21.6	－7.9

① 风笑天.现代社会调查方法[M].第四版.武汉：华中科技大学出版社，2009：66.

续表

指标名称	指标分类	全体样本	湖南省农民工	差值
职业	工人	46.3	52.4	−6.1
	服务员	11.5	13.9	−2.4
	专业技术员	17.1	5	12.1
	销售人员	7.8	3.6	3.6
	管理人员	5.0	1.1	3.9
	自营就业人员	5.1	2.2	2.9
	企业主	2.1	0.1	2
	其他	5.1	19.1	−14
劳动合同签订率		49.9	51.7	−1.8

数据来源:全体样本数据来自笔者主持的调查,湖南省农民工数据来自湖南省统计信息网。

注:差值等于全体样本指标值减去湖南省总体农民工对应指标值;年龄差距小,故保留 2 位小数点。

表 4-1 显示:全体样本与湖南省农民工在自我归类相对主观的行业与职业分布中存在一定差异,但在比较客观的年龄、流入地、劳动合同订立率等方面差距较小,尤其在本研究关键变量“年龄”指标中,二者几乎相等。因此,全体样本质量较高,能较好地代表总体。在比较客观的平均年龄、年龄构成、流入地区分布与劳动合同签订率中,差距相对较小,样本劳动合同签订率较总体低 1.5 个百分点,流入地差距在 0.1 到 3.5 个百分点之间,关键变量“年龄”与湖南总体农民工非常接近,平均年龄仅低于总体 0.08 岁,30 岁及以下比重低于总体 0.02 个百分点。在自我归类相对主观的行业、职业分布中,全体样本与湖南省农民工有一定差异,在行业中,差异最大的为服务业,可能源于服务业涵盖范围较制造业与建筑业宽泛,自我归类易出现较大差异;在职业分布中,较难自我界定的专业技术人员出现差异较大,例如,调查中,个别被调查者将厨师归为“其他”,部分将其归为“专业技术人员”。

由于缺乏湖南省农民工流出地区的总体数据,无法将样本结果与总体比较,但样本中“户口所在地”指标的结果显示:样本流出地区覆盖湖南省所有市,对湖南全省具有一定代表性。

(二)新生代农民工样本质量评估

湖南省调查总队公布的新生代农民工数据包括性别比、婚姻、收入、流动频率与流动意愿以及生活压力感等，流动收入、频率等将在流动行为中分析，此处仅从人口学特征中的性别、婚姻与本研究中的关键性变量——意愿进行评估。样本中，新生代农民工的未婚比率为74.32%，仅高于湖南新生代农民工总体0.32个百分点；性别比为137，低于总体150的水平，样本较总体低13；样本中，定居城市的意愿为49.3%，高于总体8.2个百分点，回农村（包括回乡务农与回乡创业）为31.9%，低于总体4个百分点，比较接近。因此，新生代农民工样本在“性别”“婚姻”与关键的指标“流动意愿”方面与总体较为接近，样本质量较高。

上述分析结果表明：本次抽样调查的总体样本与新生代农民工样本均能较好地代表相应的总体。

第三节 农民工人口学特征的代际比较

代际区分首先是人口学特征的区分，随着时间的推移，出生于不同时期的群体将表现出不同的人口学特征，农民工亦如此。两代农民工在年龄、性别构成、婚姻状况、受教育程度与家庭特征等方面存在一定差异，具体表现为平均年龄、性别比、未婚比例、平均受教育年限①、家庭平均规模与已婚者平均子女数的差异。

新生代农民工与上一代农民工在人口学特征方面的差异如下表所示：

表4-2 农民工人口学特征的代际比较

单位：岁、%、年、人

	新生代农民工	上一代农民工	差值
平均年龄	22.92	41.66	−18.74
性别比	137	306	−169
未婚比例	74.32	1.50	72.82
平均受教育年限	10.67	8.86	1.81
家庭平均规模	4.81	4.88	−0.07

① 在计算平均受教育年限时，设定未上过学为0年，小学为6年，初中为9年，高中为12年，大专及以上为15年。

续表

	新生代农民工	上一代农民工	差值
已婚者平均子女数	1	1.8	−0.8
(n)	(483)	(325)	

数据来源:来自笔者主持的“湖南省农民工流动调查”。以下图表如未说明,数据来源均与该表一致。

注:差值等于新生代农民工指标值减去上一代农民工对应指标值,下同。

新生代农民工与上一代农民工相比,平均年龄低18.74岁,该差异正是劳动力成长所需时间。性别比较上一代农民工低169,较低的性别比主要源于女性农民工随年龄增加而增加的回流概率。因此,在年龄较低的新生代农民工中,虽然男性多于女性,但与上一代农民工相比,未婚女性较多,致使新生代农民工的性别比相对较低,故平均年龄更高的上一代农民工的性别比更高。婚姻是个体随着年龄的增长所经历的重要人生事件,正如俗语“男大当婚,女大当嫁”,年龄越高,结婚率必然越高,未婚率必然更低,因此,新生代农民工的未婚率远远高于上一代农民工。

新生代农民工平均受教育年限高于上一代农民工。当国民受教育水平相对较低时,随着教育事业的发展,后出生的同批人的受教育水平高于先于自己出生的同批人,两代农民工亦如此。从未上过学、小学、初中、高中(中专)到大专及以上,新生代农民工的比例依次为0.83%、4.35%、44.10%、38.92%与11.80%,上一代农民工则分别为1.85%、21.85%、56.00%、17.85%与2.46%。湖南省两代农民工受教育程度排在第一位的均为初中,但在新生代农民工中,初中受教育者的比重低于上一代农民工,高中(中专)与大专及以上的比例更高,小学与未上过学的比重更低。因此,新生代农民工的平均受教育年限高出上一代农民工近2年。

在家庭平均规模方面,新生代农民工多数未婚,仍然生活在由父母组建的原生家庭之中,两代农民工可能处于同一家庭,因此,家庭规模差距不大。

已婚新生代农民工平均子女数更少,仅为上一代农民工的55%。该差异存在两种可能的解释:一是新生代农民工在生育孩子数量意愿方面更低,二是他们进入劳动力市场的时间不长,正处于职业生涯的初期,结婚后不愿意立即生养孩子或目前只愿意生养一个孩子,时机成熟后再生育第二个孩子,现在,同一家庭两个孩子年龄差距在4岁及以上的情况并不少见。

两代农民工在年龄、性别比、未婚比例、平均受教育年限与已婚者生育子女数方面存在差异，家庭规模差异不明显。从总体来看，新生代农民工与上一代农民工在人口学特征方面存有差异。

第四节　基于代际比较的新生代农民工流动行为特征分析

在时代变迁迅速的中国，仅用年龄无法勾勒出代际的本质属性①，因为代际差异不仅是一种自然属性，从其本质来看，更是一种社会属性，是不同代际之间社会文化特征的差异，具体而言，是由于不同社会背景、社会文化而形成的价值观点、思维方式等主观方面与在生活现状等客观方面的差异②。因此，本书根据调查数据，从客观和主观两个方面比较农民工流动行为的代际差异，厘清代际视角下新生代农民工流动行为的特征。农民工的代际对比研究既有利于把握新生代农民工流动行为的现状，亦有助于把握整个农民工群体流动行为的发展趋向。

一、新生代农民工流动行为特征客观方面的代际比较

(一)流入地区更集中于广东省

结合湖南省农民工流入地区的特点，本研究将流入地分为三类：广东省、湖南省与其他地区，两代农民工流入地区分布见下表：

表 4-3　新生代农民工流入地区分布及其代际差异

单位：%

	新生代农民工	上一代农民工	差值
广东省	58.8	37.8	21
湖南省	25.9	39.1	−13.2

① 李新华.第三代与新生代——关于“代际理论”的手记之二[J].当代青年研究，1989(1)：30.

② 中国青少年研究中心.中国新生代农民工发展状况及代际对比研究报告[EB/OL].中国青少年研究网.http://www.cycs.org/Article.asp? Category＝1&Column＝389&ID＝7879，2008-08-03.

续表

	新生代农民工	上一代农民工	差值
其他地区	15.3	23.1	−7.8
(n)	(483)	(325)	

在流入地区方面，新生代农民工比上一代农民工更为集中，且主要集中在广东省；上一代农民工的分布相对分散，主要分布区域为省内。据表4-3可知：湖南省新生代农民工更多选择在广东省就业，接近总数的60%，远远高于上一代农民工37.8%的水平；上一代农民工由于照顾家庭等因素，省内就业高于新生代农民工13.2个百分点；在其他地区就业的新生代农民工较上一代农民工低7.8个百分点。新生代农民工跨省流动与其强烈的非经济动机有关，根据《南方周末》的调查，虽然富士康、宝成等用工大户在农民工流出地开设制造基地，但年轻人仍然愿意去外地（如广东）的富士康、宝成上班，在当地仅能找到四十岁左右的劳动力，并且以四十岁左右的女性劳动力为主，因为新生代农民工认为：外出能增加更多的见识①。

（二）更换工作地点与工作的频率更高

更换工作地点频率指外出后平均每年更换工作地点的数量，是外出后曾到市的数量与外出累积时间的比值；工作更换频率是2010年更换工作的次数。

新生代农民工更换工作地点与工作的频率均高于上一代农民工。调查数据显示：新生代农民工外出后平均每年到1.17个市，2010年平均更换工作的次数为0.72次；上一代农民工的对应指标值分别为：0.53个市、0.67次。由此可见，新生代农民工与上一代农民工相比，更换工作地点的频率更高，是上一代农民工的2.2倍；更换工作次数亦高于上一代农民工，但差异比地区更换频率小。农民工属于就业不稳定的群体，就业稳定性与个人年龄呈倒“U”关系，即在年轻和年老时，就业不稳定性增加，更换工作的频率较高，而在中年时期，就业相对稳定。新生代农民工的平均年龄为22.92岁，上一代农民工的平均年龄为41.66岁，故新生代农民工的流动频率更高。

① 陈新焱、杜蕾.“民工荒”真相调查[N].南方周末.2011-03-03(16).

(三)务工方式向全职非农转变,与农业联系更为松散

务工方式可反映农民工在外出务工、在家务农以及休息等方面的时间分配,亦可反映农民工与农业的密切程度。

表 4-4 新生代农民工务工方式及其代际差异

单位:%

	新生代农民工	上一代农民工	差值
常年务工	77.8	70.8	7
有时务工、有时务农	9.5	20.9	-11.4
有时务工、有时休息	10.6	6.5	4.1
其他	2.1	1.8	0.3
(n)	(483)	(325)	

新生代农民工务工方式以常年务工为主,亦工亦农的比例远低于上一代农民工。新生代农民工常年务工、有时务工和有时休息的比例合计为88.4%,比上一代农民工高11.1个百分点,但有时务工有时务农的比例比上一代农民工低11.4个百分点。该比较结果表明:新生代农民工时间安排主要表现为工作与休息时间,务农时间相对较少,与农业的联系更为松散。根据笔者的观察,农忙时节,田间地头很少能看到30岁及以下的劳动力。本次调查结果与观察结果一致,说明新生代农民工与农业联系更为松散。

(四)求职途径仍以社会资本为主,但求职自主性更强

虽然两代农民工占据主导地位的求职方式均为个人社会资本,但新生代农民工的求职方式与上一代农民工相比,依靠社会资本求职的比例降低,依靠个人寻找工作的比例升高,表明新生代农民工在求职方面的自主性有所提高。在本次调查中,求职途径虽然分为七种,但就其本质而言,主要可分为"亲戚朋友、老乡帮忙"与"自己寻找"两种。调查结果显示:新生代农民工依靠亲戚朋友获取工作的比例为67.7%,自己寻找为32.3%;上一代农民工对应的比例分别为78.8%与21.2%。两代农民工依靠社会资本的比例均超过六成,但新生代农民工依靠自己寻找工作的比例高于上一代农民工11.1个百分点,显示出更强的自主性。

(五)行业分布更为集中,但职业分布相对分散

虽然在调查中将农民工的行业区分很细,在录入数据时,笔者发现在行业方面主要集中在制造业、建筑业、服务业、商业、交通运输业与其他行业,将采掘业并入制造业;职业分布将司机并入其他类。新生代农民工的行业职业分布如表 4-5 所示。

新生代农民工与上一代农民工行业分布的差异表现为:新生代农民工较多分布在制造业和服务业,占到总体的 76.8%,分布相对集中;上一代农民工更多分布与制造业与建筑业,占到总量的 55%,分布相对分散。新生代农民工就业排在前三位的行业依次为制造业、服务业与建筑业,而上一代农民工的排序是制造业、建筑业与服务业;在制造业、服务业和建筑业中,两代农民工差距最大的是建筑业,新生代农民工在建筑业从业的比例比上一代农民工低 15.6个百分点。一般而言,建筑业的收入水平更高,但建筑业的工作环境与居住环境均差于制造业与服务业。作为家庭负担更轻的新生代农民工,故到该行业就业的比重更低。

新生代农民工的职业分布相对分散。新生代农民工排在前三位的职业分别是工人、技术员与服务员,占总量的 72.5%,上一代农民工的分布相对集中,排在前三位的职业仍然是工人、技术员与服务员,但三者占总量的比例为 78.5%。个体职业选择具有一定的路径依赖性,上一代农民工进入劳动力市场的时间更长,其职业分布因此更为集中。

表 4-5　新生代农民工行业、职业分布及其代际差异

单位:%

		新生代农民工	上一代农民工	差值
行业分布	制造业	46.2	38.2	8
	建筑业	11.2	26.8	−15.6
	服务业	30.6	20.9	9.7
	商业	5.6	4.0	1.6
	交通运输行业	2.7	3.1	−0.4
	其他行业	3.7	7.1	−3.4

续表

		新生代农民工	上一代农民工	差值
职业分布	工人	40.0	55.7	−15.7
	服务员	13.5	8.6	4.9
	销售员	11.0	3.1	7.9
	技术员	19.0	14.2	4.8
	管理员	5.6	4.0	1.6
	自我雇佣	4.1	6.5	−2.4
	私营企业主	1.2	3.4	−2.2
	其他	5.6	4.6	1
(n)		(483)	(325)	

(六)工作时间略低,但存在高于法定水平的工作时间

虽然新生代农民工工作时间与上一代农民工的差异不大,但低于上一代农民工,工作时间相对较短。农民工工作时间表现为每周最少工作时间、每周最多工作时间与每天最少工作时间、每天最多工作时间。调查数据表明:新生代农民工每周最少工作时间平均为5.57天,最多工作时间平均为6.66天,每天最少工作时间平均为8.33小时,每天最多工作时间平均为11.34小时;上一代农民工四个指标的对应指标值分别为5.64、6.83、8.53与12.14。在调查中,一位新生代农民工明确指出:虽然加班可以赚取更高的收入,但加班过长,感觉太累,自己现在又不十分需要钱,愿意将工作时间控制在自己身体可接受的范围内。他的观点代表了大多数新生代农民工的想法,在该想法之下,工作时间自然短于上一代农民工。

与国家法定工作时间相比,不管是每周最多工作时间还是每天最多工作时间,均超法定水平。《劳动法》规定:劳动者每日工作时间不超过八小时,保证劳动者每周至少休息一日,因特殊原因需要延长工作时间的,在保障劳动者身体健康的条件下延长工作时间每日不得超过三小时。本次调查数据显示:每周最多工作时间平均为6.66天,高于《劳动法》规定的上限——6天;每天最多工作时间平均为11.34小时,仍然高于《劳动法》规定的上限——11个小时。

(七)两代农民工收支状况比较接近,但工资拖欠时间更短

收支状况主要包括近一年的月平均收入、收入变化、收入支出比较结果与每月的房租生活费用支出与工资拖欠时间。

1.打工月收入虽有增长,但仍处于较低水平,且略低于上一代农民工

新生代农民工的月收入分布、平均月收入及其代际比较如下表所示:

表 4-6 新生代农民工月收入及其代际差异

单位:%、元

	新生代农民工	上一代农民工	差值
1 000 元以下	3.1	3.1	0
1 001—1 500 元	22.8	22.5	0.3
1 501—2 000 元	31.5	26.5	5
2 001—2 500 元	19.3	18.5	0.8
2 501—3 000 元	11.0	13.8	—2.8
3 001 元以上	12.4	15.7	—3.3
月平均收入	2002	2077	—75
(n)	(483)	(325)	

注:月平均收入根据分组资料计算而得,在 1 000 元以下组,根据各地最低工资水平,假定为 900,在最高组,假定为 3 250。因此,该月平均收入是估算结果。

新生代农民工与上一代农民工相比,平均月收入略低于上一代农民工,低收入水平(1 500元以下)大致相当,高收入水平(2 501 元以上)更少。随着农民工工资水平的提高,70%以上的农民工月收入在 1 500 元以上,因劳动力供给的减少,农民工工资长期处于绝对低水平的时代已经过去。在调查中,一位农民工朋友写道:“我的月收入在 5 年前只有 300 到 400 元”,现在,已经位于 1 501—2 000 元区间。但与城镇职工相比,仍然处于低水平,据中华全国总工会的调查,2010 年,全国城镇职工平均月收入为 3 047 元,新生代农民工的工资水平约为全国城镇职工的 65.70%。以往研究表明,新生代农民工的收入水平明显低于上一代农民工,新生代农民工中低收入者比例更高,高收入比例更低①。与本调查结果联系起来,可以发现:新生代农民工与上一代农民工相

① 张永丽、黄祖辉.新一代流动劳动力的特征及流动趋势——来自甘肃省 10 个样本村的调查与分析[J].中国人口科学,2008(2):83.

比，收入差距正在缩小。目前，新生代农民工收入水平虽然略低于上一代农民工，但由于新生代农民工更高的受教育程度与上一代农民工年龄的增加，在收入方面朝着趋同的方向发展，未来必将超越上一代农民工的收入水平。

2.收入变化趋势趋同

两代农民工收入变化趋势均以不断增加为主。新生代农民工在收入不断增加、时升时降、基本不变与趋于减少四个方面的频率分布如下：41.6%、31.1%、25.5%与 1.9%，上一代农民工则依次为 42.8%、32.3%、23.1%与 1.5%。随着农民工供需关系的改变以及全国工资水平的上涨，占据主导地位的变动方向均为“不断增加”，二者在收入变动方面差异较小。农民工对收入变化趋势与经济发展态势密切相关，两代农民工处于相同的经济发展背景之下，故收入变化趋势趋同。

3.支出小于、大于收入的比例更低，支出等于收入的比例更高

本次调查将收支情况分为三种：支出小于收入、支出等于收入与支出大于收入。调查数据显示，在新生代农民工中，支出小于收入的比例为 83.9%，支出等于收入的比例为7.9%，8.2%的新生代农民工支出大于收入，表明大部分新生代农民工有结余。上一代农民工支出小于收入、支出等于收入、支出大于收入的比例分别为 85.3%、4%与 10.7%。新生代农民工与之相比，支出小于收入的比例略低，可能与新生代农民工更强的消费意愿有关；支出大于收入比例低于上一代农民工，可能与上一代农民工家庭负担较重密不可分；支出等于收入的比例更高，可能与年轻群体及时消费的心理有关。

4.生活必需开支略低于上一代农民工

新生代农民工房租、吃穿月均支出略低于上一代农民工，可能与家庭流动有关。作为城市的外来人，房租和吃穿的费用必不可少(包吃包住除外)，除包吃包住者外，新生代农民工的平均月房租、吃穿支出为 999 元，约占其月均收入的一半；上一代农民工为 1 083 元，为其月均收入的 52%。本调查数据显示：被调查者家庭打工人数平均为 2.4 人，最多为 8 人，家庭平均打工人数超过两人，表明存在家庭流动倾向。在家庭流动中，房租生活费等日常开支多由父辈承担，上一代农民工的生活必需支出更高。

5.工资拖欠时间更短

新生代农民工工资拖欠时间低于上一代农民工。新生代农民工工资拖欠时间平均为 1.28 个月，上一代农民工为 2.96 个月。两代农民工在工资拖欠时间方面的差异主要源于就业行业的差异，在制造业、服务业与建筑业中，建筑业拖欠工资时有发生，上一代农民工在建筑业中从业的比例远高于新生代农

民工,故其工资拖欠时间更长。

(八)劳动合同签订率更高,五险一金参与率更低,但参与种类更多

新生代农民工的劳动合同签订率低于法定要求,但高于上一代农民工。《劳动合同法》规定:建立劳动关系应当订立书面劳动合同,并为劳动者缴纳相关社会保险费用。本次调查数据显示:新生代农民工的劳动合同签订率为52.4%,未达到《劳动合同法》的要求,但高于上一代农民工46.1%的劳动合同签订率水平。

在五险一金方面,两代农民工相比,上一代农民工因为较长的工作时间与较低的更换工作频率,其社会保险参与率高于新生代农民工,但新生代农民工享受3—5种社会保险的比例更高。在被调查农民工中,新生代农民工什么也没参加的比例为34.8%,不知道是否参加的比例为12.2%,确定已参加社会保险的比例为53.0%,其中,仅参加一种保险的比例为30.3%,参加两种、三种、四种和五种的比例分别为11.9%、5.7%、2.7%与2.5%,参与较多的是医疗保险、工伤保险与养老保险,参与最少的是住房公积金;上一代农民工什么也没参加的比例为32.9%,不知道是否参加的比例为9.2%,社会保险参与率为57.9%,其中,仅参加一种保险的比例为32.6%,参加两种、三种、四种和五种的比例分别为16.9%、5.1%、1.8%与0.6%,参与较多的是医疗保险、工伤保险与养老保险,参与最少的仍然是住房公积金。

(九)失业时间略长

新生代农民工平均失业时间为1.58个月,上一代农民工为1.46个月,新生代农民工的平均失业时间相对较长。相对较长的失业时间与新生代农民工工作更换更加频繁有关,工作更换越频繁,用于搜寻工作的时间将增加,失业时间随之延长。

(十)参与企业管理的比重更高

新生代农民工由于职业中管理员比例更高以及个人追求发展、追求公平等因素的影响,参与企业管理的比例更高。在本次调查中,新生代农民工参与过企业管理的比例为23%,未参与企业管理的比例为77%;在上一代农民工中,对应数值分别为19.7%和80.3%。虽然新生代农民工群体参与企业管理的比重不高,但高出上一代农民工3.3个百分点。

(十一)遭遇工作不公平待遇接近,但处理方式更公开

两代农民工在工作中遭遇不公平待遇的比例大致接近,但在应对方式方面存在显著差异,与上一代农民工相比,新生代农民工更多地选择维护个人权益的做法,选择忍耐的比例低于上一代农民工,选择投诉、辞职的比例更高。据本次调查,新生代农民工在工作中遇到过不公平待遇的比例为82.4%,面对不公平待遇,选择忍耐、投诉、辞职与不知道怎么办的比例分别为49.7%、23.6%、19.5%与7.2%;上一代农民工遇到不公平工作待遇的比例为81.2%,在应对不公平待遇的做法中,忍耐为57.5%,投诉为20%,辞职为12.6%,不知道怎么办的有9.8%。两代农民工遭遇不公待遇的比例均超过八成,但处理不公待遇的方式存在较大差异,新生代农民工更倾向于借助公开的方式,而上一代农民工更倾向于忍耐。

(十二)休闲方式以睡觉、看电视为主,但更现代化与都市化

新生代农民工与上一代农民工在休闲方式方面的区别体现为:新生代农民工休闲方式的都市色彩与现代色彩更浓。休闲方式在一定程度上反映了农民工的生活方式。调查结果表明:新生代农民工的休闲方式由主到次依次为睡觉(56.1%)、看电视(15.7%)、上网(12.8%)、打牌或买彩(6.6%)、看书报(4.1%)、逛街(3.1%)与其他(1.4%),在其他中,有运动、健身、旅游、喝茶、散步等非常都市化的休闲方式。上一代农民工排在第一的仍然为睡觉(55.7%),第二位的为看电视(26.5%),第三位为打牌或买彩(8.6%),接下来分别为看书报(3.7%)、上网(2.5%)、逛街(1.8%)与其他(0.9%)。新生代农民工与上一代农民工相比,传统的看电视、打牌或买彩更少,现代化与都市化的休闲方式——上网的比例高出10.3个百分点。

二、新生代农民工流动行为特征主观方面的代际比较

行为取向的差异不仅表现为流动具象的差异,更表现为流动动机与其他主观感知的区别。

(一)经济动机弱化,非经济动机强化,经济动机与非经济动机由上一代农民工的主次关系演变为并存关系

在流动动机测量表中,每一个项目的分值区间为1—5,3代表平均水平,

大于 3 表明流动者在这一维度的动机较为强烈；低于 3 表明流动者在该维度的动机相对较弱。总分值区间为 4－20，12 为平均水平，低于 12 表明动机相对较弱，大于 12 表明动机相对较强。

表 4-7 新生代农民工初次流动与现在流动的动机

	初次流动		现在流动	
	平均值	标准差	平均值	标准差
经济动机(收入)	3.82	1.116	4.17	0.886
非经济动机	2.98	0.866	3.45	0.848
城市生活方式	2.63	1.105	3.21	1.112
见识、本领	3.57	1.035	3.85	0.974
市民享受的权利	2.73	1.254	3.28	1.154
流动动机	12.75	3.066	14.51	2.987
(n)	(483)		(454)	

注：29 人为初次外出，故现在流动动机的样本为 454。

据表 4-7，从动机整体水平来看，不论是初次流动，还是现在流动，新生代农民工的整体流动动机均介于一般和需要之间，在流动中逐渐强化。初次流动时，新生代农民工的流动动机为 12.75，略超过一般水平。现在外出时，新生代农民工的流动动机为 14.51，超过一般水平与初次外出时的动机水平。

从分维度的动机来看，初次流动与现在流动的动机维度排序均一致，但不同维度的增长幅度不同。在初次流动与现在流动中，新生代农民工流动动机各个维度的排序一致，从高到低依次为收入动机、见识本领动机、市民享受的权利动机与城市生活方式动机。初次流动时，新生代农民工的收入动机和见识本领动机超过平均水平，在城市生活方式与市民享受的权利方面的动机相对较弱，未达平均水平。现在外出时，新生代农民工流动动机的各个维度都得到强化，均超过 3，表现出较为强烈的流动动机。但不同维度的动机的增长幅度不同，增长幅度由高到低依次是对城市生活方式的需要、对市民享受权利的需要、对收入的需要与对见识本领的需要。

从经济动机与非经济动机的比较来看，不管是初次外出还是现在外出，新生代农民工的经济动机均高于非经济动机，但二者差距逐渐缩小，且呈并存关系。初次外出时，新生代农民工的经济动机高于非经济动机 0.84；现在外出时，二者差距为 0.72，表明新生代农民工在流动中非经济动机强化程度高于经济动机强化程度;二者差距未超过1,表明新生代农民工经济动机与非经济动机呈现并存格局。该调查结果与现有研究结论一致,从新生代农民工流动行为动机的现有研究来看,新生代农民工的流动动机具有生存型与发展型并存、并由生存型向发展型转变的特点。生存型的动机表明新生代农民工流动仍然注重经济收入,可视为经济动机,具有工具理性的特征;发展型的流动不仅表明新生代农民工注重个人能力提升,还注重个人权利的实现,可视为非经济动机,具有价值理性的色彩。学术界在首次提出"新生代的农村流动人口"概念时,已强调该群体对基本公民权利的追求①。

上一代农民工在初次流动与现在流动的动机分值如下表所示:

表 4-8 上一代农民工初次流动与现在流动的动机

	初次流动		现在流动	
	平均值	标准差	平均值	标准差
经济动机(收入)	4.16	1.012	4.29	0.960
非经济动机	2.75	0.912	3.14	0.938
城市生活方式	2.26	1.209	2.72	1.228
见识、本领	3.23	1.181	3.51	1.165
市民享受的权利	2.76	1.321	3.20	1.229
流动动机	12.42	3.007	13.73	3.109
(n)	(325)		(323)	

注:两人为初次外出,现在流动动机的样本为323。

上一代农民工的初次外出动机与现在外出动机均处于一般到需要之间,即中等偏强水平,且随着流动逐渐强化。初次外出时,上一代农民工的动机为12.42,略超过一般水平。在流动中,上一代农民工的流动动机得到强化,现在外出动机为13.73,高于初次外出时的水平。

不同维度的动机排序稳定,但上一代农民工对市民权利的需求上升最快。无论是初次外出还是现在外出,上一代农民工流动动机从高到低的排序均为收入动机、见识本领动机、市民享受的权利动机与城市生活方式动机。初次外出时,对收入的需求介于需要与非常需要之间,对城市生活方式与市民享受的权利的需求介于不需要到一般之间,其中,对城市生活方式的需求更接近不需

① 王春光.新生代的农村流动人口对基本公民权的渴求[J].民主与科学,2000(1):18—20.

要，对市民权利的需求更接近一般。现在外出时，上一代农民工仍然对收入的需求最为强烈。变化最为明显的是对市民权利的需求，从初次流动时的2.76提高到现在流动时的 3.20，即从不到一般水平提高到超过一般水平。

虽然上一代农民工在流动中的经济动机与非经济动机的差距不断缩小，但二者仍为主次关系。初次流动时，经济动机超过非经济动机 1.41；现在外出时，超过 1.15。现在外出与初次外出经济动机高于非经济动机的幅度均超过1，表明上一代农民工在流动中，其经济动机与非经济动机处于不同等级，经济动机是其主要动机。

初次流动已经成为历史，现在流动动机更能说明不同代际现在行为取向的差异，故选择现在外出动机进行代际对比。

两代农民工两独立样本 t 检验结果显示：动机、经济动机与非经济动机检验结果的显著性水平为 0.000，小于给定的 0.05，表明新生代农民工与上一代农民工在整体动机与分维度动机方面存在显著差异。

农民工流动动机的代际差异表现在两个方面。一方面，从流动动机整体来看，新生代农民工流动动机更强；从不同的维度来看，新生代农民工的经济动机更弱，非经济动机更强。据图 4-1，新生代农民工的流动动机高于上一代农民工。在动机的不同维度，仅经济动机弱于上一代农民工，非经济动机及其每一组成部分均强于上一代农民工。新生代农民工的经济动机较上一代弱化，而非经济动机较上一代强化，这一变化符合社会发展的要求，体现了社会的进步。贝尔（Daniel Bell，1976）认为，不同时期社会生活的主要任务不同，在前工业社会，其主要内容是对付自然；在工业社会，主要任务是对付制作的世界（生产的商品）；在后工业社会，首要目标是处理人际关系①。中国亦面临社会生活重心的转变，从改革开放至 21 世纪初，中国的发展以经济为核心，随着可持续发展成为国家发展的基本要求与科学发展观的提出，现在已经进入追求经济与社会、城市和乡村、不同区域、人与自然协调发展的新阶段。在此背景下，个人行为的动机也逐渐从经济动机转变为非经济动机。在农民工群体中，不仅上一代农民工群体的非经济动机在流动中逐渐强化，而且，新生代农民工与上一代农民工相比，追求收入的动机更弱，更加注重对见识本领、城市生活方式与市民权利等非经济动机的追求。

① [美]丹尼尔·贝尔著，赵一凡、蒲隆、任晓晋译.资本主义文化矛盾[M].北京：三联书店，1989：198.

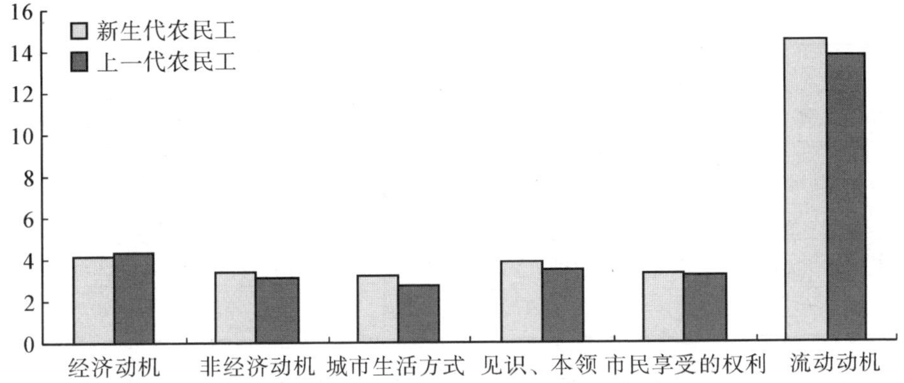

图 4-1 农民工现在流动动机的代际比较

另一方面，经济动机与非经济动机由上一代农民工的主次关系演变为新生代农民工的并存关系。现在外出时，上一代农民工经济动机高于非经济动机的值超过 1，为 1.15，表明上一代农民工在流动中，其经济动机与非经济动机处于不同水平。新生代农民工的经济动机与非经济动机的差距在 1 以内，为 0.72，表明二者在同一水平中。上一代农民工的经济基础较差，家庭负担较重，对收入的渴望更加强烈，故流动动机中经济动机占据主导地位。而新生代农民工的家庭收入状况好于上一代农民工，部分未婚未生育，在已婚已育的新生代农民工中，生育子女数量较少，家庭负担较轻；个体受教育程度更高。因此，虽然新生代农民工仍属于低收入人群，但该群体既有追求个人发展的社会背景和家庭背景，又具有追求个人发展的能力，其流动动机必然表现为经济动机与非经济动机并存的特点。

流动动机虽然是新生代农民工流动行为差异的根源，但两代农民工在流动意愿、公平感等心理因素与满意度等方面的主观感知差异同样有利于把握农民工流动行为的代际差异。

(二)流动意愿非农化倾向明显，以定居城市意愿为主

流动意愿作为本书区分流动行为类型的标准，对农民工流动现状与走向把握十分重要。根据农民工流动现状与预调查的访谈结果，将农民工的流动意愿分为保持流动、回乡创业、回乡务农与定居城市四种类型，在此分类标准下，可将流动行为分为以下四种类型：保持流动类型、回乡创业类型、回乡务农类型与定居城市类型。

表 4-9 新生代农民工的流动意愿与代际差异

单位：%

		新生代农民工	上一代农民工	差值
保持流动		18.8	35.1	－16.3
回乡	回乡创业	25.3	20.9	4.4
	回乡务农	6.6	24.3	－17.7
定居城市		49.3	19.7	29.6
(n)		(483)	(325)	

调查中新生代农民工流动意愿及其代际差异见表 4-9。根据表 4-9，新生代农民工的主要意愿是定居城市与回乡创业，凸显非农化特点；而上一代农民工的主要意愿是保持流动与回乡务农，农业化倾向明显。据本次调查，新生代农民工流动意愿排在首位的是定居城市意愿，为 49.3%，第二位为回乡创业意愿，为 25.3%，二者合计 74.6%，非农化已经成为新生代农民工流动的主要意愿。在非农化意愿中，定居城市是主要类型，但回乡创业也占据一定比例。上一代农民工占据首位的意愿是保持流动意愿，第二位是回乡务农意愿。两独立样本游程检验结果的显著性水平为 0.000，说明二者在务工打算分布方面存在显著差异。该结果与悦中山等人(2009)的研究结果一致：利用深圳调查数据，悦中山等人发现，在流动意愿的代际方面，新生代农民工的非农化倾向更明显，主体为非农化意愿①。

(三)整体态度倾向中立，但对务工认同度略低

态度量表各个维度的分值为 1－5，中位值为 3，分值越高，态度越积极。总分值区间为 7－35，分值越高，态度越积极，中位值为 21，态度总分为 21 表明持中立态度，小于 21 表明流动者对流动及其相关因素持消极评价，反之，大于 21 则表明持积极评价。

表 4-10 显示：两代农民工对流动的态度均接近于中立水平。农民工对务工、城市持比较积极的态度，对户口持中立态度，对住房价格与教育、医疗、养老等制度持消极评价，认为是阻碍流动的因素。根据湖南省调查总队发布的数据：在湖南省农村家庭收入中，务工收入已经超过农业收入，成为农村家庭

① 悦中山、李树茁、费尔德曼、杜海峰.徘徊在“三岔路口”：两代农民工发展意愿的比较研究[J].人口与经济，2009(6)：63.

收入的主要来源。因此，农民工较易对务工赋予正面评价。流动者在城市与乡村之间候鸟式移动，城市的市容市貌、基础设施等与简陋的乡村形成鲜明对比，对城市形成正面评价。户口曾经被视为阻碍农民工流动、迁移的主要制度，但随着户籍制度的改革，附着于户口上的权利正在逐渐剥离，农民工对之产生比较中立的评价。对直接涉及权利分配的住房、医疗、养老制度与关系个人人力资本存量的教育制度，新生代农民工给予消极评价。农民工的工资近年来稳步提高，但提高速度远远赶不上房价的上涨速度；同时，农民工没有享受住房补贴，较少参与住房公积金，高昂的房价是定居城市的一堵墙，在选择定居城市的新生代农民工中，81.46%都认为房价是影响定居地点的因素之一。农民工对教育的评价最低，一方面源于他们已经认识到教育的重要性，发现高学历者更有可能拥有收入更高且更稳定、就业环境更好的工作；另一方面，教育资源城乡分配不公，农村教育资源的整合增加了家庭与受教育者的负担，以笔者调查的湖南省西部的乃村为例，该村地处山区，村小学位于村委会附近，开设年级逐渐萎缩，2005 年，开设一到五年级，现在仅开设一到三年级，四年级及其以上需要到距离本村 8 公里的中都乡中心小学住校就读。此类现象在偏远的山区并不少见。就学距离过远将增加家庭教育成本。在认识到教育积极作用与农村教育现状不乐观的共同作用下，农民工对教育赋予消极评价。现有社会保障体系虽然已部分覆盖农民工群体，但农民工参与医疗保险和养老保险的比例不高，水平较低，也易导致农民工对医疗、养老制度形成负面评价。

表 4-10 新生代农民工对流动的态度及其代际差异

单位：%

	新生代农民工		上一代农民工		差值
	平均值	标准差	平均值	标准差	
务工	3.19	0.957	3.52	0.961	−0.33
城市	3.11	0.960	3.24	1.011	−0.13
户口	3.07	0.956	3.02	1.041	0.05
住房价格	2.69	0.978	2.76	1.047	−0.07
教育制度	2.55	0.938	2.55	1.010	0
医疗制度	2.84	0.944	2.89	0.938	−0.05
养老制度	2.88	0.960	2.87	0.961	0.01

续表

	新生代农民工		上一代农民工		差值
	平均值	标准差	平均值	标准差	
态度	20.34	3.885	20.84	3.857	−0.5
(n)	(483)		(325)		

不同维度的代际比较结果显示：新生代农民工与上一代农民工在态度方面并不存在显著差异，均持相对中立的态度。在态度的不同维度中，两代农民工对教育的评价完全一致，均认识到教育的重要性以及农村教育令人担忧的现状；差异最大的是对务工的评价，上一代农民工除依靠农业与务工外，较少存在其他途径增加家庭收入，而新生代农民工由于较高的受教育年限以及相对较好的家庭条件与较轻的家庭负担，有机会通过自己创业、技术培训、继续学习等改变自己的命运，对务工认同度相对较低。

(四)两代农民工整体相对剥夺感均较强，但不同维度的差异方向不同

在相对剥夺感量表中，包含与城市居民、与老家邻居相比的收入感知位置以及与城市居民相比的社会保障感知位置。单个维度的分值区间为1—5，3为中间值，低于3表明相对剥夺感强，高于3表明相对剥夺感较低。总分在3—15之间，分值越高，相对剥夺感越低，反之，分值愈低，相对剥夺感愈强，9为中间值，高于9表明说明被调查者在与城市居民与农村邻居的收入与社会保障比较中，感觉良好，相对剥夺感低；低于9则相对剥夺感强。

表4-11　新生代农民工的相对剥夺感及其代际差异

	新生代农民工		上一代农民工		差值
	平均值	标准差	平均值	标准差	
与城市居民的收入对比	2.00	0.654	2.00	0.743	0.00
与老家邻居的收入对比	3.23	0.742	3.33	0.785	−0.1
与城市居民的社会保障对比	1.95	0.790	1.81	0.766	0.14
相对剥夺感	7.18	1.496	7.14	1.630	0.04
(n)	(483)		(325)		

两代农民工的整体相对剥夺感十分接近。与上一代农民工相比，由于他们在城市均属于外来群体，均处于弱势地位，在与城市居民收入的比较中，存

在相似的相对剥夺感。在与农村邻居收入的比较中，新生代农民工的相对剥夺感略强，新生代农民工在与老家邻居收入对比中略强的相对剥夺感可能源于新生代农民工的生活经历，对新生代农民工而言，农村生活经历更长，对农村的收入状况了解更为清晰。在与城市居民社会保障水平对比中，新生代农民工享受 3—5 种社会保险的比例更高，相对剥夺感低于上一代农民工。

(五)整体公平感略低

新生代农民工公平感及其代际差异比较见表 4-12。

表 4-12　新生代农民工公平感及其代际差异

	新生代农民工		上一代农民工		差值
	平均值	标准差	平均值	标准差	
做得多，得到少	2.37	1.048	2.52	1.175	−0.15
受剥削	2.64	1.344	2.70	1.370	−0.06
无机会晋升	2.65	1.312	2.73	1.488	−0.08
无机会参与管理	2.48	1.444	2.64	1.636	−0.16
无机会到好部门	2.55	1.447	2.63	1.587	−0.08
无机会参与政策制定	2.46	1.549	2.52	1.640	−0.06
社会不公平	2.53	1.308	2.45	1.318	0.08
公平感	17.69	7.246	18.19	7.631	−0.5
(n)	(482)		(325)		
(p)	(0.000)		(0.000)		

注：1 份样本未填写“社会不公平”选项，故新生代农民工样本量为 482。

公平感量表在各个维度的得分越高，公平感越强烈，中间水平为 3。总分值在 7—35 之间，分值越低，不公平感越强烈；中间值为 21，高于 21 表明农民工具有较高的公平感，低于 21 表明公平感较低。

表 4-12 显示：新生代农民工与上一代农民工在公平感方面均处于较低水平，且均未超过平均水平，但新生代农民工的公平感更低。该结果与李培林、李炜(2010)的分析一致：近年来，随着不公平感更为强烈的新生代农民工的增加，农民工群体的公平感已经由介于城镇居民和农村居民变为位于城镇居民

和农村居民之后①。从代际比较角度来看,新生代农民工的公平感总分为17.69,仅为中间水平的84.2%,表明新生代农民工存在较强的不公平感;在公平感的各个维度,均低于3的中间水平,无论在内部公平方面还是在外部公平方面,都表现为较低的公平感。在不同维度,虽然两代农民工公平感分值最高的均为晋升,但最低的维度不一致,新生代农民工为"做得多,得到少",而上一代农民工是对社会整体公平感知,这表明新生代农民工与上一代农民工相比,更在乎与他人的比较,本身的弱势地位与高预期等因素导致在比较之中产生不公平感。在各个维度的比较中,差异最大的是"无机会参与管理",在职业构成中,新生代农民工成为管理员的比例较上一代农民工高1.6个百分点,但多为管理层次较低的岗位,拥有管理权限较少,与较少参加管理的上一代农民工相比,更能体会到企业管理中的不公平,因此,该维度的值更低,也从另一个侧面反映了新生代农民工对企业归属感和平等的追求较上一代农民工强烈。

(六)从众程度低于上一代农民工

从众心理是一种广泛存在的心理现象,不同人群仅有程度的不同,而不是有无的差异,从众心理越明显,越容易在流动信息和流动规范方面受到自己所属群体的影响,从而影响流动选择。反之,个人在流动信息与流动规范方面越少受制于所属群体,联系越松散,表明从众程度越低,更易做出自主选择。

虽然新生代农民工和上一代农民工均受到自己所属群体的影响,但影响程度不同,不管是在信息影响还是在规范影响方面,新生代农民工所受影响均较之上一代农民工更低。本研究包括由信息需要产生的从众心理与由遵守规范以获得归属需要产生的从众心理。新生代农民工对问题"多少信息来自同乡"的选择结果显示:与同乡无关或极少部分来自同乡的比例为47.2%,大部分和完全来自同乡的比例为52.8%;上一代农民工相应的比例分别为32.3%与67.7%,表明上一代农民工在信息需要方面的从众心理更为普遍。在"自己打工是因为同村人打工"的选择中,新生代农民工选择不是的比例为39.5%,与同乡有关联的比例为36.8%,其余23.6%说不清自己外出是否与同乡外出有关;而上一代农民工相应的比例分别为40.9%、43.7%与15.4%,上一代农民工中受规范影响外出的比重更高。二者对比可发现:新生代农民工在外出时受农民工群体的信息影响小于上一代农民工,该结果与新生代农民工更宽

① 李培林、李炜.近年来农民工的经济状况和社会态度[J].中国社会科学,2010(1):126.

的就业途径和更宽的信息渠道有关，新生代农民工就业途径中依靠亲戚、朋友与同乡的比例较上一代农民工低 11.1 个百分点，业余休闲方式中上网的比例明显高于上一代农民工；新生代农民工流动受规范影响相对较小，选择与同乡有关的比例更低，流动行为选择更加自主。此外，群体内部选择的差异性也可在一定程度上说明从众心理的差异，如果群体在某一指标选择中的差异越小，表明选择越分散，从众程度更低；反之，群体选择差异越大，表明选择越集中，从众程度越高。以现在外出动机为例，新生代农民工现在外出动机均值的全距为 0.96，明显低于上一代农民工 1.57 的全距水平。

（七）参照点依赖心理更普遍，参照点对象多为城市人，而非上一代农民工的农村人

相对剥夺感与公平感都受到参照点的影响，参照点不同，相对剥夺感与公平感也不同。问卷中，参照点依赖主要通过过滤问题（H1）与相倚问题（H2）体现，H1 体现了参照点依赖的普遍程度，H2 体现了具体的参照点。

新生代农民工在“是否与他人比较”中高于上一代农民工，即参照点依赖心理更普遍；在将谁作为第一比较对象中，存在显著差异，新生代农民工超过一半将城市人作为第一比较对象，而上一代农民工中近三分之二选择农村人作为第一比较对象。因此，在参照点对象方面，新生代农民工与上一代农民工存在显著差异。本次调查显示：在新生代农民工流动中，与他人比较的比例为 77.6%，将比较对象分为三类：城市人（包括城里同事、城里同龄人与城里人）、农村人（包括同乡同事、父辈与老家未外出邻居）与其他人，流动中与他人比较的新生代农民工的第一比较对象在三类间的比例分别为 52.5%、46.5% 与 1%，其他人如大老板、比尔·盖次等，将城市人作为第一比较对象的比例超过一半，高于将农村人作为第一比较对象 6 个百分点。上一代农民工与他人比较的比例为 74.8%，在与他人比较的上一代农民工中，更多选择以农村人作为比较对象。在上一代农民工中，将城市人作为第一比较对象的比例是 34%，将农村人作为第一比较对象的比例是 65.1%，将其他人作为第一比较对象的比例为 0.9%。

新生代农民工更低的从众心理与更高的以城市人为参照点的参照点依赖心理，表明新生代是一个渴望融入城市、逐渐摆脱现有身份的群体。

（八）风险偏好表现为风险追寻型，而非上一代农民工的风险中立型

个人与群体受到不同生活经历、受教育程度等因素的影响，存在不同的风

险偏好。在相同条件下，风险偏好不同的个体或群体将做出不同选择，风险厌恶的群体，可能做出不流动的选择，因为流动存在风险；对风险中立者，更倾向于保持流动现状；而风险追寻者则试图通过不断的流动找到更好的就业机会，或选择风险较高的回乡创业类型。

赫塞和艾尔克·韦伯编制的风险量表以及构建的风险偏好指数虽然具有较高的信度，但在农民工调查中，由于量表本身的难度而缺乏可行性。因此，在正式调查中，通过一个收入偏好陈述与一个损失偏好陈述粗略反映农民工的风险偏好。结合之后，分值在 2－6 之间，中位数为 4，此时表现为风险中立，小于 4 为风险厌恶，大于 4 为风险追寻。

新生代农民工与上一代农民工在风险偏好方面存在程度不同的差异：新生代农民工表现为风险追寻型，上一代农民工为风险中立型。本次调查数据表明：新生代农民工在风险偏好方面的平均分值为 4.43，从性质上来看，属于风险追寻型；上一代农民工为 4.00，表现为风险中立型。新生代农民工的风险偏好为风险追寻型可能与其年龄有关，越是年轻的群体，越具有冒险精神，其风险偏好呈现为风险追寻的可能性更高。

（九）工作满意度略低于上一代农民工，但不同维度差异不同

本调查工作满意度量表的各个维度分值越高，满意度水平越高，3 为中间水平。总分值区间为 7－35，满意度与分值成正比，中间值为 21，高于 21 表明工作满意度相对较高，低于 21 表明工作满意度较低。

表 4-13 显示：新生代农民工工作满意度的总体均值为 20.60，接近中位水平，表明新生代农民工对工作的总体满意度处于中间水平，既没有满意，也没有不满意。但各个维度的满意度存在较大差异，工作环境与人际关系位于一般和比较满意之间，而在其他维度以及工作总体感知则未达一般水平。该调查结果与赵智晶、吴秀敏、陈科宇、杨易（2010）年的研究结果类似，通过对成都市 266 名农民工的调查，他们发现：在工作满意度的各个维度，在工作环境与人际关系方面均超过中间水平，介于一般到比较满意之间①。

① 赵智晶、吴秀敏、陈科宇、杨易.新生代农民工工作满意度实证分析——基于结构方程模型的研究[J].四川农业大学学报，2010(2)：248.

表 4-13 新生代农民工工作满意度及其代际差值

	新生代农民工		上一代农民工		差值
	平均值	标准差	平均值	标准差	
劳动报酬	2.87	0.771	3.00	0.826	−0.13
社会保障	2.50	0.868	2.57	0.915	−0.07
劳动时间	2.79	0.872	2.78	0.903	0.01
工作环境	3.07	1.205	2.91	0.848	0.16
人际关系	3.51	0.718	3.43	0.753	0.08
自身发展	2.89	0.845	2.85	0.858	0.04
目前工作	2.96	0.792	3.30	2.872	−0.34
工作满意度	20.60	3.846	20.83	4.938	−0.23
(n)	(483)		(325)		

与上一代农民工相比，新生代农民工工作满意度与之十分接近，满意度最高的均为人际关系，最低的均为社会保障。虽然农民工在寻找工作途径方面存在一定差异，但均以个人已有社会网络为主，多与亲戚、同乡、同学等关系相对亲密的人一起工作，因此，人际关系的满意度普遍高于其他维度；在社会保障方面，虽然他们享有的社会保障程度不同，但均处于较低水平是不争的事实。

新生代农民工与上一代农民工在工作满意度方面的差异表现为新生代农民工的整体工作满意度略低，在劳动报酬、工作环境和目前工作三个维度存在较大差异。在劳动报酬方面，新生代农民工由于相对更低的报酬和更高的心理预期，满意度更低；在工作环境方面，由于两代农民工就业行业的差异，新生代农民工多在制造业和服务业就业，而上一代农民工在就业环境较差的建筑业的就业比例更高，因此，新生代农民工的工作环境满意度更高；在目前工作方面，新生代农民工由于较高的就业期望和相对较低的报酬水平等导致其满意度低于上一代农民工。

(十)城市生活满意度中基本满意更高，不满意与比较满意更低

在城市的工作虽然是新生代农民工全部生活的主要方面，但城市生活与之紧密相关。对于农民工这一相对于城市而言的外来群体，城市生活的满意度与其是否定居这座城市还是短暂的停留等流动行为密不可分。

新生代农民工与上一代农民工相比，新生代农民工对城市生活基本满意者的比例更高，很不满意、不满意与比较满意、满意的比例都更低。调查结果显示：新生代农民工在城市的生活满意度中，基本满意占据主导地位，比例为67.3%，很不满意与不满意为18.5%，比较满意与满意为14.2%，上一代农民工对应的比例分别为64%、20.6%与16.4%。

（十一）身份认知呈模糊化倾向，而非上一代农民工的农民化倾向

农民工的身份认知对其流动归属产生十分明显的影响，李义波、朱考金(2010)认为：农民工的身份认同与城市归属相互联系①。因此，不同的身份认同将与不同的城市归属联系，例如，如果认同自己为市民，倾向于选择定居城市的流动模式；如果认同自己为农民，则更倾向于回乡或保持流动直到不能流动为止。

两代农民工在身份认同方面的差异表现为：上一代农民工呈现农民化倾向，新生代农民工呈现模糊化倾向。根据问卷调查结果，新生代农民工认为自己现在是市民、农民以及说不清现在身份的比例分别为9.5%、46.6%与43.9%，上一代农民工的比例分别为9.2%、69.2%与21.6%。新生代农民工与上一代农民工相比，不到一半的人认为自己是农民；同时，由于年龄较低，社会经历不丰富，身份认同较模糊，近半数的被调查者无法就自身的身份认知给出确切的回答；上一代农民工表现出明显的农民化倾向，超过三分之二的上一代农民工认为自己是农民。

三、代际比较视角下新生代农民工流动行为特征的归纳

通过上述新生代农民工流动行为特征在客观与主观方面的分析与代际比较，可发现，新生代农民工作为农村人、外来人，其流动行为与上一代农民工相比，虽有相同之处，但更多表现为差异。

（一）流动行为特征客观表现的代际比较总结

流动行为客观方面的相同之处表现为：常年务工是其务工主要形式，亲戚、朋友等社会网络是其求职的主要途径，主要在制造业中就业，工人是其主

① 李义波、朱考金.农民工融合度主观认知状况：身份认同、城市归属与发展规划——以江苏省1085名农民工为例[J].南京农业大学学报(社会科学版)，2010(1)：100.

要职业,务工收入正朝趋同方向发展,近年来收入变化趋势相似,遭遇工作中不公平待遇的比例接近。但相同之处不能掩盖农民工在客观方面的代际差异,不同之处表现为流入地区更集中在广东地区,省内分布相对较少;工作地点与工作次数的更换频率更高;个人时间更多分配在工作与休息中,与农业联系更为松散;更多新生代农民工依靠个人寻找工作;行业分布集中在制造业与服务业,职业分布中,分布在服务员、销售员、技术员与管理员中的比例高于上一代农民工,工人低于上一代农民工;工作时间虽然较长,但略低于上一代农民工;收入由低于向等于演变;工资拖欠时间明显低于上一代农民工;劳动合同订立率更高;五险一金参与率更低,但参与种类更多;失业时间略高于上一代农民工;参与企业管理比例更高;处理个人工作中的不公平待遇时更提倡维护个人权益而不是忍耐;休闲方式的都市化倾向和现代化气息更明显。

(二)流动行为特征主观表现的代际比较总结

在主观方面,虽然两代农民工对流动的整体态度相似,总体剥夺感相近。但与上一代农民工相比,新生代农民工的非经济流动动机更强烈;流动意愿呈现明显的、更高的非农化倾向;对务工的认同度更低;在与城市居民的社会保障对比中,相对剥夺感略弱,在与老家收入对比时,相对剥夺感略强;整体公平感略低,同时,对工作与生活紧密相关的因素的公平感也低于上一代农民工;从众程度更低;参照点依赖现象更普遍,更多将城市人而不是农村人作为第一比较对象;呈现风险追寻型而非上一代农民工的风险中立型;工作满意度略低于上一代公民工,对工作报酬与目前工作的满意度更低,对工作环境的满意度更高;在城市生活满意度中,基本满意的比例更高,不满意与比较满意的比例均较低;身份认同呈现模糊化倾向而非上一代农民工的农民化倾向。

(三)基于代际比较结果的新生代农民工流动行为性质分析

动机是划分行为性质的主要标准,新生代农民工与上一代农民工相比,流动动机更强烈,经济动机弱化,非经济动机强化,经济动机与非经济动机的差异不断缩小,经济动机与非经济动机由上一代农民工的主次关系演变为并存关系,故代际流动行为的性质正在发生质变;划分流动行为类型的流动意愿在两代农民工中存在明显差异,上一代农民工的农民化倾向明显,新生代农民工非农化倾向明显。故新生代农民工流动行为与上一代农民工相比,是逐渐向异质行为类型演变的行为。根据韦伯的社会行动类型理论,新生代农民工流动行为是工具理性更弱而价值理性更强、价值理性与工具理性兼备的行为;根据行为学者的划分，是受到经济动机与非经济动机共同驱动的行为；根据葛剑雄（1997）[①]的生存——发展划分法[②]，属于生存与发展并存的流动行为，但正向发展性的流动行为演变；根据皮特森（Petersen，1958）[③]人口流动的保守——创新划分法[④]，属于保守性人口流动行为与创新性人口流动行为并存的行为，正处于向创新性行为演变的阶段。总之，两代农民工流动行为的性质存有差异，并向异质行为类型演变。

新生代农民工流动行为受经济动机与非经济动机的共同作用，对经济动机的追求表现为完全理性，对非经济动机的追求表现为非理性，二者融合，表现为有限理性。从理论分析来看，在影响行为的主导动机为经济动机时，理论分析可采用完全理性假设；当行为动机表现为经济动机与非经济动机共存格局时，非经济动机下的目标难以用货币衡量，无法追求效益最大化，只能追求"满意"，理论分析应该以有限理性为前提。

第五节　基于代内比较的新生代农民工流动行为特征分析

新生代农民工的流动行为不仅与上一代农民工存在差异，同时，其内部也存在分化。根据上一章新生代农民工流动行为特征的理论分析，以意愿为分类标准，将新生代农民工流动行为分为保持流动、回乡务农、回乡创业与定居城市四种类型。重点比较四种流动行为类型在务工经历与流动中心理状态的差异。新生代农民工四种流动行为类型在务工经历与流动中心理状态的差异比较见表 4-14。

① 葛剑雄.中国移民史(第一卷)[M].福州：福建人民出版社，1997：48－50.

② 生存型人口流动是以维持自身生存为目的的流动，发展型流动则是以改善自身物质、精神生活状况的流动。

③ William Petersen. A General Typology of Migration[J]. American Sociological Review, Vol.23, 1958: 256－266.

④ 保守型流动是一种寻找另一个延续自己已有生活方式的流动，创新型流动则是将流动视为追求和实现新生活方式的手段的流动。

表 4-14　新生代农民工不同流动行为类型的务工经历与心理状态

指标	流动行为类型				
	定居城市	回乡创业	保持流动	回乡务农	全体
务工经历					
平均外出时间(年)	3.77	4.45	4.32	4.72	4.11
省内比例(%)	28.99	24.59	24.18	12.50	25.88
平均每周最多工作时间(天)	6.60	6.76	6.64	6.81	6.66
平均每天最多工作时间(小时)	10.96	11.95	11.46	11.56	11.34
高务工收入比例(%)	47.48	44.26	29.67	37.50	42.65
收入不断增加比例	49.16	40.98	26.37	31.25	41.61
未发生工资拖欠比例(%)	63.46	53.28	52.75	31.25	56.73
收入大于支出比例(%)	82.35	84.43	85.71	87.50	83.85
工作满意度	2.91	3.20	2.95	2.97	2.94
生活满意度	3.03	2.84	2.98	2.72	2.95
心理状态					
与他人比较的比例(%)	81.09	69.71	79.12	78.13	77.64
与城市人比较的比例(%)	60.10	47.06	44.44	34.62	52.53
从众心理	4.28	4.85	4.93	5.13	4.61
风险偏好	4.44	4.60	4.46	4.25	4.43
初次外出动机	12.99	12.86	12.12	12.38	12.75
现在外出动机	14.79	14.62	13.86	14.03	14.51
态度	20.47	20.40	20.34	19.09	20.34
相对剥夺感	7.34	7.20	6.86	6.94	7.18
公平感	18.75	16.35	17.14	16.28	17.69
样本量(n)	238	122	91	32	483

注：由于存在相倚变量，在全体样本中，“与城市人比较”的样本量为 375，“现在外出动机”的样本量为 454；1 份样本未填写“社会不公平”，“公平感”样本量为 482，其他为 483.

一、新生代农民工定居城市流动行为的特征

新生代农民工定居城市流动行为与其他流动行为相比，在务工经历中，外出时间最短，省内就业比例最高，平均每周最多工作时间与平均每天最多工作时间均最短、收入状况最好，发生工资拖欠的比例最低，但有结余的比例最低，工作满意度最低而生活满意度最高。

在心理状态中，具有定居城市意愿的新生代农民工具有最强的以城市人为比较对象的参照点依赖心理，最低的从众心理，较低的风险偏好，最强的外出动机，最积极的流动态度，最低的相对剥夺感与最高的公平感。

上述分析结果表明：定居城市流动行为与其他流动行为相比，存在巨大差异，在多种因素中表现出极端性特点，或者处于最高位置，或者处于最低位置。具体而言，新生代农民工定居城市流动行为类型在流动中具有以下特征：务工收入状况较好，城市生活满意度较高，具有最为普遍的以城市人为参照点的心理倾向，因此受农民工群体的影响较小，流动动机强烈，对流动中相关因素的态度积极，相对剥夺感低而公平感高。新生代农民工定居城市的流动行为特征表明：为实现新生代农民工的定居城市意愿，推动市民化进程，必须提高新生代农民工群体的收入，规范劳动用工时间管理与工资管理，为新生代农民工营造公平的生活环境。

二、新生代农民工回乡创业流动行为的特征

新生代农民工回乡创业流动行为与其他新生代农民工流动行为相比，外出时间较长，仅短于回乡务农流动的外出时间，省内就业比例较高，平均每周最多工作时间较长且平均每天最多工作时间最长，收入状况处于较高位置，发生工资拖欠的比例较低，但有结余比例处于较低水平，工作满意度最高而生活满意度较低。

在心理状态中，具有回乡创业意愿新生代农民工表现出最弱的与他人比较的心理倾向，但较高的以城市人为比较对象的参照点依赖，较低的从众心理，风险偏好最强，动机较为强烈，态度比较积极，相对剥夺感与公平感较低。

新生代农民工回乡创业型流动由于既具有与定居城市流动一致的非农化倾向，又具有与回乡务农相同的“回乡”倾向，故在特征表现中，部分因素与定居城市行为靠近，如初次外出动机与现在外出动机；部分因素与回乡务农流动

行为靠近,如公平感。同时,表现出最强的自主性与最强的冒险精神。

三、新生代农民工保持流动行为的特征

新生代农民工保持流动行为在务工经历中,外出时间较短,省内务工比例较低,平均每周最多工作时间与平均每天最多工作时间均长于定居城市流动行为,收入状况(除未发生工资拖欠比例外)最差,发生工资拖欠的比例较高,但有结余的比例较高,工作满意度较低但生活满意度较高。

在心理状态中,保持流动意愿新生代农民工表现出较普遍的与他人比较的心理倾向,但与城市人比较的心理倾向较低,从众心理明显,风险偏好水平较高,动机最弱,态度与其他流动行为相比,处于较低水平,相对剥夺感最强,公平感较高。

新生代农民工保持流动行为由于介于定居城市行为、回乡创业行为与回乡务农行为之间,故新生代农民工保持流动行为的特征亦介于定居城市流动行为、回乡创业流动行为与回乡务农流动行为之间,在绝大部分指标中表现出"中间"的特点。

四、新生代农民工回乡务农流动行为的特征

与其他新生代农民工流动行为相比,新生代农民工回乡务农流动行为在务工经历中,外出时间最长,省外就业比例最高,平均每周最多工作时间最长,平均每天最多工作时间较长,收入状况(除未发生工资拖欠比例外)较差,发生工资拖欠的比例最高,但有结余比例最高,工作满意度较高但生活满意度最低。

在心理状态中,与其他流动行为相比,回乡务农新生代农民工具有以下特征:较低的与他人比较倾向,以城市人作为参照点的比例最低,从众心理最强,风险偏好程度最低,动机仅强于保持流动意愿,态度最消极,相对剥夺感较强,公平感最低。

新生代农民工回乡务农流动行为是农业化倾向最为明显的流动行为,与非农化意愿——定居城市意愿的主体虽然同样表现为"极端"的特点,但在诸多因素中表现出相反的特征。具体而言,表现出如下特征:省外就业比例高,大部分经历了工资拖欠,城市生活满意度最低;虽然存在与他人比较的心理倾向,但与城市人比较的心理倾向最低,从众心理最明显,风险偏好程度最低,态

度最为消极，相对剥夺感较强而公平感最低。

五、新生代农民工流动行为特征代内比较总结

不同类型的新生代农民工流动行为在流动中的务工经历与心理状态方面具有不同的特征。定居城市流动行为作为主要的非农化流动行为，在务工劳动时间与收入等方面均存在明显优势，心理因素亦处于促进该流动行为实现的有利位置。回乡务农流动行为作为最为明确的农业化流动行为，在务工经历中处于劣势地位；在心理因素中，亦暗含了回乡倾向。回乡创业流动行为特征多介于定居城市流动行为与回乡务农流动行为之间，保持流动行为多表现为“中间”特点。新生代农民工不同流动行为类型的特征是个人务工经历与个人在流动中的心理状态在个人选择中的反应，新生代农民工流动行为的行为倾向与流动中的经历、流动中的心理状态十分吻合。

本章小结

本章在介绍湖南省及其农民工概况与资料收集说明、样本质量评估的基础上，从代际比较与代内比较两个角度分析新生代农民工流动行为的特征。通过代际比较，重点从流动行为的客观、主观方面勾勒湖南省新生代农民工流动行为特征的具体表现。新生代农民工与上一代农民工相比，虽然主要务工方式、主要求职途径、主要行业与主要职业等类似，对流动的态度与相对剥夺感较为接近。但流向、工作换动频率、具体的行业职业分布等与流动动机、流动意愿、相对剥夺感、公平感、从众心理、参照点依赖、与风险偏好等均存在差异。决定行为性质的标准“动机”与划分行为类型依据的“意愿”在代际之间呈现显著差异，与上一代农民工相比，新生代农民工在流动中的主导动机由经济动机演变为非经济动机与经济动机并存格局，流动行为意愿由农民化倾向演变为非农化倾向。从代内比较来看，定居城市、回乡创业、保持流动与回乡务农四种新生代农民工流动行为类型在务工经历与流动中的心理状态存在差异。新生代农民工不同流动行为类型在务工经历与在流动中形成的心理状态与其行为倾向高度一致。

第五章 >>>

新生代农民工流动行为的影响因素分析

多维视角的人类行为理论要求在流动行为影响因素中加入心理因素。同时，新生代农民工流动行为特征代际比较结果显示：新生代农民工流动行为与上一代农民工存有差异，并向异质行为类型演变，新生代农民工流动动机呈现经济动机与非经济动机并存格局，是工具理性与价值理性兼备的行为。在多种动机并存的行为分析中，应以有限理性为前提，与完全理性的不同，有限理性关注心理因素对行为选择的制约，亦应分析心理因素对流动行为的影响。故本章从心理因素和社会因素探讨新生代农民工流动行为的影响因素。

在不同阶段，农民工流动行为影响因素分析针对的行为选择不同，20 世纪 90 年代及以前，研究者关注农民工为什么流入城市，即研究流动或不流动的影响因素；21 世纪初，随着“民工荒”与农民工回流现象的出现，研究者关注农民工为什么回流；现在，随着选择倾向于定居城市的新生代农民工的增加，研究者关心影响新生代农民工定居城市的因素。对新生代农民工而言，虽然定居城市是其主要流动行为选择，但仍然有半数农民工选择回乡创业、回乡务农与保持流动等其他流动行为类型，分析新生代农民工所有流动行为类型的影响因素，有利于从整体把握新生代农民工的流动行为的影响因素，为促进新生代农民工自由流动的建议奠定基础。

第一节 因变量、自变量与数据分析方法

一、因变量

根据社会心理学的研究，行为意向是预测行为最接近的变量[①]，影响行为的因素将通过行为意向发生作用，故本研究使用流动意愿作为流动行为的代理变量，将流动意愿作为本研究的因变量。在本章所有模型中，因变量均为流动意愿（F1），包含四种类型：保持流动、回乡创业、回乡务农与定居城市，以第一种类型（保持流动）为参照组。

二、自变量

本研究根据新生代农民工流动行为的理论框架选择自变量，自变量包括心理因素与社会因素，而社会因素又包括微观的个人因素、中观的社区因素与宏观的制度因素，故本书将分析心理因素、个人因素、社区因素、制度因素与综合因素对新生代农民工流动行为的影响。

（一）自变量的测量层次

本研究涉及的自变量测量层次既有诸如“年龄”的定距变量，亦有诸如“受教育程度”等的定序变量与诸如婚姻状况的定类变量。收入水平、相对收入水平、动机、态度、相对剥夺感与公平感等指标在本质上属于定序变量，定序变量中的数字仅代表等级而不能进行数学运算；但在实践中，为进行多元统计分析，可将其视为定距变量[②]，例如，李培林、李炜（2010）在分析农民工安全感等的影响因素时，将量表得分视为定距变量，进行多元线性回归分析[③]。因此，

---

① Ajzen I.，Fisbein M.Understanding Attitudes and Predicting Social Behavior[M].Englewood Cliffs，NJ：Prentice Hall，1980.

② [美]理查德・P.鲁尼恩、凯・A.科尔曼、戴维・J.皮腾杰著，王星译.行为统计学基础（第9版）[M].北京：中国人民大学出版社，2007：32.

③ 李培林、李炜.近年来农民工的经济状况和社会态度[J].中国社会科学，2010（1）：129.

在本研究中，亦将定序变量视为定距变量，定类变量转化为虚拟变量。

（二）自变量的选择方法

心理因素、个人因素与社区因素根据影响因素分析的理论框架与新生代农民工流动行为特征分析选择指标，制度因素根据影响因素分析的理论框架选择指标，选择结果将在相应的回归分析中呈现。其中，心理因素与个人因素（除个体人口学特征外）因测量指标较多，运用因子分析减少变量数量。因子分析同时也是效度检验过程，效度以信度为前提。

信度是测量结果的一致性或稳定性而非测量本身的稳定性①，信度包括外在信度与内在信度，外在信度是在不同时间使用同一测量工具对同一被试测量结果的一致性，内在信度是指测量或量表中的问题是否在测量同一特征②。本调查数据属于时点数据，采用内在信度分析。克朗巴哈（Cronbach）α系数是衡量内在信度分析的常用系数，该系数越高，表明测量信度越高，测量结果越稳定，一般而言，低于0.35不可接受，该系数在0.35到0.7之间时，视为中信度，在0.7以上视为高信度③。

效度（Reliability）指量表在多大程度上测量了它所要测量的东西④。效度包括内容效度（face validity）、准则效度（criterion validity）与建构效度（construct validity），内容效度是测量内容与测量目的之间的逻辑相符性与适合性，以及是否涵盖欲测量的内容；准则效度是将以往的测量作为准则或标准，现有测量的测量结果与作为准则的测量结果进行对比，其结果的一致性程度；建构效度是现有测量与理论假设之间的契合程度⑤。根据内容效度、准则效度与建构效度的定义，准则效度检验的前提是存在具有作为“准则”的测量，但在新生代农民工流动行为影响因素中，鲜见标准性的测量，故无法进行准则效度检验；内容效度没有公认的判断指标，故本书仅进行建构效度的检验。

建构效度检验常用因子分析法，因子分析法是将数量众多且关系错综复杂的变量提炼为少数几个因子以揭示变量之间内在关联性并简化数据维度、

---

① ［美］凯温·R.墨菲、查尔斯·O.大卫著，张娜、杨艳苏、徐爱华译.心理测验——原理和应用（第6版）［M］.上海：上海社会科学院出版社，2006：102.

② 薛薇.SPSS统计分析方法及应用（第2版）［M］.北京：电子工业出版社，2009：367.

③ 周文贤.多变量统计分析——SAS/STAT使用方法［M］.台北：智胜文化，2002.

④ 郑日昌、孙大强编.心理测量与测验［M］.北京：中国人民大学出版社，2008：103.

⑤ 邱皓政.社会与行为科学的量化研究与统计分析［M］.台北：五南图书出版股份有限公司，2002.

达到模型简约化的多元统计分析方法，即因子分析是对原有存在相关关系的变量进行浓缩，对原变量重合部分进行整合，以实现减少变量数量的目的，前提是原变量之间存在较强的相关性。原变量之间相关性的判定借助于 KMO (Kasier-Meyer-Olkin)检验和 Bartlett 球形检验，Kasier 给出了 KMO 的判定标准：大于 0.9，非常适合做因子分析，0.8 表示适合，0.7 表示中度，0.6 表示平庸，0.5 以下无法接受；Bartlett 球形检验的判定标准为：是否通过卡方检验。在满足变量相关的前提下，再进行因子提取、求解因子载荷矩阵、命名与计算因子得分。因子分析后达到收敛效度和区别效度的因子的累计方差贡献率是因子提取效果的一个重要检验标准，一般而言，至少应该达到 50%以上，若大于 60%，表示共同因素比较可靠①。同一因子构成中，若各测量指标的因子载荷量(factor loading)越大(一般以大于 0.5 为标准)，则越具备“收敛效度”；在非所属因子中，其因子载荷量越小(一般以低于 0.5 为标准)，则越具备“区别效度”。

三、数据分析方法的选择

运用一个因变量与多个自变量的多元线性回归模型时，前提条件是因变量是连续性的定距变量。但在社会调查与社会研究中，常出现因变量为定类变量的情况，比如本研究的因变量为四分类的定类变量。研究者可将定类变量转换为虚拟变量进行多元线性回归分析，此时，残差不再服从正态分布，因变量的取值区间也受到限制，无法采用一般的多元线性回归，而应采用 Logistic 回归。

Logistic 回归是针对因变量为分类变量、而自变量可为任何形式的测量层次的多元统计分析方法。根据因变量分类的多少，Logistic 回归分为二分类 Logistic 回归与多分类 Logistic 回归，前者用于分析二分类的因变量，多分类 Logistic 回归是二分类 Logistic 回归的扩展，用于因变量分类超过两类的分析之中。多分类 Logistic 回归根据因变量测量层次的不同，分为因变量为定序变量的有序多分类 Logistic 回归与因变量为定类变量的无序多分类 Logistic 回归。

Logistic 回归在人口学研究中占有重要地位，在学术研究与论文撰写中，

---

① 吴明隆.问卷统计分析实务——SPSS 操作与应用[M].重庆：重庆大学出版社，2010:205.

使用比例较高，刘金塘、伍小兰(2002)运用内容分析法，通过对四大人口学核心期刊①的研究，发现：从1990年到2000年，在使用多元统计方法的文献中，28.4%选择了Logistic回归，排在所使用的方法的第二位②。同时，在人口学研究领域，王济川、郭志刚于2001年出版了相关专著——《Logistic回归模型——方法与应用》。

本研究的因变量为流动行为类型，属于四分类定类变量，自变量既有诸如婚姻状况等的定类变量，又有诸如年龄等的定距变量，还有如受教育程度等的定序变量。故采用无序多分类Logistic回归分析心理因素和社会因素对新生代农民工流动行为的影响。

在二分类情况下，因变量发生的概率如下：

$$p=\frac{e^{\beta_0+\beta_1x_1+\cdots+\beta_nx_n}}{1+e^{\beta_0+\beta_1x_1+\cdots+\beta_nx_n}} \quad \text{（式 5.1）}$$

公式中，p 是因变量发生的概率，因变量不发生的概率为：

$$1-p=\frac{1}{1+e^{\beta_0+\beta_1x_1+\cdots+\beta_nx_n}} \quad \text{（式 5.2）}$$

发生概率与不发生概率之比为：

$$\frac{p}{1-p}=\frac{\dfrac{e^{\beta_0+\beta_1x_1+\cdots+\beta_nx_n}}{1+e^{\beta_0+\beta_1x_1+\cdots+\beta_nx_n}}}{\dfrac{1}{1+e^{\beta_0+\beta_1x_1+\cdots+\beta_nx_n}}}=e^{\beta_0+\beta_1x_1+\cdots+\beta_nx_n} \quad \text{（式 5.3）}$$

对其进行线性转换：

$$\ln\left(\frac{p}{1-p}\right)=\mathrm{logit}p=\beta_0+\beta_1x_1+\cdots+\beta_nx_n \quad \text{（式 5.4）}$$

公式5.4即为二项Logistic回归模型，公式中，p 为发生概率与不发生概率之比，即发生比；logit$p$ 为对数发生比；x 为控制变量与自变量，β_0 表示常数项，其他 β_1 到 β_n 表示回归系数。回归系数不能直接反映自变量对发生比与发生概率的影响，应解释为对对数发生比的影响。在回归系数对应的变量为连续性变量或定序变量时，回归系数表示每增加一个计量单位或一个等级时，

① 四大人口学核心期刊分别为《人口研究》《中国人口科学》《人口学刊》与《人口与经济》。

② 刘金塘、伍小兰.多元统计分析技术在人口研究中的应用[J].人口研究，2002(2)：2.

对数发生比的变化量与变化方向；当自变量为二分类的定类变量时，回归系数表示两种类型之间的差异在对数发生比上形成的变化；当自变量为三分类及其以上的定类变量时，回归系数代表与参照组相比，自变量的非参照组取值导致的对数发生比的变化。自变量对发生比的影响通过发生比率体现，发生比率也可称为发生比率比、相对风险比（odds ratio），是自变量变化导致的新旧发生比之比，发生比率是以自然对数为底、回归系数为幂的函数。通过回归系数的正负可间接反映自变量对发生概率的影响方向，因为二项 Logistic 回归模型经历了两步转换，第一步，从发生概率转换为发生比，发生比是发生概率的单调递增函数，二者呈正向关系；第二步，从发生比转换为对数发生比，发生比与对数发生比同样保持正向关系[①]。同时，回归系数的正负反映对对数发生比的影响方向，因为对数发生比与发生比、发生比与发生概率均呈正向关系。因此，回归系数的正负间接反映了自变量对发生概率的影响方向，当回归系数为正时，表明自变量对发生概率存在正向影响，反之，存在负向影响。

在因变量为多分类的情况下，实质是 K－1 个二分类 Logistic 回归方程（K 为因变量的类型数量），需要估计 K－1 组截距与回归系数，此时，因变量是第 J(J 小于等于 K－1)类发生比与参照组发生比之比的对数。

$$\ln\left(\frac{P_1}{P_k}\right)=\beta_{01}+\beta_{11}x_1+\cdots+\beta_{n1}x_{n1} \qquad \text{（式 5.5）}$$

……

$$\ln\left(\frac{P_{k-1}}{P_k}\right)=\beta_{0k-1}+\beta_{1k-1}x_1+\cdots+\beta_{nk-1}x_{n1} \qquad \text{（式 5.6）}$$

在结果中，如果某自变量的系数检验不显著，表明该变量不影响该类因变量与参照组因变量发生比的比率。如果显著，表明该变量在固定其他变量的情况下，影响其发生比的比值，当系数为正时，表明与参照组相比，该自变量对其发生比存在正向影响，此时，回归结果中发生比率大于 1；反之，存在负向影响，发生比率小于 1。

① 郭志刚.社会统计分析方法——SPSS 软件应用[M].北京：中国人民大学出版社，2009：187－193.

第二节 心理因素对新生代农民工流动行为的影响分析

一、心理因素的选取与描述统计

根据多维视角的人类行为理论与迁移心理学，本研究确定了 8 个心理因素变量，分别是：参照点依赖、从众心理、风险偏好、初次外出动机、现在外出动机、态度、相对剥夺感与公平感。参照点依赖的测量由一组过滤问题与相倚问题组成，其中，比较对象的选择属于相倚问题，存在缺失，为增加有效样本量，删除与“参照点依赖”测量相关的两个指标。最终纳入回归分析的心理因素变量包括从众心理、风险偏好、初次外出动机、现在外出动机、态度、相对剥夺感与公平感 7 个变量。7 个心理因素变量的描述统计值见表 5-1。

表 5-1 纳入回归分析的心理因素的描述统计

变量名称	变量取值范围	平均值	标准差
从众心理	2—9	4.64	1.693
风险偏好	2—6	4.43	1.287
初次外出动机	4—20	12.77	3.099
现在外出动机	4—20	14.51	2.990
态度	7—35	20.25	3.929
相对剥夺感	3—15	7.20	1.499
公平感	7—35	17.47	7.187
样本量	453		

注：29 份样本为初次外出，1 份样本未填写公平感，样本量为 453。本节统计分析的样本量均为 453。

二、心理因素的因子分析

心理因素 7 个变量共计 29 个测量指标，为合理减少指标数量，对测量指标进行因子分析。

因子分析时,KMO为0.783,Bartlett球形检验显著性水平为0.000,可运用因子分析缩减变量。第一次因子分析的结果表明:损失偏好(H6)与"打工时做得多,得到少"(H111)不具备收敛效度,删除后进行第二次因子分析,因子负荷矩阵如下:

表5-2 心理因素旋转后的因子负荷矩阵

	因子1	因子2	因子3	因子4	因子5	因子6	因子7	因子8
H3(信息来自同乡)	−0.113	−0.104	−0.069	0.012	0.095	**0.807**	−0.113	0.060
H4(因同乡打工)	−0.150	−0.018	−0.113	0.003	0.027	**0.812**	−0.066	−0.122
H5(收入偏好)	0.061	0.098	−0.009	−0.067	0.073	−0.059	−0.072	**0.910**
H71(初次收入动机)	−0.005	0.178	−0.090	**0.834**	0.129	0.013	−0.058	−0.103
H81(现在收入动机)	−0.051	0.250	0.012	**0.830**	0.074	0.005	−0.054	0.031
H72(初次城市动机)	−0.019	**0.726**	−0.017	−0.027	0.202	−0.004	0.012	−0.022
H73(初次见识动机)	−0.016	**0.630**	0.007	0.206	−0.297	−0.008	0.149	0.150
H74(初次市民动机)	0.076	**0.723**	−0.067	0.113	−0.113	−0.056	−0.051	0.093
H82(现在城市动机)	−0.105	**0.729**	−0.075	0.011	0.205	−0.019	−0.056	−0.186
H83(现在见识动机)	−0.096	**0.636**	−0.002	0.343	−0.239	−0.084	0.106	0.012
H84(现在市民动机)	0.012	**0.742**	−0.168	0.099	−0.104	−0.017	−0.109	0.074
H91(收入)	0.075	−0.169	0.090	0.161	**0.638**	0.134	0.146	0.058
H92(城市农村)	−0.158	0.027	−0.049	0.051	**0.817**	0.002	0.063	0.025
H93(户口)	0.163	−0.125	**0.524**	0.141	−0.341	−0.035	0.189	0.279
H94(住房)	0.125	−0.018	**0.748**	−0.074	−0.194	0.081	0.070	0.091
H95(教育)	0.060	−0.078	**0.769**	−0.037	0.044	−0.020	−0.040	0.049
H96(医疗)	0.024	−0.059	**0.864**	−0.010	0.102	−0.102	−0.068	−0.109
H97(养老)	0.072	−0.087	**0.825**	−0.011	0.134	−0.176	−0.097	−0.104
H101(收入城市)	0.261	−0.063	0.061	−0.066	0.001	−0.030	**0.715**	0.074
H102(收入老家)	−0.131	0.044	−0.101	0.162	0.158	−0.094	**0.581**	−0.172
H103(城市社会保障)	0.258	0.000	−0.059	−0.290	0.046	−0.105	**0.599**	0.012
H112(剥削)	**0.620**	−0.034	0.125	−0.018	−0.056	0.068	0.217	0.175
H113(晋升)	**0.800**	0.029	0.127	−0.069	−0.027	−0.036	0.088	0.022
H114(管理)	**0.887**	−0.002	0.001	0.026	−0.012	−0.101	0.001	−0.029
H115(部门)	**0.878**	0.050	0.027	0.048	−0.059	−0.068	0.033	−0.053

续表

	因子1	因子2	因子3	因子4	因子5	因子6	因子7	因子8
H116(政策)	**0.860**	−0.023	0.028	0.009	−0.024	−0.148	−0.019	−0.078
H117(不公平)	**0.625**	−0.116	0.083	−0.099	0.014	−0.046	0.083	0.121
特征根值	4.782	3.569	2.605	1.698	1.484	1.207	1.136	1.028
贡献率(%)	17.710	13.219	9.647	6.290	5.496	4.472	4.206	3.808
累积贡献率(%)	17.710	30.929	40.576	46.867	52.363	56.835	61.041	64.850

注:提取方法是主成分分析法,旋转方法是方差最大法。

表5-2显示:27个测量指标正交旋转后最终提取八个因子,因子1包括公平感量表中六个指标,可命名为"公平感"因子;因子2包括现在外出与初次外出的所有非经济动机,可命名为"非经济动机"因子;因子3包括态度中的所有制度性因素,可命名为"制度性态度"因子;因子4包括初次外出的收入动机与现在外出的收入动机,可命名为"经济动机"因子;因子5包括所有非制度性态度指标,可命名为"非制度性态度"因子;因子6涵盖从众心理指标,可命名为"从众心理因子";因子7包括相对剥夺感的三个指标,可命名为"相对剥夺感"因子;因子8包括一个收入偏好指标,可命名为"收入偏好"因子。八个因子的累计方差贡献率为64.850%,高于60%,每一指标均具有区别效度和收敛效度。因此,该测量具有较高的效度。

公平感因子、非经济动机因子、制度性态度因子、经济动机因子、非制度性态度因子、从众心理与相对剥夺感因子的克朗巴哈α系数分别为:0.882、0.809、0.815、0.775、0.515、0.617、0.426。七个因子中,公平感因子、非经济动机因子、制度性态度因子与经济动机因子均达到较高信度,非制度性态度、从众心理与相对剥夺感虽然低于0.7,但大于0.35,仍在可接受范围内。收入偏好因子仅由一个测量指标构成,无法进行信度检验。

通过因子分析,心理因素多元Logistic回归模型选择的自变量包括公平感因子、非经济动机因子、制度性态度因子、经济动机因子、非制度性态度因子、从众心理因子、相对剥夺感因子与收入偏好因子。

三、心理因素的无序多分类Logistic回归结果

(一)整体模型显著性检验

在检验Logistic回归模型时,通常将其与截距模型比较,截距模型是将所

有自变量删除后只剩一个截距系数的模型，以截距模型为标准，比较在加入自变量后新的模型的拟合水平是否显著提高。具体而言，加入自变量后，−2 倍对数似然函数值是否降低，且是否通过卡方检验。如果−2 倍对数似然函数值降低，卡方检验显著性水平小于研究者设定的水平①，则表明该回归模型自变量全体与 Logit$P$ 线性关系显著，可采用线性模型拟合。

在心理因素的无序多分类 Logistic 回归结果中，模型适配信息表显示：加入自变量后，−2 倍的对数似然函数值由截距模型的 1091.786 下降到1035.047，似然比卡方检验显著性水平为 0.000，表明回归方程中解释变量全体与发生比比值的对数值（Logit$P$）的线性关系显著，可采用线性模型拟合。

（二）整体模型拟合优度检验

在 Logistic 回归模型中，模型拟合优度检验可通过 Nagelkerke R^2 系数判断，Nagelkerke R^2 系数在 0 到 1 之间，取值越接近 1，拟合优度越高。该模型的 Nagelkerke R^2 系数为 0.129，表明自变量的解释度达到 12.9%，同时通过似然比卡方检验，该模型具有一定的解释力。

（三）整体模型自变量显著性检验

表 5-3　通过似然比卡方检验的心理因素

	简化模型的−2 倍对数似然函数值	卡方值	显著性水平
截距	1 198.241	163.194	0.000
非经济动机因子	1 045.187	10.140	0.017
非制度性态度性因子	1 044.305	9.258	0.026
从众心理因子	1 051.805	16.758	0.001
相对剥夺感因子	1 041.318	6.271	0.099

整体模型自变量显著性检验虽然也采用似然比卡方检验，但与整体模型显著性检验不同，不是加入自变量后的模型与截距模型的比较，而是完全模型与简化模型的比较，显著性水平低于研究者设定水平，通过显著性检验；通过显著性检验的自变量对因变量“整体”产生作用②，故与参数估计中不完全一

① 本书设定的显著性水平为 0.1.

② 王济川、郭志刚.Logistic 回归模型——方法与应用[M].北京：高等教育出版社，2001：254.

致。心理因素无序多分类 Logistic 回归结果显示：对流动行为整体产生作用的因素包括非经济动机、非制度性态度、从众心理与相对剥夺感。

(四)参数估计结果

表 5-4　影响显著的心理因素参数估计

解释变量		β	S.E.	Wald	Sig.	Exp(B)
回乡创业	截距	0.347	0.153	5.165	0.023	
	非经济动机因子	0.380	0.147	6.651	0.010	1.462
	非制度性态度因子	−0.382	0.151	6.418	0.011	0.682
	相对剥夺感因子	0.271	0.151	3.219	0.073	1.311
回乡务农	截距	−1.141	0.244	21.793	0.000	
	非制度性态度因子	−0.420	0.216	3.793	0.051	0.657
定居城市	截距	0.968	0.138	49.347	0.000	
	非经济动机因子	0.384	0.132	8.466	0.004	1.468
	非制度性态度因子	−0.369	0.137	7.299	0.007	0.691
	从众心理因子	−0.395	0.132	9.014	0.003	0.673
	相对剥夺感因子	0.275	0.136	4.067	0.044	1.316
样本量						453

注：参照组：保持流动类型，本章所有回归模型的参照组均为保持流动类型。β 是回归系数，S.E.是标准误差，Wald 是 Wald 统计量，Exp(B)为发生比率，下同。

参数估计结果用以说明因变量(其他组与参照组发生比比值)受到哪些因素的影响，根据参数估计结果，可建立回归方程①。

四、结果分析

在无序多分类 Logistic 回归模型中，某一自变量对因变量的影响是在固定其他自变量影响时的影响，以下分析均依照该规则。

① 其他模型检验原理与本模型一致，为避免重复，后面模型的检验与参数估计原理将不再介绍。

（一）对不同流动行为类型影响显著的心理因素

1.对回乡创业流动行为影响显著的心理因素

根据无序多分类 Logistic 回归结果，非经济动机、非制度性态度与相对剥夺感显著影响回乡创业流动行为与参照组（保持流动行为）的发生比比值。非经济动机与相对剥夺感对回乡创业流动行为具有正向影响，非制度性态度对回乡创业流动行为存在负向影响。

非经济动机每增加一个等级，回乡创业流动行为的发生比与保持流动行为的发生比之比是原来发生比之比的 1.462 倍，即非经济动机越强，回乡创业型的发生比与发生概率越高。回乡创业是新生代农民工自我实现的一种表现形式，当行为人的自我实现需要越强烈时，越有可能选择回乡创业这种流动行为，而自我实现是非经济动机的重要组成部分。因此，非经济动机越强烈，回乡创业发生比越高，非经济动机对回乡创业流动行为具有正向影响。

非制度性态度每提升一个等级，回乡创业流动行为的发生比与保持流动行为的发生比之比是原来发生比之比的 0.682 倍，即非制度性态度越积极，回乡创业流动行为的发生比与发生概率越低。非制度性态度主要包括对打工与城市的评价，当新生代农民工对打工与城市赋予较高的评价时，倾向于采取务工行为，回乡创业可能性降低。因此，非制度性态度对回乡创业流动行为存在负向影响。

相对剥夺感每提升一个等级，回乡创业流动行为的发生比与保持流动行为的发生比之比是原来发生比比值的 1.311 倍，即相对剥夺感越弱，回乡创业流动行为的发生比与发生概率越高。相对剥夺感对个人行为的影响与参照点对象相关，当与参照点对象相比，由于制度造成的相对剥夺感越强，发生再次流动的比例越高，由于个人人力资本因素产生的相对剥夺感越强，产生的激励作用越明显①，即通过个人努力靠近参照群体。不管由于何种原因造成的相对剥夺感越弱，行为人与参照点之间的位置越接近，更易产生靠近该群体的行为。回乡创业农民工中超过半数（53%）以农村人为参照群体，当其相对剥夺感越低时，表明与参照群体比较，相对位置较高，更有可能做出靠近农村群体的行为选择，即回乡创业流动行为发生比和发生概率增加。因此，相对剥夺感对回乡创业流动行为存在正向影响。

---

① 蔡昉、都阳.迁移的双重动因及其政策含义——检验相对贫困假说[J].中国人口科学，2002(4)：7.

2.对回乡务农流动行为影响显著的心理因素

仅有非制度性态度显著影响回乡务农流动行为与保持流动行为的发生比比值。当非制度态度更为积极时，回乡务农流动行为的发生比与发生概率降低。与非制度态度对回乡创业流动行为的影响类似，当流动者对务工与城市赋以更高评价时，更倾向于选择保持流动，而非回乡务农，回乡务农流动行为的发生比与发生概率降低。因此，非制度性态度对回乡务农流动行为存在负向影响。

3.对定居城市流动行为影响显著的心理因素

显著影响定居城市流动行为与保持流动行为发生比比值的因素包括非经济动机、非制度性态度、从众心理与相对剥夺感。其中，非经济动机与相对剥夺感对定居城市流动行为存在正向影响，非制度性态度与从众心理对定居城市流动行为存在负向影响。

非经济动机越强，定居城市流动行为的发生比与发生概率越高，因为定居城市流动行为可较好地实现市民权利与城市化的生活方式等非经济动机。因此，当新生代农民工非经济动机趋强时，更倾向于选择定居城市流动行为，非经济动机对定居城市流动行为存在正向影响。

非制度性态度与定居城市流动行为发生比、发生概率呈反向变化，即非制度性态度越积极，定居城市的发生比与发生概率更低。在定居城市与保持流动之间，如果流动者更倾向于认同务工，更有可能采取保持流动的行为，定居城市的发生比与发生概率降低。

从众心理越明显，新生代农民工选择定居城市的可能性更低。在新生代农民工流动行为影响因素的理论框架中，已指出：从众心理的产生源于两种因素：一是信息影响，二是规范影响，故从众心理受到信息与规范来源群体的影响，信息与规范的来源群体不同，对同一对象产生的影响也不相同。本研究中的从众心理主要反映新生代农民工在信息与规范方面受到同乡的影响程度。在是否定居城市的选择中，新生代农民工从已经定居的农民工那里了解定居的成本、收益、政策等信息，并从已定居农民工那里感到“要定居”的压力。在全体被调查农民工中，具有市民化意愿的比例仅为37.7%，目前已经成功实现定居城市的比例更低。由于作为整体的农民工的市民化意愿与定居城市行为均处于较低水平，新生代农民工受到该群体的影响，选择定居城市的发生比与发生概率均将降低。

相对剥夺感的分值越高，即相对剥夺感越弱，新生代农民工定居城市流动行为的发生比与发生概率越高。与相对剥夺感影响回乡创业流动行为与保持流动行为发生比比值的原理一致，相对剥夺感越弱，该群体越倾向于采取与该群体靠近的行为。本研究的调查数据显示：60％选择定居城市的新生代农民工将城市人作为第一参照对象，与此相比的相对剥夺感越弱，靠近城里人即定居城市的可能性越大。

（二）对流动行为影响不显著的心理因素

在心理因素中，经济动机、制度性态度、公平感与收入偏好对流动行为整体影响不显著。

经济动机对新生代农民工流动行为影响不显著可能与新生代农民工流动动机的特点有关。新生代农民工流动行为特征分析显示：新生代农民工流动动机中经济动机与非经济动机并存，与上一代农民工相比，新生代农民工不仅将流动视为生存的手段，更将流动视为追求发展、追求平等、追求权利等非经济价值的途径。因此，在新生代农民工流动行为选择中，经济动机对流动行为影响不显著。悦中山（2009）的研究亦证实：新生代农民工流动行为显著受到非经济动机的影响，经济动机影响不显著①。

制度性态度对流动行为影响不显著，第一个可能的解释是被调查者决策时由于制度本身没有发挥应该发挥的效应，对制度等存在感知层面的忽略。个人决策时，优先考虑个人真实拥有的各种资源与限制。制度虽然离生活很近，但如果制度没有对生活产生影响，则在感知层面距离行为人较远，只有在不得不接触该制度时，才能体会到制度的存在与制度带给行为人的制约。第二个可能的解释是行为与态度之间的互动关系使流动行为与流动态度之间的关系变得模糊。非制度性态度对新生代农民工流动行为影响显著，由此可以判断：制度性态度对行为选择影响不明显，制度未发挥应该发挥的效应导致的感知忽略应是主要原因。

整体公平感未显著影响新生代农民工流动行为，可能源于整体公平感中包含与流动类型选择关联性不强的内部公平感。整体公平感中包括外部公平感（没有机会进入更高部门、没有机会参与与己相关政策的制定与社会不公平）与内部公平感（包括受老板剥削、没有机会得到晋升、没有机会参与企业管理），内部公平感与新生代农民工的工作更换频率、地区流动联系紧密，而不同地区、不同工作的更换并不一定改变流动类型，故内部公平感对流动行为选择

① 悦中山、李树茁、费尔德曼、杜海峰.徘徊在“三岔路口”：两代农民工发展意愿的比较研究[J].人口与经济，2009(6)：63.

影响微弱，并由此导致包括内部公平感在内的整体公平感对流动行为影响不显著。

在本研究中，收入风险偏好对新生代农民工流动行为影响不显著，但杨波(2009)的研究表明：风险偏好与回乡创业人员的行为决策呈正相关关系[①]。新生代农民工流动行为影响因素的理论框架亦显示：风险偏好应影响新生代农民工的流动行为。但实证研究结果显示：本研究中风险偏好未显著影响流动行为。这一结果可能源于调查问卷中对风险偏好的测量指标设置过于简单，导致因子分析中风险偏好的变量过少，未能有效测量风险偏好。采取有效但又非常简洁的量表测量新生代农民工的风险偏好值得深入探讨。

第三节 个人因素对新生代农民工流动行为的影响分析

一、个人因素的选取与描述统计

根据新生代农民工流动行为影响因素的理论框架，个人因素包括个人人口学特征、家庭因素与外出经历。其中，人口学特征包括性别、婚姻、年龄、受教育程度与有无技术。性别、婚姻与有无技术转换为虚拟变量直接纳入。年龄与受教育程度直接纳入模型，由于诸多行为选择与年龄呈"U"形关系或倒"U"形关系，故在纳入年龄的同时还纳入年龄的平方。是否参加培训因目前培训效果不佳不纳入本章分析，根据笔者的调查，在部分培训机构，仅需要培训者出示证件、登记，不用上课，就可领到培训证书，接受培训与技能提升并不必然相关。韩俊等(2010)开展的全国性调查亦表明：自2003年以来，国家虽然逐步加大农民工培训投入力度，但在培训项目实施中，存在诸如监管不力、培训内容方法落后、师资队伍建设与培训基础设施建设滞后等诸多问题[②]，导致培训效果不佳，甚至产生形式化培训。

在家庭因素中，选择家庭劳动力人口、打工人数、家庭收入水平与家庭相

① 杨波.中国农村劳动力回乡创业问题研究[D].中国农业大学，2009.

② 韩俊等.农民工培训实态及其"十二五"时期的政策建议[J].改革.2010(9)：74－79.

对收入水平纳入因子分析之中。

在个人外出的工作经历中，根据理论分析框架与现有研究文献，选择打工地点、打工时间、工作时间、收支(包括打工月收入、收入变化与收入支出)、工资拖欠与工作满意度。新生代农民工每周工作时间小于5天的比例仅为5%，每天工作时间小于8个小时的比例为13.25%，绝大部分新生代农民工工作时间均超过劳动合同法的规定，因此，选择每周最多工作天数与每天最多工作小时纳入因子分析。因子分析要求变量变化方向相同，对收入变化、收入支出、工资拖欠与工作最多时间重新赋值。在个人外出经历中，打工地点转换为省内外，视为虚拟变量纳入。

在城市生活经历中，对城市生活的满意度纳入因子分析，新生代农民工身份认知呈现模糊化倾向，43.9%的新生代农民工均处于身份认同困境，不知道自己到底是农民还是市民，模糊化倾向将消解身份认知在逻辑推论中与流动类型选择的关联，因此，不予纳入模型。

纳入模型的个人因素的含义、说明与描述统计见表5-5。

表5-5 纳入回归分析的个人因素的描述统计

变量层次	变量名称	变量取值范围、赋值与描述统计量
定类变量	性别	0＝女，42.3(204)；1＝男57.7(278)
	婚姻	0＝已婚，74.3(358)；1＝未婚，25.7(124)
	有无技术	0＝有技术，49.0(236)；1＝没有技术，51.0(246)
	打工地点	0＝省内，25.9(125)；1＝省外，74.1(357)
定序变量	受教育程度	1＝未上过学，0.8(4)；2＝小学，4.4(21)； 3＝初中，44.0(212)；4＝高中(或中专)，39.0(188) 5＝大专及以上，11.8(57)
	家庭收入水平	1＝四千以下，0(0)；2＝四千到一万，1.9(9)； 3＝一万零一到两万，13.1(63)；4＝两万零壹到三万，41.1(198) 5＝三万零壹以上，44.0(212)
	家庭收入相对水平	1＝很低，2.7(13)；2＝较低，16.8(81)； 3＝中等，65.1(314)；4＝较高，14.3(69)； 5＝很高，1.0(5)
	每周工作最多时间	1＝5天以下与7天，72.0(347)； 2＝6天，24.3(117)；3＝5天，3.7(18)
	每天工作最多时间	1＝6小时及以下与16小时以上，2.9(14)； 2＝15－16小时，5.2(25)；3＝12－14小时，44.4(214)； 4＝10－11小时，30.9(149)；5＝7－9小时，16.6(80)

续表

变量层次	变量名称	变量取值范围、赋值与描述统计量
	打工月收入	1=1 000 元以下,2.9(14);2=1 001—1 500 元,22.8(110); 3=1 501—2 000 元,31.5(152);4=2 001—2 500 元,19.3(93); 5=2 501 到 3 000 元,11.0(53);6=3 001 元以上,12.4(60)
	收入变化	1=趋于减少,1.7(8);2=基本不变,25.5(123); 3=时升时降,31.1(150);4=不断增加,41.7(201)
	收入支出	1=支出远大于收入,2.3(11);2=支出略大于收入,6.0(29); 3=支出等于收入,7.9(38);4=支出略小于收入,51.9(250); 5=支出远小于收入,32.0(154)
	工资拖欠	1=12 个月以上,0.6(3);2=6 到 12 个月,2.5(12); 3=0.5 到 6 个月,40.0(193);4=0 个月,56.8(274)
	工作满意度	1=很不满意,0.8(4);2=不满意,18.2(88); 3=基本满意,66.2(319);4=比较满意,14.6(70); 5=很满意,0.2(1)
	生活满意度	1=很不满意,1.9(9);2=不满意,16.4(79); 3=基本满意,67.4(325);4=比较满意,12.9(62); 5=很满意,1.5(7)
定比变量	年龄 年龄的平方 家庭劳动力 家庭打工人数 打工时间	16—30 岁，平均值=22.9,标准差=3.371 256—900,平均值=537.002，标准差=159.604 1—11 人，平均值=4.02,标准差=1.184 1—7 人,平均值=2.61,标准差=1.114 0.5—14 年,平均值=4.112,标准差=2.612
样本量		482

注:1.虚拟变量中,赋值为 1 的为参照组;

2.新生代农民工打工时间较短,未考虑打工时间的平方;

3.工作时间赋值中,由于过低的劳动时间表明未充分就业,过高的就业时间表明超负荷工作,故采用上表的赋值方法,工作满意度采用的是样本平均工作满意度数据,而非工作满意度分维度数据;

4.定类变量与定序变量赋值后为频率分布,括号中为频数分布;

5.1 份样本未填写家庭年收入,故样本量为 482,本节统计分析的样本量均为 482。

二、个人因素的因子分析

在个人因素中,最终将家庭劳动力、家庭打工人数、家庭收入、家庭年收入相对水平、打工时间、每周最多工作时间、每天最多工作时间、打工月收入、收入变化、收入支出、工资拖欠、工作满意度(7 个指标)与城市生活满意度共计 19 个指标进行因子分析。

因子分析时,KMO 为 0.724,Bartlett 球形检验显著性水平为 0.000,满足因子分析前提。共进行三次因子分析,前两次分别删除"收入变化"与"社会保障满意度"指标"工作环境满意度"指标与"人际关系满意度"指标,第三次因子分析结果如表 5-6 所示。

表 5-6　个人因素旋转后的样式因子负荷矩阵

	因子 1	因子 2	因子 3	因子 4	因子 5	因子 6
B12(家庭劳动力)	0.088	−0.005	−0.144	**0.860**	−0.011	−0.046
B2(家庭打工人数)	−0.031	−0.054	0.149	**0.811**	0.027	0.013
B3(家庭年收入)	−0.096	0.069	**0.775**	0.172	0.177	0.024
B5(家庭收入相对水平)	0.066	−0.052	**0.888**	−0.138	−0.143	−0.019
D11(打工时间)	−0.099	−0.025	−0.099	0.060	**0.824**	−0.076
D12(打工月收入)	0.135	0.069	0.120	−0.064	**0.705**	0.136
工资拖欠	0.039	0.404	−0.054	0.101	−0.139	**0.538**
收入支出	0.030	−0.144	0.019	−0.066	0.072	**0.877**
D261(劳动报酬满意度)	**0.720**	−0.025	−0.029	−0.039	0.156	0.070
D266(自身发展满意度)	**0.748**	−0.005	0.101	0.048	−0.090	−0.004
D267(目前工作满意度)	**0.825**	−0.061	−0.102	−0.004	0.163	−0.005
E5(生活满意度)	**0.616**	−0.055	0.021	0.079	−0.281	0.034
D263(劳动时间满意度)	0.373	**0.535**	0.018	−0.039	0.033	−0.184
每周最多工作时间	−0.170	**0.796**	−0.092	−0.023	0.016	0.091
每天最多工作时间	−0.017	**0.781**	0.093	−0.028	0.019	−0.095
特征根值	2.905	1.799	1.524	1.249	1.095	1.009
贡献率(%)	19.369	11.996	10.158	8.328	7.300	6.729
累积贡献率(%)	19.369	31.366	41.524	49.852	57.152	63.881

注:提取方法:主成分分析法;旋转方法:最优转轴法;因为直交旋转后,因子命名比较困难,故采用更易因子命名的斜交旋转法;未编号的指标属于进行适宜因子分析处理后的指标。

共提取 6 个因子,因子 1 包括代表工作满意度的劳动报酬、自身发展、目前工作与城市生活满意度共计 4 个指标,可命名为"满意度"因子;因子 2 由与工作时间与劳动时间满意度构成,可命名为“工作时间”因子;因子3三包括家庭年收入与相对收入水平,可命名为“家庭收入”因子;因子4包括家庭劳动力与打工人数,可命名为“家庭劳动力”因子;因子5包括外出时间与打工月收入,反映打工累积时间与收入的一致性关系,可命名为“时间收入” 因子;因子6包括工资拖欠与收入支出指标,二者关系到个人结余,可命名为“收入结余”因子。六项因子的累积贡献率为63.881%,超过60%的标准,各项因子的克朗巴哈α系数分别为0.709、0.566、0.605、0.600、0.382、0.248,因子6的信度系数低于0.35,删除该因子。最后进入回归模型的因子包括如下5个因子:满意度因子、工作时间因子、家庭收入因子、家庭劳动力因子与时间收入因子。

上述五个因子与表5-5中未进行因子分析的变量一同纳入无序多分类Logistic回归模型中。

三、个人因素的无序多分类 Logistic 回归结果

(一)整体模型显著性检验

模型适配信息表显示:加入自变量后,−2倍对数似然函数值由截距模型的1 147.372下降到1025.664;似然比卡方检验显著性水平为0.000,表明回归方程中解释变量全体与Logit$P$的线性关系显著,可以采用线性模型拟合。

(二)整体模型拟合优度检验

该模型的Nagelkerke R^2系数为0.246,自变量对因变量的解释度达到24.6%,同时,通过似然比卡方检验,表明该模型具有一定的解释力。

(三)整体模型自变量显著性检验

表5-7 通过似然比卡方检验的个人因素

	简化模型的−2倍对数似然函数值	卡方值	显著性水平
A2(年龄)	1 038.477	12.814	0.005
年龄的平方	1 038.490	12.827	0.005
婚姻	1 033.642	7.978	0.046
A6(教育)	1 061.246	35.583	0.000

续表

	简化模型的－2倍对数似然函数值	卡方值	显著性水平
工作时间因子	1 033.356	7.692	0.053
家庭收入因子	1 035.299	9.635	0.022
时间收入因子	1 036.430	10.767	0.013

(四)参数估计结果

表5-8 影响显著的个人因素参数估计

解释变量		β	S.E.	Wald	Sig.	Exp(B)
回乡创业	A6(教育)	0.652	0.222	8.618	0.003	1.918
	时间收入因子	0.569	0.198	8.265	0.004	1.766
回乡务农	工作时间因子	－0.498	0.272	3.345	0.067	0.608
	家庭人口因子	－0.418	0.240	3.041	0.081	0.658
定居城市	A2(年龄)	－0.802	0.480	2.789	0.095	0.448
	已婚	－1.145	0.409	7.841	0.005	0.318
	A6(教育)	1.025	0.207	24.529	0.000	2.787
	家庭收入因子	0.319	0.143	4.983	0.026	1.376
	时间收入因子	0.407	0.184	4.920	0.027	1.503
样本量						482

四、结果分析

(一)对不同流动行为类型影响显著的个人因素

1.对回乡创业流动行为影响显著的个人因素

与保持流动行为相比,回乡创业流动行为的发生比与发生概率显著受到教育与时间收入因子(打工时间与务工月收入)的影响,二者均对回乡创业流动行为存在正向影响。

教育作为人力资本投资的一种主要形式,对人们的决策行为产生广泛而又深远的影响,影响人们的生育决策、就业决策等,人口流动决策也毫不例外地受到该因素的影响。不管是一般的农民工流动研究①,还是农民工的回流研究②、流动人口与留守人口的对比研究③,留城与返乡影响因素的研究④、流动人口流动地区决策研究⑤,均显示:农民工的受教育程度是显著影响流动决策的变量。Zhang 等人(2001)的研究指出:教育在劳动力就业方面具有显著作用,对农民工而言,受教育经历每增加一年,到工业部门就业的机会增加2.2%到3.2%之间⑥。受教育程度较高者更倾向于非农化的流动,一是源于受教育程度更高者,其心理预期更高,更有可能做出向上的选择;二是受教育程度越高者,其人力资本存量更高,更容易获取更高收入和更稳定的工作。回乡创业作为一种非农选择,对个人自身素质提出更高挑战,自身素质高的新生代农民工更有可能选择该类型。因此,受教育程度每提高一个等级,回乡创业的发生比与保持流动发生比比值是原比值的 1.918 倍,即受教育程度越高,选择回乡创业流动的可能性越大。

时间收入因子对回乡创业流动行为存在正向影响。时间收入因子包括打工时间与打工月收入两个变量,时间与诸多事件呈“U”形关系或倒“U”形关系,在不同阶段,产生的影响不同,在拐点前,产生正向或负向影响;在拐点后,产生负向或正向影响。调查数据显示:新生代农民工平均年龄为 22.92 岁,平均外出打工时间仅为 4.11 年,故未考虑打工时间的平方对新生代农民工回乡创业流动行为的影响。打工时间在留居与回流选择中⑦、在反复流动中⑧均有显著影响,同样对新生代农民工回乡创业流动行为存在影响。一般而言,打工

① 段平忠.我国流动人口行为的影响因素分析[J].中国地质大学学报(社会科学版),2008(1):73.

② 刘俊威、刘纯彬.农民工创业性回流影响因素的实证分析——基于安徽省庐江县调研数据[J].经济体制改革,2009(6):88.

③ 宋健.中国流动人口的就业特征及其影响因素——与留守人口的比较研究[J].人口研究,2010(6):39.

④ 李强、龙文进.农民工留城与返乡意愿的影响因素分析[J],中国农村经济,2009(2):46.

⑤ 段成荣.省际人口迁移迁入地选择的影响因素分析[J].人口研究,2001(1):60.

⑥ Zhang,Z.,A.Liu,S.Yao.Convergence of China's regional icomes,1952-1997[J].China Economic Review,2001(12):243-258.

⑦ 任远、姚慧.流动人口居留模式变化和城市管理——基于对上海的研究[J].人口研究,2007(3):74.

⑧ 高芸、张丞.农村劳动力反复流动行为的决定因素分析[J].农业技术经济,2010(3):76.

时间与务工收入呈同向变化关系,即打工时间越长,务工月收入越高,为回乡创业提供的资金越充足,回乡创业发生的可能性更大。根据农民工回乡创业问题研究课题组的调查,目前,返乡创业的最大困难为资金短缺,如果个人收入越高,个人可用于创业的资金越充足,返乡创业的可能性将增加;打工时间越长,资金、技术、经验与社会资本等越丰富,回乡创业发生的可能性高于保持流动发生的可能性。

2.对回乡务农流动行为影响显著的个人因素

回乡务农流动行为显著受到工作时间因子与家庭人口因子的影响,二者均对回乡务农流动行为产生负向影响。

工作时间每增加一个等级,回乡务农流动行为的发生比与保持流动行为发生比比值仅为原来比值的 0.608 倍,即下降 39.2%。工作时间每增加一个等级,表明工作时间更合理,对工作时间更满意,新生代农民工对流动的认同度将会提高,回乡务农的可能性越低。故工作时间与对工作时间的满意度对新生代农民工回乡务工流动行为产生负向影响。

参数估计结果显示:家庭人口因子显著影响回乡务农流动行为与保持流动行为的发生比比值。随着家庭劳动力人口与打工人数的增加,回乡务农发生比降低;反之,随着家庭劳动力人口与打工人数的减少,回乡务农发生比增加。外出务工是家庭劳动力资源的一种配置方式,打工者一般处于劳动适龄阶段,打工人数的减少亦表明家庭劳动力人口的减少,当家庭劳动力减少时,为耕种土地、照顾家庭,流动者回乡务农的可能性增加。故家庭劳动力人口与家庭务工人数对新生代农民工回乡务农流动行为产生负向影响。

3.对定居城市流动行为影响显著的个人因素

年龄、婚姻、教育、家庭收入、时间收入(打工时间与务工月收入)显著影响定居城市类型与保持流动类型发生比比值。其中,教育、家庭收入、时间收入对定居城市流动行为存在正向影响,年龄与婚姻对定居城市流动行为存在负向影响,已婚者选择定居城市的可能性更低。

年龄对新生代农民工定居城市流动行为存在负向影响。年龄每提高一岁,新生代农民工定居城市行为的发生比与保持流动行为发生比比值仅为原来发生比比值的 0.448 倍,即下降 55.2%。随着年龄的增加,年龄优势逐渐降低,家庭负担逐渐增加,选择成本较保持流动行为高的定居城市流动行为的可能性降低。

婚姻对定居城市类型的影响表现为:已婚与未婚相比,选择定居城市的可能性更低。因为婚姻与家庭负担增加、配偶两地分居等阻碍定居城市的选择密切相关，结婚后，家庭负担将加重，且配偶可能留居农村，选择定居城市的发生比降低。悦中山等(2009)的研究结果亦表明：结婚后配偶在家乡将降低留城发展的可能性①。

定居城市作为一种非农流动行为选择，同样受到教育的显著影响，教育对定居城市流动行为存在正向影响。教育程度每提高一个等级，定居城市流动行为的发生比与保持流动行为发生比比值为原来比值的2.787倍。受教育程度越高，进入非农业的机会越大，且获取更高收入与更稳定工作的机会增加，为定居城市提供有力保障。因此，受教育程度越高，选择定居城市的可能性也越高。调查数据显示：在选择定居城市的新生代农民工中，62.6%的受教育程度在高中及其以上，选择保持流动行为的新生代农民工仅有31.87%的受教育程度在高中及其以上。

家庭收入越高，新生代农民工定居城市的可能性越高。定居城市需要较高成本，如果家庭收入水平越高，可为新生代农民工定居城市提供的支持力度将越强，定居城市发生比与发生概率将增加。

定居城市流动行为不仅受到家庭收入的影响，还受到打工时间与务工月收入的影响，由二者复合而成的时间收入因子对定居城市流动行为存在正向影响。目前，打工时间与务工月收入处于同向变化阶段，打工时间越长，务工月收入越高，故随着打工时间的增长与务工月收入的提高，定居城市意愿发生比增加。家庭收入与时间收入因子对定居城市流动行为的影响不同，前者的发生比率为1.376，后者的发生比率为1.503，故时间收入因子的影响更大。家庭的支持更多源于购房等一次性支付，日常支出多由个人承担，新生代农民工月收入越高，承担日常支出的能力越高，定居城市发生比更易增加。

(二)对流动行为影响不显著的个人因素

在个人因素中，性别、有无技术、打工地点、家庭人口与对工作生活的满意度对新生代农民工流动行为整体影响不显著。性别对流动行为影响不显著主要源于新生代农民工就业行业以制造业和服务业为主，二者合计占76.8%，制造业和服务业的性别选择性较弱，验证了人口流动选择理论中“性别选择随经济发展愈来愈不明显”的观点。有无技术主要通过改变个人收入影响流动行为选择，在当前“民工荒”背景下，不仅存在“技工荒”，还存在“普工荒”，几乎所

---

① 悦中山、李树茁、费尔德曼、杜海峰.徘徊在“三岔路口”：两代农民工发展意愿的比较研究[J].人口与经济，2009(6)：64.

有农民工的收入变化均趋向于提高，故有无技术对流动行为整体影响不显著。新生代农民工流动行为整体不受工作地点的显著影响，可能源于湖南省新生代农民工主要集中在广东省与省内，二者合计为84.7%，与家庭距离较近，回家成本较低，对行为选择不构成显著影响。家庭人口包括家庭劳动力人口与打工人数，由于新生代农民工特殊的生命周期，处于家庭劳动力人口与打工人数比较稳定的时期，虽然对回乡务农产生影响，但对流动行为整体影响不显著。在满意度因子中，工作满意度更多与个人工作更换关联，工作更换并不必然改变流动行为类型，故工作满意度对流动行为影响不显著，与内部公平感对流动行为影响不显著的理由一致。城市生活满意度对新生代农民工流动行为影响不显著的可能原因与工作满意度对新生代农民工流动行为影响不显著类似，新生代农民工由于更高的流动性以及与农村联系的松散性，对城市生活满意与否更多与城市之间的转换相关。

第四节 社区因素对新生代农民工流动行为的影响分析

一、社区因素的选择与描述统计

新生代农民工中仅有9.5%有时务工、有时务农，绝大部分与农业联系松散；社区流动状况可在从众心理中得到一定程度的反映，故社区因素仅考虑新生代农民工流出区域有无雇人企业。有雇人企业赋值为0，无雇人企业赋值为1，以无雇人企业为参照组。调查数据显示：在被调查的483名新生代农民工中，流出区域有雇人企业的频数为227，频率为47.0%。

二、社区因素的无序多分类 Logistic 回归结果

社区因素无序多分类 Logistic 回归结果显示：与截距模型相比，－2倍对数似然函数值虽然有所降低，卡方检验显著性水平为0.373，未通过卡方检验，故整体模型不显著。Nagelkerke R^2 为0.007，在自变量显著性检验中，显著性水平为0.373，社区有无雇人企业对新生代农民工流动行为整体影响不显著。在回乡创业、回乡务农、定居城市与参照组的回归方程中，显著性水平分别为

0.629、0.911、0.141，显著性水平均高于0.1，故有无企业对新生代农民工每种流动行为的影响均不显著。

三、结果分析

社区有无雇人企业对新生代农民工流动行为影响不显著，可能源于社区有无雇人企业对流动行为的影响具有年龄选择性。上一代农民工为照顾家庭与耕种土地，村里有无雇人企业明显影响该群体的流动行为决策。但对新生代农民工而言，流动不仅仅是就业，是赚取收入，也是长见识、求本领、促发展的一个手段，即使像宝成这样的大型制鞋厂开到家门口，新生代农民工仍然愿意去广东的宝成务工。故社区有无雇人企业对新生代农民工流动行为影响不显著。

第五节 制度因素对新生代农民工流动行为的影响分析

一、制度因素的选取与描述统计

制度因素因其测量困难，一般多做定性分析①。本研究根据新生代农民工流动行为影响因素的理论框架，选择劳动合同制度与社会保障制度作为制度因素的代表。在问卷调查中，以是否签订劳动合同代表劳动合同制度，将问卷中参加的社会保障项目更改为是否参加社会保险(含住房公积金)，将其纳入模型进行无序多分类 Logistic 回归分析。在“是否签订劳动合同”中，0代表签过劳动合同，1代表未签过劳动合同，以未签订劳动合同为参照组；在“是否参加社会保险”中，0代表参加，1代表未参加，以未参加社会保险为参照组。调查数据显示：在被调查的483位新生代农民工中，253位签订过劳动合同，签订劳动合同的比例为52.4%；参加过社会保险的被调查者为315位，已参加社会保险的比例为65.2%。

① 杨德才.制度变迁与我国农村剩余劳动力转移——改革以来我国农村剩余劳动力阶段性流动的实证研究[J].当代经济研究.2006(12):38－41.

二、制度因素的无序多分类 Logistic 回归结果

(一)整体模型显著性检验

模型适配信息表显示:加入自变量后,−2 倍对数似然函数值由截距模型的 67.373 下降到 53.362;似然比卡方检验显著性水平为 0.030,小于本研究中 0.1 的显著性水平,表明回归方程中解释变量全体与 Logit$P$ 的线性关系显著,可以采用线性模型拟合。

(二)整体模型拟合优度检验

该模型的 Nagelkerke R^2 系数为 0.032,自变量对因变量的解释度达到 3.2%,同时,通过似然比卡方检验,表明该模型具有一定的解释力。因变量较少,拟合优度低于心理因素与个人因素。

(三)整体模型自变量显著性检验

表 5-9 通过似然比卡方检验的制度因素

	简化模型的−2 倍对数似然函数值	卡方值	显著性水平
D17(是否签合同)	62.007	8.644	0.034

(四)参数估计结果

表 5-10 影响显著的制度因素参数估计

解释变量		β	S.E.	Wald	Sig.	Exp(B)
回乡务农	截距	−1.265	0.364	12.079	0.001	
	签过劳动合同	1.069	0.448	5.686	0.017	2.912
定居城市	截距	0.532	0.218	5.952	0.015	
	签过劳动合同	0.630	0.263	5.736	0.017	1.877
样本量						483

三、结果分析

(一)对不同流动行为类型影响显著的制度因素

参数估计结果表明,仅有是否签订劳动合同显著影响新生代农民工流动行为选择,但仅影响回乡务农流动行为与定居城市流动行为,对回乡创业流动行为未产生显著影响。不管在回乡务农流动行为中,还是在定居城市流动行为中,以保持流动行为为参照组,签过劳动合同的新生代农民工与没签过劳动合同的新生代农民工相比,回乡务农与定居城市的发生比均增加。

签订劳动合同对回乡务农流动行为存在正向影响。在当前背景下,签订劳动合同与劳动权益并不必然一致,即签订劳动合同并不必然保障新生代农民工的劳动权益。以是否发生工资拖欠为例,在签订劳动合同且选择定居城市的新生代农民工中,63.5%未发生过工资拖欠;签订劳动合同且选择回乡务农新生代农民工未发生过拖欠工资的比例仅为22.22%,远远低于定居城市流动行为的比例,不仅如此,还低于未签劳动合同的打算回乡务农农民工50%的水平。由此可见:签订劳动合同并没有必然保障新生代农民工的劳动权益。劳动合同与劳动权益联系的松散与劳动合同执行不力有关,由于劳动合同执行不力,造成签订劳动合同但又未享受相应权益的回乡务农新生代农民工对劳动合同形成负面评价,甚至签订劳动合同与未签订劳动合同相比,回乡务农的发生比与发生概率更高。

签订劳动合同虽然并不必然保障新生代农民工的劳动权益,但可增加新生代农民工对未来的稳定预期,并有利于自身社会角色的明晰。因此,签订劳动合同的新生代农民工相对于不签订劳动合同的新生代农民工而言,定居城市的发生比与发生概率更高。

是否签订劳动合同对新生代农民工流动行为产生怎样的影响需要与享受的相应权益联系起来,签订劳动合同后,如果享受到相应的劳动权益,倾向于定居城市;如果未享受到相应的劳动权益,缺乏保障,回乡务农发生比与发生概率将增加。是否签订劳动合同对流动行为选择的影响,实质是劳动权益对流动行为选择的影响。

(二)对新生代农民工流动行为影响不显著的制度因素

是否参加社会保险对新生代农民工流动行为影响不显著,第一个可能的解释是制度不影响个人选择。从理论和现实来看，该解释不可行。制度作为个人生活中的规则，为个人行为提供限制与条件，例如，如果政府仍然严格控制户籍，新生代农民工中选择定居城市的比例不会高达49.3%。第二个可能的解释是制度未发生应该发生的效应。虽然部分农民工参加了医疗保险与养老保险，但部分参加者参加的是新型农村合作医疗保险与新型农村养老保险，而非就业带来的医疗保险与养老保险，因就业参加的保险多为工伤保险，与切身利益密切相关的医疗保险、养老保险较少涉及，与新生代农民工较为关心的住房密切相关的住房公积金，参与率更低，故因流动带来的社会保障对其决策影响不大。根据湖南省调查总队公布的数据，2012年，湖南省外出农民工参加单位或雇主为其缴纳的养老保险、工伤保险、医疗保险、失业保险、生育保险和住房公积金的比例分别为13.5%、26.7%、15.3%、7.7%、4.9%和3.5%，全国相应数据（除住房公积金外）分别为14.3%、24%、16.9%、8.4%与6.1%。由此可见，农民工（包括新生代农民工）并未按照劳动合同法与社会保险法享受劳动者应该享受的社会保障权益。新生代农民工社会保障参与率低，使相当部分的新生代农民工不能感受到社会保障制度带来的影响。但社会保障制度对新生代农民工流动行为影响不显著并不能表明社会保障对新生代农民工不重要，社会保障关系到每位公民现在与未来的利益与安全，关系到城乡的公平，新生代农民工在决策时社会保障对其影响不显著，正表明该因素并未对新生代农民工产生应该产生的影响。

是否参与社会保险对新生代农民工流动行为影响不显著，与制度性态度影响不显著结合，可发现，正是由于社会保障制度仍未达到影响个人决策的水平，不管是参加社会保险的状况，还是对社会保障制度的看法，均对新生代农民工流动行为整体影响不显著。

第六节 综合因素对新生代农民工流动行为的影响分析

一、综合因素的选取与描述统计

将个人因素中除结余外的五个因子与婚姻、年龄、年龄的平方、教育、心理因素中的八个因子、社区因素（有无企业）与制度因素（是否签劳动合同、是否参与社会保险)纳入综合因素无序多分类 Logistic 模型。心理因素是本研究重点关注的因素,故心理因素中的八个因子全部纳入综合因素中;个人因素中的性别、有无技术与务工地点因在个人因素模型中影响不显著,故未纳入综合因素模型;社区因素与制度因素中的参加社会保险影响不显著,但因为相应变量包括的指标少,为体现综合性,仍然纳入综合因素模型中。

除个人因素与心理因素的因子外,其他指标的描述统计见下表:

表 5-11 综合因素自变量的描述统计

变量层次	变量名称	变量取值范围、赋值与描述统计量
定类变量	婚姻状况	0=已婚,27.0(122);1=未婚,73.0(330)
	社区企业状况	0=有企业,46.7(211);1=无企业,53.3(241)
	劳动合同签订状况	0=签订,51.8(234);1=未签订,48.2(218)
	社会保险参与状况	0=参加,64.4(291);1=未参加,35.6(161)
定序变量	受教育程度	1=未上过学,0.9(4); 2=小学,4.6(21); 3=初中,44.9(203);4=高中或中专,38.7(175); 5=大专及以上,10.8(49)
定比变量	年龄	取值范围,16—30;平均值,23.1;标准差,3.3
	年龄的平方	取值范围,256—900;平均值,545.6;标准差,159.4
样本量	452	

注:1.本表的自变量不包含纳入回归模型的心理因素因子与个人因素因子;

2.括号内为该取值的样本量,括号前为所占百分比;

3.定类变量以赋值为 1 的为参照组;

4.样本中除去 29 份初次外出、1 份未填写社会不公平与 1 份样本未填写家庭收入,总样本为 452;

5.本节分析样本量均为 452。

二、综合因素的无序多分类 Logistic 回归结果

(一)整体模型显著性检验

模型适配信息表显示:加入自变量后,—2 倍对数似然函数值由截距模型的 1090.441 下降到 937.343;似然比卡方检验显著性水平为 0.000,表明回归方程中解释变量全体与 Logit$P$ 的线性关系显著,可以采用线性模型拟合。

(二)整体模型拟合优度检验

该模型的 Nagelkerke R^2 系数为 0.316,自变量对因变量的解释度达到

31.6%，同时，通过似然比卡方检验，表明该模型具有一定的解释力。

(三)整体模型自变量显著性检验

表 5-12　通过似然比卡方检验的综合因素

	简化模型的－2 倍对数似然函数值	卡方值	显著性水平
婚姻	944.593	7.250	0.064
A2(年龄)	950.734	13.391	0.004
年龄的平方	951.031	13.687	0.003
A6(教育)	957.426	20.083	0.000
家庭收入因子	944.738	7.394	0.060
家庭人口因子	943.987	6.644	0.084
时间收入因子	945.935	8.591	0.035
经济动机因子	944.945	7.601	0.055
从众心理因子	943.602	6.258	0.100

(四)参数估计结果

表 5-13　通过显著性检验的综合因素参数估计

解释变量		β	S.E.	Wald	Sig.	Exp(B)
回乡创业	截距	－14.309	7.419	3.720	0.054	
	A2(年龄)	1.174	0.636	3.406	0.065	3.236
	年龄的平方	－0.026	0.013	3.668	0.055	0.975
	A6(教育)	0.484	0.234	4.286	0.038	1.622
	时间收入因子	0.564	0.214	6.979	0.008	1.758
	非经济动机因子	0.316	0.160	3.903	0.048	1.372
	非制度性态度因子	－0.356	0.159	5.049	0.025	0.700
回乡务农	工作时间因子	－0.517	0.284	3.326	0.068	0.596
	家庭人口因子	－0.481	0.252	3.657	0.056	0.618
	签过劳动合同	1.061	0.497	4.552	0.033	2.888

续表

解释变量		β	S.E.	Wald	Sig.	Exp(B)
定居城市	已婚	−1.109	0.431	6.627	0.010	0.330
	A6(教育)	0.799	0.218	13.459	0.000	2.223
	家庭收入因子	0.322	0.158	4.171	0.041	1.380
	时间收入因子	0.371	0.200	3.452	0.063	1.449
	非经济动机因子	0.281	0.144	3.828	0.050	1.324
	非制度性态度因子	−0.289	0.146	3.894	0.048	0.749
样本量	452					

三、结果分析

综合因素的参数估计结果与分因素分析中的影响因素结果比较接近，故仅作简单分析。

（一）回乡创业流动行为的影响因素分析

与保持流动行为相比，回乡创业流动行为显著受到年龄、年龄的平方、教育、时间收入、非经济动机与非制度性态度的影响。其中，年龄与回乡创业流动行为呈倒“U”形关系，教育、时间收入与非经济动机对回乡创业流动行为存在正向影响，非制度性态度对回乡创业流动行为存在负向影响。

随着年龄的增加，回乡创业的发生比与发生概率增加，但越过拐点后，年龄的增加，回乡创业的发生比与发生概率降低，表明回乡创业对年龄存在选择性，与年龄呈倒“U”形关系。外出务工是回乡创业的前提，通过外出务工积累资金、技术、管理经验与社会资本，随着年龄的增加，创业条件日趋成熟，回乡创业发生比与发生概率增加。但回乡创业对人力资本提出较高要求，超过一定年龄后，创业激情与创业能力降低，变为倾向于流动，回乡创业发生比降低。哈佛商学院杰弗里·蒂蒙斯的统计显示，创立高潜力企业的创业者平均年龄在35岁左右，虽然农民工的创业年龄不一定在35岁，但表明创业存在黄金期，超过黄金期，创业发生比与发生概率下降。

回乡创业以个人较高素质为前提，教育无疑是提高个人素质的最有效手段，随着受教育程度的提升，新生代农民工的素质不断提高，回乡创业的发生比与发生概率增加。时间收入因子如前分析，打工时间与月收入呈同向变化，打工时间越长，收入越高，个人可积累的资金更多，行为人更有可能选择回乡创业流动行为。非经济动机越强，越追求个人发展，更易选择回乡创业流动行为，因为该流动行为类型有助于实现人的最高需求：自我实现。非制度性态度越积极，对务工与城市认同度越高，因此，更倾向于选择保持流动行为，回乡创业的发生比与发生概率降低。

(二)回乡务农流动行为的影响因素分析

工作时间、家庭人口与签订过劳动合同对回乡务农流动行为影响显著。其中，工作时间与家庭人口对回乡务农流动行为存在负向影响，签订过劳动合同对回乡务农流动行为存在正向影响。

工作时间越满意或合理，在保持流动与回乡务农之间，新生代农民工将更倾向于选择保持流动，回乡务农流动行为的发生比与发生概率降低。家庭人口越多，回乡务农流动行为的发生比与发生概率降低，因为外出务工是家庭劳动力资源的配置方式，家庭人口尤其是劳动人口与外出打工人数越多，表明家庭存有丰富的劳动力资源，新生代农民工选择回乡务农的可能性将越低。签订劳动合同虽然可以稳定新生代农民工对未来的预期，提高新生代农民工可以享受的劳动权益水平。但由于劳动合同签订后，并不必然带来劳动权益水平的提高与社会保障程度的增加，甚至低于未签劳动合同的新生代农民工，享受的劳动权益较低，即使签订劳动合同，仍然倾向于选择回乡务农。签订劳动合同对回乡务农流动行为产生正向影响的可能原因是劳动合同的签订与劳动合同签订带来的劳动权益分离，导致部分新生代农民工对签订劳动合同形成负面评价。即使签订劳动合同，也仍然选择回乡务农。

(三)定居城市流动行为的影响因素分析

对定居城市流动行为影响显著的因素包括婚姻、教育、家庭收入、时间收入、非经济动机与非制度性态度。其中，已婚新生代农民工选择定居城市流动行为的可能性比未婚者低，教育、家庭收入、时间收入与非经济动机对定居城市流动行为存在正向影响，非制度性态度对新生代农民工定居城市流动行为存在负向影响。

与分因素分析一致，已婚因增加家庭负担降低高成本的定居城市流动行为发生比与发生概率。教育因增加个人进入非农业的机会、提高收入水平与工作稳定性而增加定居城市发生的可能性。家庭收入与时间收入通过增加收入水平以补偿城市相对较高的支出增加定居城市流动行为的发生比与发生概率;非经济动机部分借助定居城市实现,非经济动机愈强,选择定居城市的可能性更大;对务工评价越积极,倾向于务工,定居城市的发生比与发生概率降低。

第七节 新生代农民工流动行为影响因素的比较分析

一、不同因素对新生代农民工流动行为影响的比较

在无序多分类 Logistic 回归分析中,Nagelkerke R^2 系数反映了自变量对因变量的解释力,故可通过不同因素的无序多分类 Logistic 回归分析的 Nagelkerke R^2 系数的大小反映心理因素、个人因素、社区因素与制度因素对新生代农民工流动行为的影响程度,社区因素因影响不显著,故不纳入比较。

表 5-14 不同因素无序多分类 Logistic 回归的 Nagelkerke R^2 系数

	Nagelkerke R^2 系数
心理因素	0.129
个人因素	0.246
制度因素	0.032

社会因素是影响新生代农民工流动行为整体的主要因素,在社会因素中,占据主导地位的因素为个人因素。据表 5-14,在心理因素、个人因素与制度因素中,对因变量影响从大到小依次为个人因素、心理因素与制度因素。其中,个人因素中影响显著的因素包括年龄、婚姻、受教育程度、工作时间、家庭收入、打工时间与打工收入。心理因素影响程度虽然低于个人因素,但高于制度因素,在心理因素中,非经济动机、非制度性态度、从众心理与相对剥夺感对流动行为整体影响显著。

通过统计检验的自变量是影响新生代农民工流动行为重要的与显著的因素,对未通过统计检验的因素,并不能完全否认其与流动行为的关联性。原因在于部分因素虚置,没有发挥应该发挥的作用(如社会保障制度);也可能源于

问卷设计粗略(如风险偏好)。

影响因素分析结果表明:新生代农民工流动行为受到社会因素与心理因素的显著影响,在以后的人口行为分析中,应纳入心理因素。

二、新生代农民工不同流动行为影响因素的比较

通过综合因素的无序多分类 Logistic 回归结果分析可发现:新生代农民工不同流动行为的影响因素存在差异。与保持流动行为相比,回乡创业流动行为受到年龄、教育、打工时间与打工收入、非经济动机与非制度性态度的显著影响;显著影响定居城市流动行为的因素包括婚姻、教育、家庭收入、打工时间与打工收入、非经济动机与非制度性态度;显著影响回乡务农流动行为的因素包括工作时间及其满意度、家庭人口与签订劳动合同。

具体而言,新生代农民工不同流动行为影响因素的差异表现在以下两个方面:

(一)影响因素数量不同,暗含实现难度差异

以保持流动行为为参照,在回乡创业流动行为、回乡务农流动行为与定居城市流动行为中,回乡务农流动行为仅受到 3 个因素的显著影响,而非农化的回乡创业流动行为与定居城市流动行为分别受到 5 个因素与 6 个因素的影响。流动行为所受制约的因素越多,表明该流动行为类型的实现难度越大。回乡创业流动行为与定居城市流动行为既是新生代农民工流动行为的主要类型,但也是较难实现的类型,受到较多因素的影响,实现难度大。

(二)影响因素构成不同,指明实现方向

新生代农民工不同流动行为的影响因素的构成不同,比较新生代农民工不同流动行为影响因素的差异,可为实现该流动行为指明方向,为引导新生代农民工流动行为的实现奠定基础。与其他流动行为相比,新生代农民工对回乡务农的选择具有更大自主性,故仅分析回乡创业流动行为与定居城市流动行为的实现方向。

在回乡创业流动行为中,主要受到个人特征中的年龄与教育、流动中的务工收入与流动中非经济动机与非制度性态度的影响。年龄虽然属于不可控制的变量,但年龄与回乡创业流动行为之间的倒"U"形关系表明:在当前大众创业与万众创新的背景下,应该尽早关注新生代农民工群体,尤其是年龄在 35

岁左右的新生代农民工群体，以满足该群体存在的创业诉求。此外，为促使该流动行为类型的实现，应该大力发展教育与其他可提高农民工素质的培训方式，提高农民工收入，强化非经济动机，发展农村、农业，缩小农村与城市之间的差距，为新生代农民工回乡创业提供各种便利。

定居城市流动行为作为新生代农民工流动行为的主导类型，受到个人特征、家庭因素、务工经历与心理因素的共同制约。随着新生代农民工年龄的增加，结婚率定会逐渐增加，由此将带来定居城市类型发生比降低，但通过提高新生代农民工的人力资本存量、增加农村家庭收入、增加农民工务工收入、引导新生代农民工树立较强的非经济动机、完善制度以增加制度性态度的积极影响可有效增加定居城市流动行为的发生比与发生概率。

本章小结

本章结合新生代农民工流动行为影响因素分析的理论框架，结合新生代农民工流动行为特征分析结果，运用主观选择法选择纳入回归分析的自变量，并采用因子分析法浓缩变量，借助无序多分类 Logistic 回归，分因素、分类型探讨新生代农民工流动行为的影响因素。

分因素分析结果显示：在心理因素中，显著影响流动行为整体的因素包括非经济动机、非制度性态度、从众心理与相对剥夺感；在个人因素中，影响显著的因素包括年龄、婚姻、教育、家庭收入、工作时间、打工时间与打工收入；社区(流出村有无雇人企业)因素对流动行为影响不显著；在制度因素中，是否签订劳动合同显著影响流动行为。在影响显著的因素中，影响程度从大到小依次为个人因素、心理因素与制度因素。

分类型分析结果显示：以保持流动行为为参照组，回乡创业流动行为显著受到年龄、教育、打工时间与打工收入、非经济动机与非制度性态度的影响；工作时间及其满意度、家庭人口与签订劳动合同对回乡务农流动行为影响显著；作为主导的定居城市流动行为类型受到婚姻状况、教育、家庭收入、打工时间与打工收入、非经济动机与非制度性态度的影响。非农化(定居城市与回乡创业)流动行为受到更多因素制约，实现难度更大。

第六章 >>>

新生代农民工流动行为的效应分析

根据结构化理论,流动行为的主体——新生代农民工将通过其行为选择对社会结构带来影响,改变甚至重塑社会结构,即产生流动效应。流动效应与流动的影响因素是"流动"这一社会实践的两个侧面,流动行为受到心理因素、个人人口学特征、流动经历、家庭与制度等因素的影响,其流动行为同样对上述因素产生反作用。

在西方人口迁移后果理论中,一般从社会层次、社区层次与个人层次分析流动行为的效应[①]。中国农民工候鸟式的流动使其流动行为对流出地与流入地、个人与企业产生影响;不同类型的流动行为不仅具有不同的影响因素,在流动效应中亦存在差异。因此,本章分类型分析流动行为对流出地与流入地、对个人与企业产生的积极效应与消极效应,不同类型因其特点与选择比重的不同,对农村城市、企业个人产生不同影响,且影响重点不同。效应分析是对策分析的前提[②],分类型的新生代农民工流动行为效应分析是提出实现新生代农民工流动意愿、发挥新生代农民工流动行为效应的建议的先决条件。同时,通过新生代农民工流动行为的效应分析,可揭示有限理性下的流动行为是盲目无序还是具有生态理性特征,为建议的价值取向奠定基础。

① 李竞能编著.现代西方人口理论[M].上海:复旦大学出版社,2004:168.

② Nicole Hildebrandt、David J.Mckenzie.The Effects of Migration on Child Health in Mexico[J].Economia ,2005(Fall):257—289.

第一节 新生代农民工流动行为的积极效应

一、新生代农民工定居城市流动行为的积极效应

在新生代农民工流动行为选择中,“通过务工,在城市定居”的比例高达49.3%,位居各种流动行为类型榜首,已经成为新生代农民工流动行为的主导类型,该主导流动行为类型将为中国发展带来巨大影响。

(一)引致城市化的快速发展

在我国城市化进程的快速发展阶段,外来人口成为城市化发展的重要推动力量,而新生代农民工因其较大规模与更高的定居城市意愿,将推动城市化的快速发展。

纵观世界城市化发展历程,可发现:城市化历程呈现出明显的阶段性特征,在形式上表现为“S”形曲线,即在城市化率低于10%时,城市化发展非常缓慢;在10%到30%之间,城市化发展速度开始加快,此时,城市化仍然处在初级阶段;在30%到60%之间,城市化进入加速和快速发展时期,进入中级阶段;当城市化率超过60%时,发展相对平稳,进入高级阶段。中国城市化亦经历了同样的阶段,根据《2015中国统计年鉴》,1949年,我国城市化水平为10.14%,1978年为17.92%,1995年为29.04%;1996年,我国城市率为30.48%,从城市化发展的初级阶段进入快速发展时期;2015年,根据国家统计局发布的数据,我国城镇化率达到56.1%。在我国城市化发展的初级阶段(1976年到1995年),城市化率年均增长0.65个百分点,而在快速发展阶段(1996年到2015年),城市化率年均增长1.35个百分点,明显高于初级发展阶段的速度。

在城市化发展的不同阶段,城市人口自然增长与净迁移人口对城市化发展的作用存有主次之别,凯菲茨(Keyfitz,1970)研究发现:在城市化发展的较快阶段,城市化发展的源泉主要来源于净迁移人口①。我国城市化发展不同阶段的城市人口增长来源与凯菲茨的研究吻合。目前,我国正处在城市化快

① Keyfitz.Migration and Populatin Growth in Urban of Developing Countries,UN. Population Division,New York,1970.

速发展阶段,城市化的快速发展与农民工的流动密不可分,农民工成为当前与未来城市新增群体的主要来源。2001 年,在我国 5.02 亿城市人口中,外出农民工为 0.84 亿,外出农民工占城市总人口的比例为 16.73%;2015 年,在 7.71 亿城市常住人口中,外出农民工为 1.69 亿,外出农民工占城市常住总人口的比例提高到21.92%。由此可见,随着农民工规模的增加,其对城市化发展的贡献上升。农民工已经成为中国城市化增长的主力,而在外出农民工中,新生代农民工又是主体,因此,新生代农民工是推进中国城市化发展的主要力量。

如果考虑农民工流动意愿,新生代农民工对中国城市化发展的贡献水平将更高,推动我国城市化进程快速发展。本调查显示,新生代农民工中有 49.3%具有定居城市意愿,上一代农民工中仅有 19.7%选择定居城市。按照该比例估算,新生代农民工对城市化发展的贡献不是同期新生代农民工占农民工群体的比例——61.6%,而是 80%,即在农民工成为中国城市化发展中城市人口增长的主要来源时,考虑农民工的流动意愿,最终成为城市人口的 80%为新生代农民工。更高定居城市意愿的新生代农民工与户籍制度改革一起,推动我国户籍人口城镇化率的快速提高。从 2010 年到 2014 年,我国户籍人口城镇化率为从 34.17%提高到 36.30%,提高 2.13 个百分点,2015 年,提高到 39.9%,从 2014 年到 2015 年,提高 3.6 个百分点,增长速度明显提高。

(二)促进城市化的稳定发展

新生代农民工的高定居城市意愿不仅带来城市化的快速发展,更能促进我国城市化的稳定发展。现行的常住人口城镇化率计算公式与城市常住人口统计口径使相当部分的农民工被市民化,引发户籍人口城镇化率与常住人口城镇化率的差异。相当部分的农民工作为城市常住人口,存在较大流动性,尤其是新生代农民工,流动频率更高。目前,农民工群体更多是留居城市而非定居城市,使城市化进程呈现不稳定特点①。如果新生代农民工选择定居城市,将缩小城市常住人口与户籍人口的差距,提高城市化进程的稳定性。

城市化水平常用城市化率(或城镇化率)衡量该指标是城市人口(或城镇人口)与总人口的比值,在计算城市化率(或城镇化率)时,首先应该区分城市人口与农村人口。我国统计上对城市人口的规定几经变化,1963 年及其以前,城镇人口是指市镇辖区的常住人口,1964 年到 1981 年,城市人口是指市

① 檀学文.稳定城市化——一个人口迁移角度的城市化质量概念[J].中国农村观察,2012(1):2.

镇辖区内的非农业人口,1982年到1990年,城区的农业人口也统计在城市人口之中,1990年第四次人口普查又对城市人口的统计标准进行了界定,城市人口是设区的市所辖的区人口、不设区的市所辖的街道人口、设区的市所辖的镇和县所辖的镇的居委会人口。目前,统计上的"城市人口"是指居住在城镇范围内的全部常住人口。常住人口是指实际经常居住在某地并达到一定时间长度(半年以上)的人口,包括的类别之一是"户口在外地,但在本地居住半年以上者",农民工多属于该类型。在调查中,新生代农民工、上一代农民工与农民工总体在现打工地超过半年的比例分别为:89.86%、98.46%、93.07%,绝大部分农民工都被统计为城市人口。在这样的统计制度下,农民工群体"被市民化",使户籍人口城镇化率与常住人口城镇化率存在较大差距。2015年,我国的常住人口城镇化率为56.1%,但户籍城镇化率只有39.9%,对比2015年常住人口城镇化率与户籍人口城镇化率,可发现:在我国的常住人口城镇化率中,28.88%是非户籍的不稳定的城镇化。因为绝大多数被统计为常住人口的农民工没有享受城市居民的权利,在城镇没有属于自己的住房与稳定的工作。不仅如此,在代际更替中,由于人口学原因,必然有部分农民工因为年龄偏大、本身技能和教育水平与城市经济发展不匹配以及家庭照护压力的增加而回流,可能导致城市化发展放缓,使城市化水平的增速降低,甚至出现绝对降低。因此,在将所有符合常住人口条件的农民工都纳入城镇人口的统计方法下得出的城市化水平是不稳定的城市化水平。但如果农民工中有部分群体有明确的定居城市意向,则统计上的城市人口与最终实际的城市人口差距缩小,城市化发展相对平稳。

当前,在个人意愿方面,近半数的新生代农民工选择定居城市,较高的、明确的定居城市的意愿无疑有助于缩小最终定居城市人口与统计上的、被视为城市人口的农民工的差距,起到促进城市化平稳发展的效应,为城市化发展带来稳定预期。

(三)促进城市经济与社会结构的转型

人口是一切经济活动的主体,尤其在劳动力供给逐渐减缓甚至减少的背景下,新生代农民工选择留居城市无疑为城市经济社会的平稳发展带来活力与动力。具有定居城市意愿的新生代农民工流动通过以下三个方面促进城市经济的发展:

第一,通过为企业提供高质量的劳动力促进企业走向创新。"新常态"是对我国目前国情的准确概括,新常态主要是经济领域但不限于经济领域的新常态。在经济新常态下，经济与企业发展从要素驱动、投资驱动转向创新驱动。对企业而言，创新型发展必须以高质量的劳动力为前提。目前，农民工已经成为产业工人的主体；从代际区分来看，外出新生代农民工又是外出农民工的主体。新生代农民工拥有更长的受教育年限(10.67 年)，高出上一代农民工 1.81 年；从新生代农民工内部意愿来看，定居城市意愿的新生代农民工的受教育年限最长，为 11.34 年，高出新生代农民工平均水平 0.67 年。在企业通过创新发展的过程中，更高人力资本存量的新生代农民工更有利于企业采用创新的生产方法与生产工艺，故定居城市流动行为中的新生代农民工将为企业的持续发展做出更大贡献。

第二，通过较高的人力资本存量促进流入地与定居地经济增长方式的转变。经济新常态背景下，经济增长方式将由粗放型转变为集约型，集约型的增长方式对劳动者的人力资本提出更高要求。具有定居城市意愿的新生代农民工较高的人力资本存量在促进企业发展的同时，同样可逐渐促进经济增长方式的转变，促进流入地与定居地经济增长方式由粗放型向集约型转变。

第三，通过消费，推动流入地与定居地的经济发展。在经济新常态背景下，经济结构不断优化升级，第三产业与消费需求逐步成为主体，消费成为经济发展的重要动力。新生代农民工更高的消费意愿与定居城市意愿使该群体成为推动流入地与定居地经济发展的重要力量。在经济全球化的今天，各地经济参与世界经济大分工是不可逆转的事实，但也增加了经济发展对外界的依赖，增加了经济发展的风险。尤其在全球经济增长放缓的背景下，中国经济增长速度已经放缓，消费而非出口成为经济增长的重要动力。2015 年，消费对国民经济增长的贡献率从 2008 年的 44%提升至 66.4%，消费品的市场规模首次超过 30 万亿，消费成为经济发展的“稳定器”与“顶梁柱”①。定居城市的农民工越多，消费力越强，越能提高当地经济发展的自主程度，越能依靠自身促进经济的稳定发展。本次调查显示：新生代农民工将更多收入用于城市消费。新生代农民工收入平均用于家庭支出的比例为 40.00%，上一代农民工为 64.47%，在月平均收入相当的情况下，新生代农民工用于家庭的支出比例越低，意味着用于个人的支出更高，新生代农民工因为以常年务工为主，其个人支出更多用于发生在城市。而在选择定居城市的新生代农民工中，用于家庭支出的比例为 37.74%，低于新生代农民工的平均水平，表明选择定居城市

① 辜胜阻.城镇化如何让农民变“中产”？[EB/OL].订阅－腾讯网，http://dy.qq.com/article.htm？id=20160412A05SSJ00，2016-04-12.

的新生代农民工将个人收入更多用于城市消费，对城市经济的推动作用更为明显。

新生代农民工定居城市型流动有利于优化社会结构，促使社会结构由金字塔形转变为橄榄形。定居型流动新生代农民工本身具有较高的向上流动能力，平均受教育年限为 11.34 年。转换为市民后，将增加城市中层（主要是中下层）的比例，使底层比例缩小，中层比例扩大，起到优化社会结构和稳定社会的作用。

(四)提升新生代农民工市民化能力

流动作为一种人力资本投资的途径，可有效提升流动者的人力资本水平。新生代农民工定居城市流动行为可有效提高新生代农民工的市民化能力。新生代农民工市民化能力与新生代农民工定居城市流动行为互相影响，新生代农民工市民化能力无疑有助于新生代农民工定居城市流动行为的实现，新生代农民工定居城市流动行为的影响因素表明：与市民化能力高度相关的教育是显著影响新生代农民工定居城市流动行为的重要因素。另一方面，新生代农民工流动同样可以促进新生代农民工市民化能力提升。

因为市民化与能力的丰富内涵，市民化能力同样具有丰富内涵，一般而言，市民化能力是促进行为主体实现市民所需要具备的个人特征的总和。如何测量市民化能力还未形成一致看法，目前，学术界主要从两种视角划分市民化能力的维度。一是市民化的过程视角，从市民化经历的过程界定每一个阶段需要具备的能力，每一个阶段需要的能力组成市民化能力。例如，李练军(2015)、李练军与邓连望(2016)将农民工市民化分为三个阶段：农村退出、城市进入与城市融合，相应的市民化能力是土地退出补偿能力、城市就业能力与城市融入能力①②。二是市民化的内容视角，即根据市民化的内容确定市民化能力。例如，范维(2014)认为，市民化包括经济、社会与文化的市民化，因此，市民化能力包括就业与收入能力、城市生活适应能力、政治参与和利益表达能力③。王竹林、范维(2015)认为：市民化包括职业、地域与身份的转移，因此，

① 李练军.新生代农民工融入中小城镇的市民化能力研究——基于人力资本、社会资本与制度因素的考察[J].农业经济问题，2015(9)：47.

② 李练军、邓连望.新生代农民工市民化能力：一个基于“三环节”的理论探讨[J].农业经济，2016(1)：49.

③ 范维.人力资本对农民工市民化能力提升的影响分析[J].农村经济与科技，2014(4)：125.

市民化能力包括就业能力、城市生存与生活能力、城市融合能力①。不管如何界定市民化能力，定居城市流动均能在一定程度上促进市民化能力的提升，甚至市民化过程就是一个具备城市市民基本素质的过程②。农民工只有在城市就业、生活、参与城市政治活动，才能不断提高其就业能力、城市生存与生活能力、城市融合能力。新生代农民工由于更倾向于定居城市，定居城市流动对其市民化能力的提升作用更为明显。

（五）降低相对剥夺感，提升公平感，满足非经济需要

影响因素分析结果显示：相对剥夺感越低，与保持流动行为相比，定居城市流动行为的发生比与发生概率更高。反之，如果定居城市意愿得以实现，新生代农民工将实现社会身份的转变，社会地位的提升，与其参照点“城里人”的物理距离与心理距离缩短，当行为者与参照点的距离接近时，其相对剥夺感降低。在相对剥夺感降低的同时，公平感得到提升。

定居城市意愿实现后，将改善新生代农民工的生活方式与生活环境，提高城市基本公共服务均等化水平，满足新生代农民工对能力发展、城市化生活方式与权利均等等非经济需要。

定居城市流动行为的效应主要作用于城市（包括流入地与希望的定居地），回乡创业流动行为与回乡务农流动行为主要作用于流出地。

二、回乡创业流动行为的积极效应

回乡创业流动行为占新生代农民工总数的25.3%，在所有选择中居于第二位。因此，新生代农民工并不是全部留居城市，不愿返回农村，四分之一的新生代农民工选择回乡创业。该类型从形式来看，与我国农村劳动力转移之初“离土不离乡”类型类似，均为就近就业。但二者具有质的区别，离土不离乡流动仅仅为就近务工，而该类型体现了农民创业的积极性和创造力，在本质上属于创业型流动，将流动视为创业的前提，通过流动学习技术与管理，积累资金和人脉。该类型将与一般农民工回流一样，产生诸多积极效应，但因新生代

① 王竹林、范维.人力资本视角下市民化能力形成机理及提升路径[J].西北农林科技大学学报(社会科学版)，2015(2)：52.

② 郑杭生.农民市民化：当代中国社会学的重要研究主题[J].甘肃社会科学，2005(4)：5.

农民工的年龄与人力资本存量优势以及创业本身具有的优势，其影响将更加深远。

（一）促进村庄的复兴

农业村落的终结成为新三农问题之一。随着城市化进程的推进与人口流动规模的增加，部分偏远不宜居的农业村落的终结成为必然趋势。但部分地理条件较好的村庄因人口的过渡外流出现衰败的景象，这样的村庄衰败产生了农村土地资源浪费、村落力量式微与村落功能减少等问题，不利于城乡一体化发展。以笔者调查的川中 A 村落为例，该村庄位于川中浅丘陵地区，土地集中且平坦，离中心集镇 4 公里，水泥路已经修至该村庄村口，该村庄由三个自然村落组成，形成一个规模较大的村小组。三十年前，该村庄所有土地、山林均得到有效利用与开发，对山林，有计划砍伐；对土地，精耕细作。在村庄内部，道路贯穿居住区、土地区与山林区。如今，90％以上的村民已经流出该村庄，其中，绝大部分以农民工的身份流入城市。仅有从外省搬迁过来的一户家庭与因身体原因未能外出的极少数家庭常年留居农村，还有小部分的家庭因孩子孙子就学，时常回村庄耕种部分土地。绝大部分的村民已经远离土地与村庄，即使在春节，仍然人烟稀少；部分房子旁边的土地已经开始抛荒，稍远一点的土地更是无人问津，杂草高过人头，零星的正在耕种的土地被杂草包围。山林十分繁茂，已无路可走。大部分的房屋或掉瓦，或开缝。传统村落天然形成的村规民约或无形的道德约束力量已经减弱。同时，村落曾经具备的诸多功能正在消减，使村庄诸多活动难以开展，例如，即使像葬礼这样的活动，部分村民因为村庄房屋年久失修、可以帮忙的人力资源稀少等原因，宁愿选择在中心镇办理。这样的村庄，如能有人力资源对其进行合理有序的开发，必将成为城乡一体化的重要阵地，为未来的逆城市化奠定基础。新生代农民工回乡创业流动无疑有助于村庄从衰落走向复兴，为新农村建设、城乡一体化与逆城市化等提供保障。

近年来，农民工返乡创业比例逐渐增加，成为政府和学术界关注的热点。根据国务院发展研究中心农民工回乡创业问题研究课题组的调查结果，我国农民工返乡创业主要发生在 21 世纪，在被调查者中，65.4％返乡创业始于 2000 年以后。返乡创业人数的增加，打破了我国农民工长期向发达地区和城市转移的格局，使农村劳动力流动呈现双向流动态势①。2010年的中央“一号文件”明确提出：“努力促进农民就业创业。”目前，返乡创业的主体虽然是上一代农民工，但随着上一代农民工绝对规模的减少，新生代农民工将是未来返乡创业的主体。

新生代农民工返乡创业，可带来资金技术回流、信息回流、劳动力回流与爱心回流等积极效应②，促进农村的发展。资金技术、信息、劳动力与爱心都是新农村建设与城乡统筹发展必需的资源，资金技术回流不仅可以改善当地社会环境，还能带来聚集效应，使当地经济社会发展水平产生质的飞跃。信息有利于向农村传播先进的思想、生活方式，寻找更好的发展机会，减少发展的成本。劳动力回流对缓解农村劳动力尤其是年轻劳动力的短缺、提高农村人口素质、恢复断层的年龄结构等方面都具有积极的意义；爱心可在短期内改变农村突出的社会问题。资金技术、信息、劳动力与爱心的回流可使开始衰落的村庄逐步复兴，增加农村经济发展活力。

（二）推动农业现代化进程

在回乡创业农民工中，部分农民工依托农村优势，发展规模农业与特色农业，促进农村经济结构的转变，使传统农业向现代农业转变。回乡创业流动与回乡务农流动相比，其差异表现为回乡后从事的经济活动，回乡创业型流动即使回归农业，开展的生产活动是现代农业而非传统农业。

现代农业表现为规模化种植、机械化耕种与农业生产链条的延伸。从家庭耕种土地数量可看出：湖南省农村已有部分规模农业经营。在调查中，家庭平均耕地3.55亩，4.70％的被调查者家庭耕种土地超过10亩，最高为30亩，按照目前农村土地制度，农村家庭如果不耕种他人土地，超过10亩的可能性非常低。同时，家庭土地转包比例为31.19％，亦表明农村规模农业正在发展。在农业劳动力减少的背景下发展规模农业，只有依靠机械化耕种才能实现，从传统生产技术向现代生产技术转变。小型拖拉机在1978年到1998年间，年均增长11.3％，而在1998年到2008年期间，增长率下降到5.2％；同期，大中

① 农民工回乡创业问题研究课题组.农民工回乡创业现状的调查与政策建议[EB/OL].人民网，http://nc.people.com.cn/GB/8751401.html.2009-02-05.

② 穆光宗.人口流动效应与新农村建设——“文化家乡”的理论构建[J].中国图书评论，2006(10)：12－13.

型拖拉机年均增长率从 2.0%上升到 12.2%[①],农用机械,尤其大型农业机械的增长,表明农业机械化程度的提高。返乡创业农民工不仅进行规模化种植与机械化种植,还不断延伸农业生产链条,在种植业的基础上发展养殖业、运输业、生产加工业与销售业,并将农产品的销售与电子商务结合起来,将农业向纵深方向推进,增加农业产值,调整农业结构,推动农业现代化进程。

(三)推动农村城市化进程

城镇化是农村人口不断向城市聚集的过程,该过程包括城市人口规模的扩大与部分农村地区发展为城镇两种途径。定居城市流动有利于扩大城市人口规模,促进城市地区的城市化进程;回乡创业流动有利于促进农村地区的城市化进程,辜胜阻、刘传江(2000)将农村城镇化视为农村改革与发展的第三次浪潮[②],两种类型一起推动中国城市化进程向前迈进。

新生代农民工返乡创业带来当地农业与非农业的发展,在人才、人口、资金与技术方面产生集聚效应,促使政府进行基础设施扩建,扩大村或镇的范围,甚至演变为县,即从村到镇再到县。回乡创业的沙集模式是返乡创业带动当地城市化发展的缩影,沙集镇隶属江苏省级贫困县睢宁,该镇管辖下的东风村曾是外出务工大村,2006 年,三位村民做拼装型木家具并在淘宝网销售,该创业之举带动全村经济发展,不仅留住绝大部分本村曾经外出的农民工,还吸引了邻近村庄甚至邻县的劳动力到此就业。该村已经形成工厂、网店、物流一条龙的产业集群,现在的东风村再也不是当年破旧的模样,取而代之的是宽敞的街道,林立的工厂[③]。沙集模式充分证明回乡创业对农村城镇化的巨大推动作用。

(四)提高满意度,降低心理成本,满足自我实现需要

回乡创业不仅对流出地带来巨大的影响,对新生代农民工个体而言,回乡创业不仅可能带来更高收入,还可带来更自由的工作环境与工作时间,提高工作时的"主人翁"感,提高工作满意度。本次调查显示:新生代农民工的工作满

① 蔡昉.从农民工到市民:中国特色的深度城市化[A].蔡昉主编.后金融危机时期的劳动力市场挑战[M].北京:社会科学文献出版社,2010:251.

② 辜胜阻、刘传江.人口流动与农村城镇化战略管理[M].武汉:华中理工大学出版社,2000:491-492.

③ 王小乔.一个贫困县村庄的打工变迁史[N].南方周末,2011-03-03.15 版.

意度除“工作环境”维度达到一般(3.07)外,其他维度与工作整体满意度均为不满意。返乡创业后,自己当老板,自己给自己打工,工作相对自由,满意度更高。

回乡后,与家庭的联系更为便捷与紧密,降低了个人在城市务工的心理成本。调查中,一位被调查者在调查建议栏下写道:建议调查农民工少得可怜的在家时间,反映新生代农民工既想务工又想与家人常团聚的矛盾心理,回乡创业可很好解决该矛盾。安徽省太和县80后回乡创业农民工张云海认为,回乡创业的最大收获是能与父母、妻子、孩子一起生活,生活有家的感觉①。

通过创业,为当地创造就业机会,拓宽就业渠道,吸纳其他返乡农民工与当地村民到非农业就业,使村民的收入水平与收入结构发生显著变化。在这一过程中,体现个人社会价值,满足自我实现这一最高层次的需要。

三、回乡务农流动行为的积极效应

在被调查的新生代农民工中,仅有6.6%选择回乡务农类型,位于所有选择的最后一位,其比重较低,对农村、城市、企业和新生代农民工群体的影响不及其他类型显著,但仍存在一定的积极效应。

(一)增加农村与传统农业的劳动力

回乡务农流动与回乡创业流动同样增加农村劳动力,但回乡创业流动将增加现代农业发展所需劳动力,回乡务农将增加传统农业的劳动力,缓解甚至解决农业劳动力短缺的问题。目前,土地撂荒的原因之一是农业劳动力短缺,土地撂荒程度可在一定程度上反映农业劳动力短缺程度。调查中,新生代农民工所在村有土地撂荒的比例为56.94%,回乡务农新生代农民工所在村有土地撂荒的比例为61.29%。该数据表明:农村存在一定的农业劳动力短缺现象,在回乡务农类型新生代农民工所在社区中,土地撂荒更为严重,回乡务农的新生代农民工可增加农业劳动力,减少土地撂荒现象。

(二)优化农村人口的性别结构与年龄结构

回乡务农的新生代农民工与回乡创业的新生代农民工一起,共同促进农

① 80后农民创业故事3篇[EB/OL].学习啦,http://www.xuexila.com/gushi/lizhi/377493.html,2015-12-24.

村人口结构的优化,为农村与农业发展创造良好的人口条件。在农村地区,除春节外,几乎难觅年轻人的踪迹,农村常住人口以老人与儿童居多;分性别来看,女性留守农村比例较高,2009 年,湖南省农村总体人口性别比为 106.36,总体人口性别比一般比较稳定,2010 年亦在 107 左右;2010 年,笔者主持的调查显示:湖南省上一代农民工与新生代农民工的性别比分别为 306 与 137,远远高于农村整体的性别比。大量年轻男性劳动力人口外流,导致农村存在一定的年龄断层现象与“三留守”问题(即留守儿童、留守妇女与留守老人)。农民工回乡无疑有助于增加农村的男性、中年与年轻人,改变农村的性别结构和年龄结构,减少留守儿童、留守妇女与留守老人的数量,缓解“三留守”问题。

四、保持流动行为的积极效应

保持流动行为主要对城市与农村带来积极影响。本次调查结果显示:在新生代农民工中,选择保持流动的比例为 18.8%,位于定居城市流动行为与回乡创业流动行为之后、回乡务农流动行为之前。该流动行为类型与上一代农民工的流动极为相似,在城乡之间反复流动,可称为传统流动类型。

(一)调节城乡劳动力市场供求关系,提高劳动力利用率

保持流动行为的主要特点是灵活,根据个人意愿与工作机会在城乡之间流动,该特点可满足农村季节性劳动力需求与城市周期性用工需求。不管是传统农业还是现代农业,均表现出一定的季节性,“农忙”时,保持流动类型可满足农村对劳动力的需求,促进农业发展;“农闲”时,如果闲置在家,必然造成劳动力资源的浪费,此时进城务工,可提高劳动力利用效率。在城市,对劳动力的需求具有一定的周期性与波动性,一般年初因流动率较高,需求较为旺盛,其他时段相对平稳;部分生产制造业和服务业的用工需求因经营对象存在波动;经济发展周期的变动也将对劳动力需求产生与周期一致的波动。保持流动的新生代农民工如同蓄水池,与城市劳动力需求的周期性、波动性匹配。因此,在城乡之间流动的农村劳动力既可满足农业生产的周期性需求,亦可在经济需求旺盛时满足城市的用工需求,在需求较少时(如金融危机后)减少城市就业压力。

新生代农民工因为信息来源渠道更网络化,可以便捷地获取就业信息。同时,该群体流动更加频繁,在调节城乡劳动力市场供求关系,尤其是在调节城市劳动力市场供求关系中可发挥重要作用。

(二)引发企业转变管理理念与管理方式

如果说新生代农民工保持流动类型与上一代农民工在调节城乡劳动力需求与提高劳动力利用率方面只存在量的差异,在引发企业管理变革方面则存在质的不同。

新生代农民工由于更强的非经济动机、更高的受教育程度与较高的工作期望,不仅要求工作权益得以实现,还希望被公平对待,给予尊重,渴望现代化的管理方式。本次调查显示:新生代农民工的工作满意度低于上一代农民工,反映该群体更渴求现代化的管理理念与管理方式。不仅如此,该群体还通过"用脚投票"方式表达对企业的不满,出现较高的流动率。对保持流动型新生代农民工而言,其流动率高于新生代农民工总体水平,新生代农民工近一年到过的市的数量平均为 1.17 个,而保持流动型新生代农民工到过的市为3.34个,是新生代农民工群体平均水平的两倍。新生代农民工因其较高的受教育程度与较低的年龄,受到企业青睐,但又存在较高的流动率,为挽留新生代农民工,企业不得不转变管理理念与管理方式,通过更人性化的管理提高新生代农民工的满意度,留住新生代农民工。

第二节　新生代农民工流动行为的消极效应

任何事物均具有两面性,新生代农民工流动行为亦然,在带来积极效应的同时,必然带来消极效应。

一、定居城市流动行为的消极效应

(一)实现难度大,不能实现将加重"半城市化"效应

新生代农民工较高的定居城市意愿促进中国城市化快速平稳发展,但这一效应的发挥需要条件,影响因素分析结果显示:以保持流动为参照组,在回乡务农、回乡创业与定居城市三种流动行为类型中,定居城市流动行为受到的制约因素最多,实现难度最大。定居城市流动行为受到婚姻、教育、家庭收入、打工时间与打工收入、非经济动机与非制度性态度的显著影响。已婚者因为家庭负担加重或与家人分居两地,选择定居城市可能性更低,需要企业提供住

房福利、政府向农民工提供幼儿园、公租房等城市基本公共服务才能减弱已婚对定居城市流动行为的不利影响。教育的提高需要时间的积累、教育资源的配置与教育制度的相关改革。在经济新常态下，农民工务工收入增速降低，因为农民工家庭收入主要来源为务工收入，将同时导致家庭收入增速降低。根据国家统计局的农民工监测调查数据，以前一年工资水平为基数，从 2011 年到 2015 年，外出农民工工资的增速分别为 21.2％、11.8％、13.9％、9.8％与 7.2％，在波动中下降。收入增速的降低，可能弱化新生代农民工的非经济动机，改变对务工、城市的看法，对实现定居城市意愿产生不利影响。

如果没有相应的宏观环境支持新生代农民工定居城市意愿的实现，极可能出现给农村、城市和个人带来不利影响的“半城市化”效应。提出“新生代农民工”一词的王春光教授(2006)提出“半城市化”概念，他认为：农村流动人口虽然工作、生活在城市，但没有得到市民的身份与权益，是一种不彻底的市民化，因此，称为“半城市化”，半城市化的实质是不融合，包括城市各系统之间不融合、不同城市人群的不融合与心理上的不认同、排斥与歧视①。现在，半城市化不仅强调农民工难以在城市彻底融入，还强调无法返回农村②。对新生代农民工而言，半城市化发生的可能性更大，该群体虽然具有较高的定居城市意愿，但由于制度(如用工制度、权利分配制度)的制约与个人因素的影响，可能难以实现定居城市的意愿；另一方面，新生代农民工不愿回农村，尤其不愿意回乡务农，在本次调查中，仅有 6.6％的新生代农民工选择以后回乡务农。

“半城市化”效应对城市而言，具有定居城市意愿的新生代农民工如果长久不能融入城市，可能产生与城市居民、同事之间的矛盾，影响城市社会安全与稳定。对农村，因为新生代农民工与农业联系更为松散，具有定居城市意愿的新生代农民工不愿意回归传统农业与村落，即使不能融入城市，其拥有的各项资源也难以回归农业与农村，难以对农业与农村做出有力贡献，影响农业与农村发展速度。对新生代农民工群体，不能实现自身的流动意愿与自身的多样化需求，面临城市留不下、农村回不去的困境，极易成为“苦闷的一代”。

(二)为城市承载力带来挑战

新生代农民工中较高的以定居城市为目的的流动将带来城市人口的快速

---

① 王春光.农村流动人口的“半城市化”问题研究[J].社会学研究.2006(5)：109－110.

② 王春光.对中国农村流动人口“半城市化”的实证分析[J].学习与探索.2009(5)：94.

增长，增加城市的承载压力。新生代农民工对城市的承载压力分为两个方面：一是对流入地的压力；二是对定居地的压力。在调查中，笔者发现，选择在打工地定居的比例较少，对打算定居城市的新生代农民工而言，打工地与定居地分离，新生代农民工定居城市流动将对流入地区与定居地区产生不同的承载力挑战。

住建部政策研究中心主任陈淮认为：城市综合承载力是城市的资源禀赋、生态环境、基础设施与公共服务对城市人口及其经济社会活动的承载能力①。对流入地而言，面临更多压力的是资源禀赋、生态环境与基础设施。在流入地，就业机会比较充足，新生代农民工多将就业地作为暂住之所，住在集体宿舍中，减轻了住房压力。但在水资源、能源、生态环境与基础设施方面，面临较大压力，以水资源为例，水资源已经成为部分城市发展和扩充面临的难题。对定居地而言，则面临较大的基础设施与公共服务等方面的压力。在选择定居城市的新生代农民工中，近 7 成将定居地点选择在县城、县级市或地级市，而这些区域的基础设施基础较为薄弱，公共服务供给能力还有待提高。

(三)导致农村精英流失，减弱农村发展的人力资源基础

虽然新生代农民工定居城市流动对农业生产的影响小于上一代农民工流动带来的影响，被调查者认为因个人流动减少家里耕种土地的比例为31.09%，减少农业产量的比例为 36.55%；上一代农民工分别为 43.70%与 53.23%，但对农村发展仍然存在一定的负面影响。

定居城市流动对农村的消极影响主要表现为：导致农村精英流失，减弱农村发展的人力资源支撑。具有较高素质的农村精英是社会主义新农村建设的具体承担者，其在“建设社会主义新农村”战略目标的实现过程中，占据举足轻重的地位。贺雪峰(2000)指出：(农村)精英在农村社会中扮演重要角色，其类型与村庄记忆共同决定村庄性质②。在农民工代际更替的同时，农村精英亦面临代际更替，逐渐转向出生于 20 世纪 80 年代及以后的新生代农村人口。农民工流动的实质是优势农村劳动力向城市转移，即农村精英是农民工队伍的重要组成部分，外流精英更可能因其在城市职业的固定化产生从农村流失

① 赵培红.城市承载力研究评述[J].城市，2012(9)：25.

② 贺雪峰.村庄精英与社区记忆：理解村庄性质的二维框架[J].社会科学辑刊，2000(4)：34.

的现象①。本调查结果亦表明:具有定居城市意愿的新生代农民工的平均受教育年限为11.34年,不仅长于上一代农民工,也长于新生代农民工的一般水平。具有较高受教育程度的新生代农民工定居城市后,农村精英流入城市,使农村社区发展缺乏必要的人才资源支持,影响新农村建设与农村发展。

二、回乡创业流动行为的消极效应

与定居城市流动行为相同,回乡创业流动行为在带来积极效应的同时,也存在消极效应。

(一)通过减少劳动力数量加重"民工荒"程度

我国自2003年出现民工荒以来,民工荒的对象与地区正在蔓延,从技工荒发展到技工荒与普工荒并存、从劳动力输入地区到劳动力输入地区与劳动力输出地区并存的局面。在众多原因中,农村劳动力供给增速趋缓是不可忽视的原因,蔡昉(2010)②、认为:20世纪80年代人口出生率开始下降,导致年轻劳动力供给的增长速度不断降低,当劳动力供给增长速度低于经济增长所形成的劳动力需求时,将导致民工荒现象。新增劳动力减少已经开始出现,《中国统计年鉴》(2009、2010)显示:2009年与2008年相比,15—19岁人口出现负增长,降低9.97%。自2012年以来,我国还出现了劳动适龄人口(15—59)连续三年的绝对减少,2012年,减少345万;2013年,减少244万;2014年,减少371万。在农村劳动力供给增速趋缓甚至绝对减少的背景下,回乡流动,尤其是回乡创业流动因占新生代农民工总体的四分之一,该行为选择的发生将明显减少农民工规模,在城市劳动力需求不变的情况下将加重"民工荒"程度。

(二)创业风险大,创业失败给个人与农村社区带来消极影响

回乡创业流动属于创业型流动,创业存在风险,既可能成功,也可能失败。创业能否成功受到诸多因素的影响,如农村的融资制度、土地使用制度、农村

① 张英魁.农村精英人才流失与新农村人力资源再造的路径选择[J].华南农业大学学报(社会科学版),2008(2):6.

② 胡薇.蔡昉."民工荒"非民工慌,二次人口红利仍有优势[EB/OL].人民网,http://finance.people.com.cn/GB/11065043.html.2010-03-03.

的行政效率、个人自身经历与素质等。目前，上述因素在农村并不完善，创业失败的风险较大。以融资为例，根据农民工回乡创业问题研究课题组的调查，融资困难是返乡农民工遇到的最大困难，远远超过交通、人才、当地购买力、能源与配套产业等因素，现有农村融资制度存在诸如贷款利息高、由于农村资金流向城市带来的资金短缺、信贷担保体系发育迟缓、担保机制难以适应等问题，导致返乡创业农民工贷款率低，融资渠道单一，融资量小，直接降低创业成功的概率。

创业失败对创业者而言，不仅有财产方面的损失，还将对创业者本人的心理带来一定打击。创业失败可能表现为产品没有市场，可能表现为产品因为工艺达不到质量标准，可能表现为资金链断裂，最终使创业者的投入不能产生相应的回报，且不能回收成本，创业者蒙受相应的财产损失。此外，创业失败使新生代农民工创业者的自我实现需求难以得到满足，甚至产生自我否定。对农村而言，如果创业失败率较高，村庄难以从衰败走向复兴，农业现代化进程与农村城市化进程放缓。

三、回乡务农类型的消极效应

(一)影响个人、家庭收入的提高，阻碍经济需要的满足

回乡务农可能直接面临收入减少这一难题。在湖南省，务工收入已经成为农村家庭收入的主要来源，被调查者中，83.85%的家庭收入中务工收入高于务农收入。回乡务农后，将降低个人收入，减少家庭收入来源，经济需要难以得到满足。

(二)导致心理压力，阻碍非经济需要的满足

回乡务农流动行为不仅影响新生代农民工经济需要的满足，还影响新生代农民工非经济需要的满足。在村民的眼中，回乡务农意味着个人发展的失败，最终选择回乡务农的新生代农民工可能被贴上“失败者”的标签，带来极大的心理压力，使个人通过流动实现公平等价值追求与自我实现等非经济需要难以满足。

四、保持流动行为的消极效应

(一)频繁流动增加管理难度

适当的人口流动有利于社会的发展、企业的进步,但快速的、频繁的人口流动,将给企业、农村与城市带来管理难题。对企业而言,流动较为频繁的保持流动行为导致企业没有稳定的预期,在企业人力资源规划、生产规划等方面难以适应,增加招聘、培训成本,降低企业生产效率,对成本战略型企业而言,极有可能因此丧失市场竞争优势。对农村管理与城市管理而言,不稳定的就业状态是许多社会问题的根源①,农民工,尤其是就业状态不稳定的农民工,一直是农村、城市管理的难点,对意愿为保持流动的新生代农民工而言,因其较高的流动频率,农村、城市与企业对其进行管理的难度增加。

(二)通过减少工作时间加重“民工荒”程度

回乡流动通过减少劳动力数量加重“民工荒”现象,保持流动将通过减少工作时间加重“民工荒”程度。企业对劳动力的需求不仅体现为劳动力数量,还可表现为劳动力工作时间,如果工作总量相同,单个劳动力提供的工作时间越长,企业需要的劳动力数量越少。反之,单个劳动力提供的工作时间越短,企业需要的劳动力数量越多,此时,如果农民工流动过于频繁,在同样的产出要求下,使本来存在的“民工荒”现象可能加重。

保持流动行为的流动频率远远高于其他类型,以更换工作地点为例,本次调查数据显示:保持流动类型 2010 年更换工作地点数量为 3.34,是新生代农民工平均水平的 2 倍。工作地点的频繁更换表明新生代农民工相当部分时间用于搜寻工作而非实际工作,工作时间较短,在一定程度上加重“民工荒”程度。

(三)影响个人收入提高,带来不稳定预期

保持流动行为不仅给企业、农村与城市带来不稳定预期,对个人而言亦如此,没有固定的就业单位,没有固定的住所,频繁的流动虽然能够让流动者开

---

① Arne L. Kalleberg. Precarious Work, Insecure Workers: Employment Relations in Transition[J]. American sociological review. 2009(1): 1—22.

阔眼界，见多识广，但不利于其职业生涯的连续发展，不利于收入与其他劳动保障权益的提高。样本中，新生代农民工在同一地点不同打工时间长短与收入的交互关系见表 6-1。

表 6-1 新生代农民工在同一地点不同时间下的收入分布

单位：%

打工时间	收入水平					
	1 000 元以下	1 001—1 500 元	1 501—2 000 元	2 001—2 500 元	2 501—3 000 元	3 000 元以上
一年以下	17.78	40.00	20.00	11.11	6.67	4.44
两到三年	1.69	23.16	34.75	18.64	11.86	9.89
三年以上	1.19	13.10	23.81	26.19	8.33	27.38
样本量	483					
$\chi^2=171.310, p=0.000$						

表 6-1 显示：新生代农民工在同一打工地时间越久，低收入比例（1 500 元以下）越低，高收入（2 000 元以上）的比例越高。因此，在频繁流动下，新生代农民工收入水平以及与工资收入关联的社会保障难以提升。

新生代农民工不同流动行为类型将带来不同流动效应，从总体来看，对城市的效应主要表现为促进中国城市化的快速平稳发展，引发城市经济和社会结构转变，但也可能由于制度的不完善带来“半城市化”效应、增加城市资源环境的压力、增加城市管理难度。对农村，虽有半数农民工选择定居城市，但仍有 31.9%的新生代农民工选择回乡创业或回乡务农，回乡型流动有利于现代化农业的建立，优化农村人口结构，促进农村发展，加速农村城市化进程；但可能带来农村精英的流失，影响农村发展。对企业而言，由于近五分之一的新生代农民工选择保持流动与其相对较高的流动率，将加大企业管理难度，超过三成农民工回乡可能加深“民工荒”程度，为企业生产带来负面影响；但也将通过其较高的流动率引发企业转变管理理念与管理方式，提高企业的管理水平，实现企业和新生代农民工的双赢。对个人而言，流动既可以为个人带来就业岗位，赚取收入，提升个人能力，借助政府政策的引导和企业管理方式的变革，通过个人努力，降低相对剥夺感，达到对发展、公平、权利的追求，满足自我实现的需要，完成社会角色的转变，实现“农民的终结”；但在需要无法满足的情况下，可能成为“无根”的一代，陷入“双重边缘化”的困境。

从新生代农民工流动行为效应的分析中可发现：虽然新生代农民工在有

限理性下做出流动行为选择，但流动行为选择产生的主要效应与城市、农村、企业与个人的发展需求完全一致，体现了行为与环境的匹配，即具有生态理性。迁移的生态学理论与部分现有相关研究亦表明：流动行为具有生态理性。在迁移生态学理论中，迁移是人口对环境变化的反应，迁移变动与环境变动一致。崔传义等人于1994年开展的"28个县(市)农村劳动力跨区域流动的调查研究"表明：农村劳动力跨区域流动是农民工利用外部条件寻求发展、突破就业增收困境的新举动，是在向市场经济过渡情况下产生的务实新思维①。该调查是20世纪90年代初最早的关于农民工的较大规模实地调查之一，在国际上也具有重要影响，该权威调查表明：农民工流动选择是与社会环境匹配的行为，具有生态理性。刘怀廉(2005)的分析指出：农民工的流动或转移过程的基本规律是适应大环境，创造小气候②，表明农民工在流动过程中发挥主观能动性，其流动行为选择与社会环境相适应，该研究同样体现了流动行为的生态理性。

新生代农民工流动行为的效应是我国统筹城乡发展、城市化与工业化快速稳定发展等重大目标实现的重要条件，但效应的发挥需要外部因素的支持。结合新生代农民工流动行为影响因素分析与流动行为特征分析，提出发挥新生代农民工流动效应、实现新生代农民工流动意愿的建议是本研究的落脚点。

本章小结

本章在结合调查数据与相关文献的基础上，分别分析新生代农民工四种流动行为类型的积极效应与消极效应。定居城市流动将促进流入地和定居地城市化的快速、稳定发展，促进当地经济社会结构的转型，提升新生代农民工的市民化能力，降低新生代农民工的相对剥夺感与提升公平感，满足非经济需要；消极效应包括未能实现时带来的"半城市化"效应、为城市承载力带来挑战与农村精英流失，影响农村发展。回乡创业流动行为的积极效应包括促进村庄的复兴、农业的转型与农村城市化进程，提高满意度，降低心理成本，满足自我实现需要；但也面临加深"民工荒"程度、创业风险大，创业失败后对个人、农村产生负面影响等消极效应。回乡务农流动行为的积极效应包括增加传统农

① 崔传义著.中国农民流动观察[M].太原：山西经济出版社，2004：23.

② 刘怀廉.中国农民工问题[M].北京：人民出版社，2005：165.

业劳动力、与回乡创业流动行为一起促进农村人口结构的优化，消极效应主要表现为个人收入降低、心理不适应与非经济需要难以满足。保持流动行为的积极效应体现为：有效调节城乡劳动力资源配置，引发企业转变管理理念与管理方式；但过高流动频率增加企业、农村和城市的管理难度，频繁流动加重“民工荒”现象，影响个人收入提高、带来不稳定的预期。

新生代农民工流动行为的积极效应是其效应的主要方面，积极效应体现了新生代农民工在有限理性下的行为是与城市和农村、企业和个人需求一致的选择，具有生态理性。同时，新生代农民工流动行为的效应具有互补性，即某一类型的消极效应可被其他类型的积极效应抵消。

第七章

促进新生代农民工自由流动的建议

流动者流动意愿的实现程度决定了其行为选择的影响程度①，当流动者的流动意愿实现时，其行为选择的效应得以发挥。新生代农民工各种流动行为类型均有其消极效应与积极效应，积极效应是其主要方面；不同类型的效应之间具有互补性，例如，定居城市流动可能导致农村精英流失，而回乡流动尤其是回乡创业流动可弥补定居城市流动的这一缺陷。同时，2014 年 7 月发布的《国务院关于进一步推进户籍制定改革的意见》要求坚持以人为本、尊重群众意愿的原则。因此，如果新生代农民工实现与其流动意愿一致的自由流动，可充分发挥各种流动行为类型效应，促进农村与城市、企业与新生代农民工的发展，亦与政策要求高度一致。

新生代农民工流动行为影响因素分析结果表明：新生代农民工流动行为受到心理因素与社会因素的制约。目前，新生代农民工尚未实现自由流动，而自由流动又是发挥效应的重要前提。本章在新生代农民工流动行为影响因素分析与效应分析的基础上，结合新生代农民工流动行为特征，提出促进新生代农民工自由流动以发挥流动行为效应的建议。

第一节　促进新生代农民工自由流动建议的价值取向

一、主要类型与其他类型兼顾，但偏向主要类型

现有针对新生代农民工流动行为的对策研究，在实质上多为针对定居城

① 李竞能编著.现代西方人口理论[M].上海：复旦大学出版社，2004：168.

市流动行为而非新生代农民工所有流动行为。如国务院发展研究中心长子中(2010)①、简新华(2010)②均认为:新生代农民工顺利定居城市是解决新生代农民工问题的关键,该类研究对于把握新生代农民工流动的主要类型具有非常重要的意义,但可能产生对其他流动行为类型的忽视。选择非定居城市类型的新生代农民工占到新生代农民工总数的50.7%,超过半数的选择不应该被忽视。在提出建议时,不仅应把握新生代农民工流动行为的主导类型,还应关注新生代农民工的其他流动行为类型,提出促进新生代农民工群体自由流动的建议,即实现新生代农民工各种流动意愿。

在关注新生代农民工所有流动行为类型时,由于主要流动行为类型(定居城市流动行为与回乡创业流动行为)的效应更突出,实现难度更大,应受到高度重视。占据首要地位的定居城市流动行为有利于推进城市化进程与工业化进程,促进经济结构、社会结构的良性发展;回乡创业流动行为有利于推进农村城镇化进程,推动传统农业向现代农业发展,促进村庄的复兴。两种主要流动类型可能发挥的积极效应与我国提出的统筹城乡发展完全一致。但分类型综合影响因素分析结果显示:定居城市类型与回乡创业类型受到更多因素的制约,实现难度更高。因此,不管是分类型的积极效应分析,还是分类型的影响因素分析,均要求定居城市流动行为类型与回乡创业流动行为类型得到更多关注。

二、农村与城市并重

自中华人民共和国成立以来,不管在计划经济体制下,还是在转型经济体制下,均采取城市偏向政策,在不同阶段采取不同的表现形式,城市偏向政策的实施程度有所不同。期间,经过了两次明显的转变,第一次是发生于1978年的农村家庭联产承包责任制,第二次发生在2003年及其以后,表现为以废除农业税为主的农村改革,实施了新农村建设、统筹城乡发展等偏向农村的政策,但并未在根本上消除城市偏向③。在解决农民工问题时,同样受到城市偏

① 长子中.新生代农民工不能顺利市民化的不良影响[J].中国经贸导刊.2010(9):34.

② 简新华.新生代农民工融入城市的障碍与对策[J].求是学刊,2011(1):60－62.

③ 高彦彦、郑江淮、孙军.从城市偏向到城乡协调发展的政治经济逻辑[J].当代经济科学,2010(5):26.

向政策的影响，提出的政策多从城市出发，忽略农村。城市偏向政策对最终回流农村的新生代农民工而言不公平，也与社会发展要求不符。

新生代农民工个人的意愿与城市和农村发展的需要，均要求在提出建议时，同时考虑农村与城市。对农村而言，如果所有新生代农民工都定居城市，城乡统筹、新农村建设、现代农业发展所需要的劳动力、资金、信息、先进的思想无处而来，城乡统筹、新农村建设、现代农业的建立和发展无从谈起。对城市而言，在推进城市化进程中，需要吸纳迁移人口，但如果所有的新生代农民工定居城市，城市承载力有限，给城市管理和环境带来压力。同时，从新生代农民工的选择意愿来看，31.9%的新生代农民工选择回乡创业或务农，将全部新生代农民工都视为潜在城市居民显然违背了新生代农民工的流动意愿。在预调查时，一位农民工在看到态度量表中“城市比农村好”时，明确表示：城市有什么好？吃的、喝的、呼吸的都不是好东西，还是我们农村好！表现出强烈的不留居城市意愿。正是由于新生代农民工的双向格局流动，故应该从农村和城市入手，双管齐下，采取城市与农村并重的措施，促进新生代农民工所有流动行为类型的最终实现，正所谓双向影响、双重视野与双轨路径①。

三、新生代农民工与社会双赢

吉登斯的结构化理论已经证明：个人的行动与社会结构相互依存。在提出建议时，应充分考虑新生代农民工及其流动行为与社会发展变迁、社会制度等的互动关系，城市与农村为新生代农民工的流动提供环境，各种制度促进或阻碍新生代农民工流动；反之，新生代农民工通过他们的行为选择影响农村与城市的发展，为农村与城市、农业与非农业带来积极效应和消极效应，诱导制度的修改或产生新的制度。因此，在提出促进新生代农民工自由流动的建议中，应促进二者匹配，建议既要满足新生代农民工的需要，促进该群体的自由流动，又要促进社会的良性发展。

四、政策制定与执行并举

新生代农民工流动既是个体行为与市场行为，又是群体行为与社会行为，

① 潘捷军.新农村建设、城镇化进程与流动人口问题——我国“三农”问题的双重视野、双向效应和双轨路径[J].浙江师范大学学报(社会科学版).2007(1):20.

政府在社会行为管理与引导方面负有不可推卸的责任，且新生代农民工是我国的弱势群体。政府于2002年首次提出“弱势群体”(social vulnerable groups)这一概念，此后，引起社会和学术界的广泛关注。政府提出的“弱势群体”主要包括：下岗职工、体制外的城市人、进城农民工与退休较早的体制内的人。将农民工放入弱势群体源于该群体没有得到《劳动法》的保护，没有享受与城市劳动者同等的待遇，劳动权益与社会权益受到损害，受到歧视。时至今日，农民工群体的代际更替愈来愈明显，外出新生代农民工已经成为外出农民工群体的主体，但仍然没有得到《劳动合同法》的保护，仍然同工不同酬、同工不同社会保障。原因不仅仅在于相关制度不完善，还在于制度的执行不到位，比如，保护劳动者劳动权益的《劳动合同法》第十条规定：建立劳动关系时应该订立书面劳动合同，但在新生代农民工中，订立劳动合同的比例仅为52.4%；在影响因素分析中，与新生代农民工密切相关的社会保障制度因未发挥应有的作用而未能显著影响新生代农民工的决策。正如王春光(2010)所言：与农民工流动相关的制度多停留在文件中，没有对农民工的日常生活产生应该产生的作用①。因此，对与新生代农民工流动相关的制度政策，不仅应关注其有无，更应该关注相关政策是否发生作用，如果没有发挥相应的作用，应该探究没有发挥作用的原因。制度政策的制定固然重要，但执行更关系到其效应的发挥。

在政策的制定中，应坚持公平原则，公平的制度不是结果公平，而是机会公平，公平的制度能够避免“没有机会”的群体的存在②。同时，机会公平意味着政府给所有国民以国民待遇，不存在歧视，满足新生代农民工对公平的需要。在政策执行中，主要体现为加大监管力度，将政策落在实处。

五、新生代农民工的非经济需要与经济需要并重

新生代农民工流动的重要目的是就业，自然应该关注其经济需要。无论是新生代农民工流动行为的特征分析，还是影响因素分析与效应分析，均表明在关注新生代农民工经济需要的同时，还应该关注该群体的非经济需要。新生代农民工流动动机分析结果表明：新生代农民工在流动中，经济动机与非经

---

① 王春光.对新生代农民工城市融合问题的认识[J].人口研究，2010(2)：33.

② 李强.为什么农民工“有技术无地位”——技术工人转向中间阶层社会结构的战略探索[J].江苏社会科学，2010(6)：9.

济动机并存，目前，非经济动机虽然略低于经济动机，但与经济动机的差距逐渐缩小。不仅如此，新生代农民工主要流动行为(定居城市流动行为与回乡创业流动行为)的影响因素分析结果显示：非经济动机显著影响新生代农民工的主要流动行为。在效应分析中，新生代农民工流动行为，尤其是主要流动行为，均对新生代农民工的非经济需要如自我实现、追求权利平等产生影响。故政府制度政策的制定与完善、企业管理均应同时关注新生代农民工的非经济需要与经济需要。

第二节　促进新生代农民工自由流动的具体建议

在促进新生代农民工自由流动过程中，涉及的主体包括政府、企业、社区与新生代农民工，四者共同参与、清晰的角色定位有助于新生代农民工自由流动高效、快速实现。政府在新生代农民工自由流动中扮演引导与监管的角色，具体表现为相关制度的制定与监管以及对企业与新生代农民工群体的引导；企业不仅是政府各项制度的具体执行者，更是新生代农民工的直接管理者；社区是新生代农民工生活的场域，在新生代农民工自由流动的实现中，扮演助推者的角色；新生代农民工是流动行为的直接执行者，应主动提高自身素质以实现其流动意愿。

一、政府方面的建议

调查数据的卡方检验结果显示：虽然整体公平感与新生代农民工流动行为的相关性不显著，但外部公平感却与流动行为选择相关。因此，实现外部公平有利于促进新生代农民工流动意愿的实现。外部公平感的提高主要源于政府制定公平的政策与完善的执行监管。

(一)建立与个人劳动贡献匹配的社会权益分配制度

在我国，户籍制度对人口流动的影响深远，但随着户籍制度的改革与完善，其上附着的社会权益将逐渐剥离，建立一套新的社会权益分配制度迫在眉睫。从一般意义来讲，户籍制度仅仅是政府对居民出生、死亡、迁移、婚姻与其他相关基本情况的登记、依此提供人口统计资料与维护社会治安的国家行政管理制度，主要功能在于登记与管理。但我国户籍制度与此不同，不仅承载登记和管理的功能，更是一种权益分配制度，是一种“身份”区分标志①。在户籍制度下，将人口人为区分为享受较少权益的农村人口与享受较多权益的城市人口，城市人口在户籍制度的保护下，不仅能享受就业保护，而且还能享受较为完善的社会保障。户籍制度不仅仅是隔离城乡的一道无形的“墙”②，也是社会权益分配不公的体现，户籍制度改革应运而生。

我国户籍制度改革经历了三十多年的历史，改革力度越来越大。1984 年 10 月发布的《关于农民进入集镇落户问题的通知》是我国户籍制度的开始；1997 年 5 月，《小城镇户籍管理制度改革试点方案》《关于完善农村户籍管理制度的意见》发布；2001 年 3 月，《关于推进小城镇户籍管理制度改革的意见》出台；2010 年，《重庆市人民政府关于统筹城乡户籍制度改革的意见》与《重庆市户籍制度改革配套方案》出台并实施；2014 年 7 月，《国务院关于进一步推进户籍制度改革的意见》出台，将全面放开建制镇和小城镇的落户限制，有序放开中等城市落户限制，合理确定大城市落户条件，建立居住证制度。2016 年 1 月 1 日，《居住证暂行条例》正式施行。在户籍制度改革中，政府、学者均认识到：户籍改革的本质在于剥离户口承载的权益。在取消“农业户口”“非农业户口”统称为“居民户口”的背景下，新生代农民工亦认识到：农民和市民的区别不在身份，而在权益，在被调查的新生代农民工中，认为农民和市民的最大不同是户口性质的比例为 20%，80%认为农民和市民的差异体现在其他方面，比如享受社会保障的程度、收入的数量与稳定性、生活方式、工作性质等。因此，户籍制度改革的关键是淡化身份，剥离权益，淡化身份可以通过更改户口名称实现，剥离权益后的重新分配是焦点与难点。

改变户口权益分配功能依赖新权益分配依据的建立。涂尔干的社会分工论为我们提供极大启发，他认为：劳动分工不仅不会造成社会的肢解崩溃，反而使社会各个部分联系在一起，倾向于形成一种自我调节机制与平衡③。因此，借助劳动分工、根据个人劳动贡献分配社会权益有利于实现社会平衡。以劳动分工进行权益分配亦可体现机会公平，不管对新生代农民工而言还是对市民而言，都必然参与社会分工，通过劳动为社会做出贡献。

---

① 蔡昉、王美艳.户籍制度改革的历程与展望[J].广东社会科学，2008(6)：20.

② Chan Kam Wing. Cities with Invisible Walls [M]. Hong Kong. Oxford University Press，1994.

③ 涂尔干.《〈社会分工论〉第二版序言》[A].渠东译，载苏国勋、刘小枫主编.社会理论的开端[M].上海：上海师范大学出版社，2005：193

如果以城市基本公共服务作为社会权益的代表，当前，新生代农民工享受的社会权益与其劳动贡献相比，虽然不断提高，但水平仍然偏低。城市公共服务体系本身具有公共性、普惠性和公平性等特点，由于制度尤其是户籍制度的影响，与城市居民相比，新生代农民工能够享受的城市公共服务十分有限，未能全部享受应该享受的社会权益。根据《国家基本公共服务体系“十二五”规划》，基本公共服务范围包括公共教育、劳动就业服务、社会保险、基本社会服务、医疗卫生、人口计生、基本住房保障、公共文化等领域。上述基本公共服务与户籍制度紧密相关，拥有城市户籍，即可享受城市基本公共服务。以教育为例，早期，相关调查显示：流动儿童中30%就读于公立学校，70%就读于农民工子弟学校，相当部分农民工子女没有享受政府提供的优质的教育资源①。近年来，农民工子女在务工城市公办学校就学经历了拒绝接收——缴纳高额借读费——取消借读费的发展历程，门槛逐渐降低。在高考方面，2014年北京异地高考初步“破冰”——允许符合条件的异地考生在京参加高等职业学校招生考试，但并未放开到所有高校。因此，劳动分工并不必然带来社会的整合与平衡，正如波拉尼(Polanyi，1957)在“大转变”中指出：纯市场的独立存在将给社会系统造成一定的破坏，从而损害社会整合②。在建立新权益分配依据的过程中，政府的作用不可缺少。

权益分配依据从身份转向劳动分工，具体而言，以新生代农民工就业为依据，建立与新生代农民工就业一致的、覆盖全体的、全方位的社会权益分配制度。当前实施的《居住证暂行条例》较好地体现了这一权益分配依据改革思路。根据《居住证暂行条例》，以居住证为载体，向农民工提供包括义务教育、基本公共就业服务、基本公共卫生服务和计划生育服务、公共文化体育服务与法律援助和其他法律服务等部分城市基本公共服务。即城市大部分的基本公共服务供给与居住证挂钩，如农民工拥有居住证，将可享受诸多城市基本公共服务。公民离开常住户口所在地，到其他城市居住半年以上，符合有合法稳定就业、合法稳定住所、连续就读条件之一即可申领居住证。相当部分的农民工均可申领居住证，由此可享受大部分城市基本公共服务。

切实赋予、保障新生代农民工作为市民的社会权益不仅可改善新生代农

① 蒋太岩、刘芳、谷颖等.从歧视走向公平——中国农民工及其子女教育问题调查与分析[M].沈阳：东北大学出版社，2008：176.

② Karl Polanyi. The Great Transformation The Political and Economic Origins of Our Time[M].Boston：Beacon Press.1957.

民工的生存状况、实现流动意愿，还体现了对新生代农民工群体的尊重和真正的认可，满足新生代农民工对尊重、权利与平等的需要，提高新生代农民工的满意度，为城市发展创造稳定的劳动力供给。

(二)严格监管企业相关政策的执行以保障新生代农民工的劳动权益

不仅应赋予新生代农民工社会权益，还应保障新生代农民工的劳动权益，政府严格监管企业执行相关政策制度是保障新生代农民工劳动权益的重要途径。新生代农民工流动行为影响因素分析结果表明：劳动合同制度的执行情况而非劳动合同本身是影响流动行为的因素之一。因此，政府应当加大对企业政策制度执行的监管力度，建立新生代农民工劳动权益管理与企业税收、贷款等联系的管理制度，切实提高新生代农民工工资，保障新生代农民工工资按时、足额发放并形成工资增长机制，保障新生代农民工的社会保险待遇与休息时间，改善新生代农民工的工作环境。

新生代农民工流动行为的动机表现为经济动机与非经济动机并存的特点，非经济动机与经济动机的差距不断缩小，但经济动机是实现非经济动机的前提，切实提高新生代农民工的工资是满足新生代农民工经济动机与非经济动机的前提，是实现流动行为意向的基础。新生代农民工工资不仅存在被拖欠现象，还存在工资水平多由企业单方面决定、部分企业工资管理呈现随意化倾向与工资增长未形成合理机制等问题。稳定的收入预期将增加新生代农民工留居城市的可能性。政府可将企业针对新生代农民工的工资管理与企业税收①、贷款、信用评价等联系起来，增加企业执行的积极性和主动性，对新生代农民工工资管理落实较好的企业，可得到较高的税收优惠与贷款优惠，获得较高的信用等级。反之，采取惩罚措施。

除工资外，新生代农民工其他劳动权益同样需要得到保障。本次调查显示：无论是签订劳动合同的比例，还是参加社会保险(含住房公积金)的比例均未达到法定要求；社会保障是新生代农民工工作满意度中最低的维度，在城市户口、社会保障、技能培训、孩子教育等方面，新生代农民工最期望拥有的是社会保障，将社会保障排在自己希望拥有因素首位的比例为37.28%；新生代农民工每周最少工作时间超过5天的比例为56.73%，每周最多工作时间超过5天的比例为95.45%，即绝大多数新生代农民工未享受法定休假，表明新生代

① 黄裕安.新生代农民工问题的社会反应方式与改革对策—以富士康N连跳为例[J].中国青年研究，2011(1)：30.

农民工的劳动权益未得到有力保障。无论是签订劳动合同，还是参加社会保险或休息时间，我国均有相应的法律做出了详细规定，如《劳动合同法》《社会保险法》《劳动法》等。新生代农民工在劳动权益方面未能得到保障，其原因在于企业执行相关法律不力。因此，保障新生代农民工的劳动权益的重要举措是政府加强对企业执行相关法律法规的监管力度。通过监管企业制度执行情况，将劳动者的合法权益与企业发展联系起来，达到政府、企业与新生代农民工三方共赢的目的。

对工作环境实施分类管理，完善工作环境，保障新生代农民工的职业安全。根据中华全国总工会的调查，新生代农民工的职业安全形势较差，有36.5%的新生代农民工面临高温、低温作业，工作环境中存在噪音污染的为41.3%，工作环境中存在易伤害的机械故障隐患的为36%，存在粉尘污染的为34.7%①。政府对工作环境较差的企业可进行考核和分类处理，对有能力自己改善工作环境的企业，责令其限期整改；对没有能力的企业，政府提供相应的资金和技术，辅助改善工作环境。

（三）有序发展中小城市以增加城市承载力

政府可通过培育县域、市域产业以发展经济与增强公共服务功能，增加中小城市吸引力，提高城市承载力，推动新生代农民工流动意愿的实现。本次调查数据显示：在选择定居城市的新生代农民工中，68.07%将定居地点选择在县城、县级市或地级市，县城、县级市与地级市成为新生代农民工的重要吸纳地，但该区域以目前的经济状况与基础设施难以满足定居城市新生代农民工的需要。

在中小城市承载力发展过程中，应坚持以经济发展为中心的原则，在经济发展的同时，完善城市公共服务体系。在经济发展中，应坚持因地制宜，发展地方特色产业，以地方特色产业为龙头，发展相关产业。在当前“大众创业、万众创新”的背景下，应将定居地的经济发展与农民工回乡创业联系起来，既能提高城市吸纳力，还能实现新生代农民工回乡创业的流动意愿，并最终为更多新生代农民工定居城市意愿的实现奠定基础。公共服务体系的完善同样是提高城市承载力的重要组成部分。政府可通过多元融资、科学规划等途径完善城市公共服务。

---

① 新生代农民工问题课题组.2010 年企业新生代农民工状况调查及对策建议[EB/OL].人民网，http://acftu.people.com.cn/GB/67582/13966631.html.2011-02-21.

(四)切实提高农村教育质量,优化培训方式

新生代农民工流动行为影响因素分析结果表明:教育是影响新生代农民工流动行为的重要因素,随着受教育程度的提高,新生代农民工选择定居城市类型与回乡创业类型的发生比增加。针对目前农村教育质量不高、农民工培训效益有待提高的现实,政府应该从以下两方面入手,提高新生代农民工的人力资本存量:

一方面,平衡城乡教育资源,发动多种力量参与农村教育,提高农村教育质量。近年来,城市流动儿童不断增加,农村学龄人口相对减少,城市拥有的教育资源高于城市,以生均公共预算费用为例,2014 年全国普通初中生均经费为 3120.81 元,其中,农村普通初中生为 2915.31 元,城市初中的生均公共预算费用仍然高于农村初中。同时,农村教育面临家庭教育的缺失、社会教育的偏离与学校教育的困境①。政府在提高农村教育质量时,首先应该增加农村教育的投入,缩小城乡教育经费投入的差距;其次,通过大学生支教等形式,建立一支素质较高的农村教育队伍;再次,大力发展教育信息化,充分利用现代教育技术,增加教学内容,提高教学效果;最后,吸收多种力量,弥补家庭教育的缺失,纠正社会教育的偏离。笔者所在单位的大学生利用寒暑假社会实践的机会,深入到留守儿童较多的村庄,与孩子们同吃同住同生活,带去家庭般的温暖、家长般的关怀与积极向上的价值观,受到孩子、老师与家长的一致欢迎。

另一方面,整合培训资源,评估培训效果,提高培训质量。2003 年,政府已开始农民工培训,以国务院办公厅下发的《关于做好农民进城务工就业管理和服务工作的通知》为标志,此后,不同部门组织了五项较大规模的农民工培训,分别是农业部牵头的“阳光工程”、人力资源与社会保障部组织的“农村劳动力技能就业计划”、教育部门组织的“中等职业教育扩大招生计划”、国务院扶贫办开展的“雨露计划”与科技部门组织的“星火计划”。“十一五”期间,上亿农民工参加了上述培训②,但由于师资、管理、教学内容等方面的问题,培训效果不佳。笔者认为:提高培训质量的可行路径是政府扮演出资者、管理者与

---

① 刘富厚.新形势下对我国农村基础教育的社会学思考[J].教学与管理,2010(2):3—4.

② 韩俊等.农民工培训实态及其“十二五”时期的政策建议[J].改革.2010(9):74—79.

考核者的身份，将不同部门的培训资金整合起来，走市场化道路，通过招投标形式，公开、公平选择资质较好的培训机构，培训前预支部分资金，培训结束后，对培训内容、培训方法、培训管理与培训效果等进行综合评估，根据评估结果支付全部或部分剩余培训资金。

(五)完善农村金融制度

超过四分之一的新生代农民工选择回乡创业，但资金短缺是当前回乡创业农民工的最大困难，应从以下几个方面入手完善农村金融制度以解决回乡创业的资金难题：一是政府安排一定资金，充实中小企业贷款担保机构，并对与当地发展战略匹配的项目提供贴息优惠；二是加大政策性金融支持力度，提供覆盖面广、利息低、期限长的政策性贷款；三是鼓励成立民间信贷组织，增加农村金融资金供给渠道；四是采取多样化贷款形式，满足新生代农民工多样化需求，可实行动产质押贷款、固定资产抵押贷款、自然人担保贷款、个人委托贷款与联保互保贷款等形式；六是扩充农村地区抵押物的范围，除房屋产权与农村承包土地经营权外，可考虑将农村宅基地的使用权纳入抵押范围。

(六)规范农村土地流转

农村土地流转既有利于免除选择定居城市类型的新生代农民工的后顾之忧，又有利于回乡新生代农民工创业或务农，也为保持流动类型新生代农民工提供了基本的生活保障，是值得推广的制度。

早在20世纪80年代中期，湖南省农村已经开始土地流转，随着外出就业农村劳动力数量的增加，土地流转规模日益扩大，2007年底，全省农村共有953.3万亩土地流转①，2010年底，全省农村流转耕地达980.96万亩，占家庭承包耕地总面积的20.22%②。但在土地流转中，存在多方面的问题，如土地流转程序不规范，流转不稳定，流转土地使用效率不高，流转价格随意，流转相关方存在一定矛盾。以笔者调查的湖南省西部B村为例，B村位于湘西雪峰山山脉之下，在土地流转过程中，土地流转的实现主要依靠口头协商，缺乏书面合同，导致流转不稳定；期限较短，甚至多为一年或两年，承包方缺乏稳定预期，缺乏对土地的有效投资，土地使用效率不高，甚至仅仅耕种一季；流转的价

① 徐明华.关于湖南省农村土地流转的调查与思考[J].新湘评论，2009(1)：38.

② 田家贵.关于湖南省土地流转情况的调研[EB/OL].湖南新闻网，2012-04-18，http://www.hn.chinanews.com/hnjjdy/wztt/2012/0418/1588.html

格由双方自由协定，整体价格偏低，一亩两百左右；承租人在承包地种植金银花，给当地居民畜牧业的发展造成一定的负面影响，导致承租人与当地居民产生矛盾。

规范土地流转、提高流转效益要求政府在农村土地流转中必须做到以下几点：首先，明确土地产权关系。确权是土地流转的前提，黄祖辉、王朋(2008)认为，应该将“三权分离”作为土地产权改革的基本点，即“所有权”“承包权”与“经营权”分别归属于集体、农户与承包人①，“三权分离”在不改变农村土地现有产权的基础上进行农村土地流转，保证了制度的连续性。其次，引导农村土地流转服务机构的发展与完善。在农村土地流转过程中，政府可通过政策、资金支持等，引导建立市场化的土地流转信息与服务平台以提高土地流转效益。最后，逐步提高农村社会保障水平，弱化土地的社会保障功能，促进土地流转。在现有制度框架下，土地不仅承载生产、就业功能，还承载养老等社会保障功能，农民工一般不会轻易转让土地，阻碍农村规模农业与现代农业发展。政府可通过鼓励年轻农民工提前缴纳养老保险费、增加政府补贴等手段逐步提高农民的社会保障待遇，间接强化农民工转让土地的意愿。

(七)加大农业与农村投入

农业与农村的发展有利于增加农业与农村对新生代农民工的吸引力，是破解新生代农民工“融不进城市，回不了城市”困境的有效手段之一。国家加大投入是促进农业发展与新农村建设的主要途径，王云(2010)的研究表明：在我国，国家财政支农资金与农业金融贷款金额对农业增长的贡献率仅低于机械总动力，位居第二位②。通过增加投入，发展现代农业，完善农业基础设施，改善农村基础设施，改变村容村貌，缩小农业与非农业收入差距，缩小城镇与乡村的差距，为回乡务农、回乡创业流动的实现提供条件。

(八)宣传典型个案，引导新生代农民工做出与自身匹配的选择

影响因素分析结果显示：新生代农民工流动行为选择受到从众心理的影响，尤其是风险最高的回乡创业流动与风险较高的定居城市流动，更多受到从众心理的影响，但回乡创业与定居城市的成功实现需要一系列的条件，并不适

---

① 黄祖辉、王朋.农村土地流转：现状、问题及对策——兼论土地流转对现代农业发展的影响[J].浙江大学学报(人文社会科学版)，2008(2)：47.

② 王云.农业投入与农业增长的灰色关联分析[J].当代经济管理，2010(10)：47－48.

合每一位新生代农民工。

基于新生代农民工广泛接触网络、电视、报纸等传媒手段，可通过上述媒体对每种类型的典型个案进行大力宣传，并进行总结性点评，引导新生代农民工谨慎对待自己的流动行为选择，选择适合自己的流动行为类型，而非盲从他人选择。

二、企业方面的建议

企业作为新生代农民工的雇主与直接管理者，与新生代农民工的互动更频繁、更直接，它是政府与新生代农民工的连接纽带，政府相当部分的相关政策将通过企业对新生代农民工产生作用。

(一)主动、积极执行相关政策法规

在劳动力供给减少与政府监控力度增加的背景下，企业主动、积极执行相关制度可实现三方共赢，政府相关制度政策发挥应该发挥的效应，达到制度政策出台的初衷；企业可赢得新生代农民工的青睐，保持员工队伍的稳定，减少企业人力资源管理成本，提高企业效益；新生代农民工的合法权益得以实现。企业尤其应严格执行《劳动合同法》与《劳动法》，保障新生代农民工的劳动权益。

企业积极执行相关政策与制度，保证员工没有不满意，但也没有满意。面对工作时间对新生代农民工流动行为选择的显著影响与个人强烈的求发展、求公平的非经济动机，企业还应转变管理理念与管理方式，激励员工，产生更大收益。

(二)转变管理理念

任何管理理念均以一定的人性假设为前提，企业在管理中的理念应从“经济人”人性假设转变为“社会人”人性假设。新生代农民工的主导需要正在发生改变，从经济需要逐渐转向发展、尊重、自我实现等非经济需要，“社会人”人性假设与其非经济需要一致。从新生代农民工的需要出发，给予他们尊重与认可，可达到激励新生代农民工的目的。根据激励理论中的双因素理论，激励因素分为两类：保健因素和激励因素，保健因素是造成员工不满的因素，它们的改善能够解除员工的不满，但不能使员工感到满意并激发员工的工作积极性；激励因素是使员工感到满意的因素，唯有激励因素的改善才能让员工感到

满意，给员工以较强的激励，调动积极性，提高劳动生产效率。认可、尊重无疑是重要的激励因素，也是在“社会人”人性假设下必然采取的激励手段。企业在工作中给予新生代农民工尊重，将新生代农民工视为企业宝贵的资产与核心竞争力的来源，让员工备受鼓舞，产生内在激励，提高满意度与绩效水平。浙江台州市一家企业已经转变企业管理理念，该企业秉持“先义后利”的原则，尊重农民工及其家人，2011 年 1 月 3 日，该企业在新年第一个工作日，董事长与公司中高层领导以在大门口鞠躬的方式迎接员工上班①，一边是虔诚鞠躬的企业领导者，另一边是得到尊重与认可的农民工。

（三）转变管理方式

“社会人”假设体现在管理实践中，要求改变“胡萝卜加大棒”的管理方式。企业在管理实践中可通过以下三种管理方式体现“社会人”人性假设：第一，导入职业生涯管理，提供与新生代农民工意愿与能力匹配的发展机会。职业生涯管理是组织开展与提供的、用于帮助和促进组织内新生代农民工实现其职业发展目标的过程，是寻找与新生代农民工个人能力、意愿匹配的发展机会的有力工具，达到协调新生代农民工个人需求和企业需求、实现个人和企业共同成长和发展的目的，较好地体现了“以人为本”的理念与“社会人”人性假设，在实践中已经取得较好的激励效果。新生代农民工由于较强的非经济动机，在寻找工作时，56.52％的新生代农民工注重工作发展机会，企业为新生代农民工提供职业生涯规划、开发、评估、反馈和修正，使新生代农民工找到适合自己的工作发展机会，企业人尽其才，达到双方共赢。第二，实施全面薪酬管理，提高激励效果。全面薪酬管理下的薪酬不仅仅包括基本工资、可变工资、有形服务与福利，还包括无形的服务与福利，如培训、进修、工作与生活的平衡、旨在促进个人工作能力提高的绩效管理、赏识与认可等。全面薪酬管理不仅能保障新生代农民工的基本生活，还有助于实现新生代农民工求发展、提高生活质量和工作能力的期望，促使新生代农民工产生由内至外的工作热情，提高工作满意度。第三，建立通畅的申诉渠道，减少新生代农民工不公平感。“湖南省农民工流动调查”显示：82.40％的新生代农民工在工作中遇到过不公平待遇，在不公平待遇之下，新生代农民工易产生不公平感，如果不公平感长久得不到有效疏导，极易产生危害新生代农民工个人（如自杀）与企业（如员工“用脚投

① 梁平.社会学家李强：中国亟待开放农民工步入社会中间阶层的通道[N].中国青年报，2011-01-13(7).

票”)的行为。建立正式申诉渠道(如申诉办公室)与非正式申诉渠道(如情绪发泄室),使新生代农民工的负面情绪得到及时发泄,维持企业与新生代农民工雇佣与被雇佣关系的稳定,正如科塞的社会安全阀思想:要为敌对情绪与不同意见提供随时发泄的渠道,原有关系的连续性才能得以保持①。

三、社区方面的建议

在新生代农民工流动行为影响因素分析中,农村社区虽然并未产生显著影响,可能源于变量选择过少;同时,未纳入城市社区的相关变量。社区作为新生代农民工生活的场域,与影响新生代农民工流动行为的非经济动机、非制度性态度、相对剥夺感与从众心理等心理因素密切相关。为促进新生代农民工的自由流动,应该从农村社区与城市社区两个方面入手。

(一)城市社区提供服务与参与、学习机会

为对新生代农民工的心理状态产生积极影响,城市社区应为新生代农民工提供社区公共服务,并提供参与机会。2012 年 1 月 4 日,民政部发布的“关于促进农民工融入城市社区的意见”指出:以农民工需求为导向,将农民工服务管理纳入社区公共服务之中。根据《居住证暂行条例》,可以社区为载体,为新生代农民工提供义务教育、基本公共就业服务、基本公共卫生服务和计划生育服务、公共文化体育服务与法律援助和其他法律服务等部分城市基本公共服务。在提供服务的过程中,为新生代农民工提供参与、学习机会,如举办社区技能大赛,举办社区学校,并引导新生代农民工建立自己的组织。在接受服务与参与活动中,增强新生代农民工的社区归属感,提高城市生活满意度,满足部分非经济动机,在一定程度上降低相对剥夺感。

(二)农村社区改善居住与生产环境

新生代农民工与农业联系松散,更多的城市务工生活使其对农村村容村貌难以产生认同。为增强农村社区对新生代农民工的吸引力,应改善农村社区的居住环境和生产环境,缩小城市与乡村在居住环境、生产环境方面的差距。居住环境的改善包括住房改建,引入自来水,进行厕所改造,美化居住环境,引入网络,改善教育条件与卫生条件等;生产环境的改善包括提供稳定的

① [美]L.科塞著,孙立平等译.社会冲突的功能[M].北京:华夏出版社,1989:25.

电力、便利的交通、土地的整改、农业机械的租售、公平的制度与完善的服务等。

四、新生代农民工方面的建议

政府制度政策的完善与执行、企业管理理念与方式的转变为新生代农民工自由流动创造了条件，但行为最终执行者为新生代农民工，新生代农民工必须具备相应的素质才能真正实现流动意愿。虽然不同流动行为要求的新生代农民工自身素质有所不同，但作为产业工人的主力，作为推动中国城市化的主体，作为统筹城乡发展的重要力量，至少应该具备健康的体魄、较高的受教育程度、与时俱进的技能、较高的心理素质与思想道德素质。

(一)强化健康意识，养成健康的生活习惯

健康作为人力资本的重要构成部分，无论从宏观来看，还是从微观来看，都具有重大的经济价值。从宏观层面来看，人口健康对经济增长存在直接影响与间接影响，直接影响通过提供数量更多、质量更高的劳动力实现，间接影响通过影响教育以及其他人力资本形成因素实现；同时，其对经济增长的影响是教育不能替代的[①]。从微观来看，滞后一期的健康与当期家庭收入成正相关关系，健康状况的恶化将减少劳动供给，从而减少劳动收入[②]。流动本身是影响健康的一大要素，对农民工群体而言，在流动中的健康状况变化及其对收入的影响同样存在。相关实证研究表明：流动恶化了部分农民工的健康，健康状况恶化的农民工，其收入降低；反之，健康状况未恶化的农民工，其收入提高[③]。具体到新生代农民工群体，流动同样使部分新生代农民工健康状况恶化，尤其是流动时间久、工作压力大的新生代农民工，其健康状况更易恶化[④]。

健康对个人收入存在影响，对新生代农民工而言，流动可能使部分新生代农民工健康状况恶化，从而降低其收入。因此，新生代农民工个体应该关注自身健康水平。在意识上重视健康的作用，尤其是健康的经济价值；在行动上养

---

① 蒋萍、田成诗、肖红云.人口健康与中国长期经济增长关系的实证研究[J].中国人口科学，2008(5)：48—50.

② 张川川.健康变化对劳动供给和收入影响的实证分析[J].经济评论，2011(4)：84.

③ 苑会娜.进城农民工的健康与收入[J].管理世界.2009(5)：63.

④ 和红、任迪.新生代农民工健康融入状况及影响因素研究[J].人口研究，2014(6)：96—100.

成良好的生活习惯，如获取健康知识，尽量增加睡眠时间，戒烟少饮酒。为降低感知到的压力水平，保持运动习惯与营造良好的人际氛围亦非常重要。

(二)主动提高个人受教育程度

教育是影响所有人群收入、发展的重要因素，被调查的新生代农民工的平均受教育年限虽然已超过10年，但与经济发展的要求仍然存有差距。

表7-1 新生代农民工受教育年限与经济要求的差距

单位：%

	大学本科	大学专科	高中	初中	小学	文盲
经济要求	7	31	62		0	0
受教育年限	11.6		43.1	44.1	4.6	0.6
偏差	−26.4		25.2		4.6	0.6

资料来源：经济要求来自中央电视台2009年3月18日的《经济半小时》节目，实际受教育程度来自“湖南省农民工流动”调查。

注：差值等于受教育年限减去经济要求。

在表7-1中，虽然经济要求与受教育年限数据的对象、时间与地点不完全一致，但对比结果可在一定程度上反映二者的差异。新生代农民工高学历(大学专科与大学本科)比例与经济发展要求相比，落后26.4个百分点。目前，该差距可能有所扩大，因为新常态下经济发展对人力资本的要求逐步提高，而人群受教育程度的提升较为缓慢。提高个人学历是经济发展的必然要求。新生代农民工可利用业余时间参加自考、电大等教育形式，提升个人学历。对潜在的农民工，应延长受教育时间。

受教育程度的提高不仅表现为学历的提高，还应表现为知识与能力的增长。在学校教育与继续教育中，新生代农民工应该以学会与会学为目标，学会知识，掌握学习方法，提高学习能力，为终身学习与未来职业生涯发展奠定基础。

(三)认真参加职业培训，防止将职业培训视为形式的认识误区

目前，农民工职业培训质量不高，虽然与政府监管等因素相关，但与参加培训的农民工自身的态度不无关系。新生代农民工应该根据自己的职业发展规划，选择适合自己的培训内容，发挥主观能动性，内化职业培训内容，切实掌握职业技能，提升个体人力资本存量，最终实现与流动意愿一致的自由流动。

(四)优化休闲结构,提倡自发组织积极向上的休闲方式

心理素质与思想道德素质的提高是渐进的、多因素作用的过程,其中,个人业余多参加积极向上的休闲活动是一条重要途径。“湖南省农民工流动调查”显示:新生代农民工主要的休闲方式是睡觉,为56.1%,源于新生代农民工较长的工作时间。作为提高自身文化修养的休闲方式——“看书读报”选项,仅有4.1%的新生代农民工将其视为主要休闲方式,排在七种休闲方式中的第五位;赌博或买彩占到6.6%的份额,这一休闲方式结构不利于新生代农民工自身素质的提高。新生代农民工有待主动调整休闲结构,发挥特长,提升个人素质,与时代要求保持一致。比如,在2011年春节联欢晚会上,利用业余时间练习街舞的深圳万福广场街舞团舞出了年轻人的朝气蓬勃,舞出了新生代农民工的力量与对理想的坚持,反映了这群新生代农民工具有积极向上的进取特质。这一特质可对新生代农民工的工作产生积极影响,促进新生代农民工素质与能力的全面提高。

本章小结

新生代农民工自由流动以发挥流动效应离不开政府、企业、社区与个人的积极作为。在坚持主要类型与其他类型兼顾但偏向主要类型、农村与城市并重、新生代农民工与社会双赢、政策制定与执行并举、关注新生代农民工的非经济需要与经济需要等策略的基础上,政府主要从以下八个方面促进新生代农民工自由流动:建立与个人劳动贡献匹配的权益分配制度;严格监管企业相关政策制度的执行以保障新生代农民工的劳动权益;有序发展中小城市以增加城市承载力;切实提高农村教育质量,优化农民工培训方式;完善农村金融制度;规范农村土地流转;加大农村与农业投入;宣传典型个案,引导新生代农民工做出与自身匹配的选择。对企业而言,在主动执行相关制度与政策的基础上,在新生代农民工管理中引入“社会人”假设,通过导入职业生涯管理、实施全面薪酬管理和建立畅通的申诉渠道满足新生代农民工的需要,促进企业稳定发展。对社区而言,城市社区应成为公共服务供给载体并提供参与机会与学习机会,农村社区应改善居住环境与生产环境。新生代农民工通过强化健康意识与养成健康生活习惯、主动提升个人受教育程度、认真参加培训与优化休闲方式,全面提高自身素质以实现个人的流动意愿。

第八章 >>>

主要结论与研究展望

第一节　主要结论

本书将代际理论与计划行为理论、多维视角的人类行为理论、结构化理论与人口流动理论有机融合，搭建包括流动行为特征、流动行为影响因素与流动行为效应的新生代农民工流动行为分析的理论框架，在该理论框架的指引下，运用“湖南省农民工流动调查”数据，展开新生代农民工流动行为实证分析，主要得出以下结论：

一、两代农民工流动行为性质不同，新生代农民工内部亦出现分化

新生代农民工流动行为特征分析表明：两代农民工在流动行为的主观表现与客观表现中存在差异；决定行为性质的动机与决定行为类型的流动意愿向异质方向演变，由上一代农民工的经济动机主导型转变为经济动机与非经济动机并存型；由上一代农民工的农民化倾向向非农化倾向转变，故两代农民工流动行为存有差异并向异质行为类型演变。同时，在新生代农民工群体内部，存在行为意向的分化，从而出现四种流动行为类型：回乡务农型流动、回乡创业型流动、保持流动型流动与定居城市型流动，不同的流动行为类型在流动经历与流动中的心理状态方面均存在差异。

二、新生代农民工流动行为受到心理因素与社会因素的共同影响

新生代农民工流动行为影响因素分析结果显示：新生代农民工流动受到心理因素与社会因素的共同影响，虽然主要因素是社会因素中的个人因素，但心理因素对新生代农民工流动的影响超过社会因素中的制度因素，在后续新生代农民工流动行为与其他行为研究中，应纳入心理因素。

三、新生代农民工流动行为的效应不仅具有两面性，还具有生态理性

新生代农民工不同流动行为类型在存在积极效应的同时，还存在消极效应。与此同时，不同流动行为类型具有不同的积极效应，积极效应与环境需求一致，新生代农民工流动行为选择是基于现实的合理决策，具有生态理性特征。具体而言，定居城市流动有利于推进城市化与产业化进程，优化城市经济社会结构；回乡创业流动有利于新农村建设与现代农业发展；回乡务农流动可有效缓解传统农业劳动力的短缺；保持流动可有效调节城乡劳动力市场供给，引发企业管理理念与管理方式的转变。

四、新生代农民工应实现自由流动

新生代农民工流动行为主要的、积极的效应与经济社会的发展一致，不同流动行为类型的积极效应与消极效应具有互补性；同时，效应的发挥取决于流动意愿的实现程度。因此，为发挥新生代农民工流动行为的效应，新生代农民工流动行为建议的总体价值取向是促进新生代农民工达成流动意愿，实现与其流动意愿一致的自由流动。

五、政府、企业、社区与新生代农民工共同促进新生代农民工的自由流动

流动行为影响因素既有与个人相关的教育，还有与企业相关的工作时间与务工收入等因素，且这些影响因素的突破还依赖于政府以及生活的社区。

因此，政府、企业、社区与新生代农民工共同参与以实现新生代农民工自由流动。具体而言，政府制定与监管相关的制度政策，引导企业与新生代农民工；企业主动执行相关制度政策，转变管理理念与管理方式；城市社区提供服务与参与机会，农村社区改善居住环境与生产环境；新生代农民工主动提高自身人力资本水平。

第二节 研究展望

在本书的写作过程中，笔者发现以下内容值得深入研究：

一、基于市民化的新生代农民工人力资本提升研究

不管从政府的工作重点来看，还是从新生代农民工的流动意愿来看，均应关注新生代农民工的市民化意愿。近三年来，政府大力推进新型城镇化建设，出台了《国家新型城镇化规划（2014—2020 年）》与《国家新型城镇化综合试点方案》。新型城镇化的重点是农民工市民化，而外出农民工的主体是新生代农民工，故新型城镇化的重要内容之一是新生代农民工市民化。从新生代农民工流动意愿来看，新生代农民工主要的流动意愿是定居城市意愿，即市民化意愿。因此，在后续研究中，应以新生代农民工市民化意愿为主要研究内容。从 2014 年到 2015 年，《国务院关于进一步推进户籍制度改革的意见》与《居住证暂住条例》相继出台，农民工市民化面临的户籍、公共服务、农村土地产权等制度向有利于促进农民工市民化的方向发展，在新生代农民工市民化意愿实现过程中，应更加重视人力资本在市民化中的作用。在新型城镇化背景下，新生代农民工在市民化进程中“融不进”、“扎不稳”等问题的解决也将更多依靠新生代农民工人力资本水平的提升，应从人力资本提升角度研究如何实现新生代农民工市民化。

二、以新人力资本理论为视角研究新生代农民工人力资本

本研究结果显示：教育对新生代农民工流动行为影响显著。在我国人口流动相关制度如户籍制度日益完善的背景下，包括教育在内的人力资本对新生代农民工流动将产生越来越重要的影响。同时，由传统人力资本理论演变

而来的新人力资本理论表明:以能力而非教育为核心的人力资本对劳动者,尤其是低收入劳动者尤为重要。因此,在基于市民化的新生代农民工人力资本提升研究中,应以新人力资本理论为指导,根据新人力资本理论确定新生代农民工人力资本的提升内容与提升路径。

三、开展新生代农民工非经济需要的专项调查

本研究已经证明与上一代农民工相比,新生代农民工的流动动机表现为非经济动机与经济动机并存格局。在新生代农民工非经济动机更强烈的前提下,从需要——动机——行为的分析思路出发,详细了解该群体的非经济需要并测量需要强度,对国家制定更加直接与更具针对性的相关政策具有重要意义。

四、分析新生代农民工流动中心理状况的影响因素

本书分析了新生代农民工在流动中的动机、态度、情感、从众心理与风险偏好等心理因素对流动行为的影响,分析结果表明:心理因素的影响仅次于个人因素,高于制度因素,但未分析心理状况的影响因素。研究新生代农民工流动中心理状况的影响因素无疑有助于改善新生代农民工心理状况,更好、更快促进新生代农民工自由流动。

五、优化新生代农民工心理测量量表

新生代农民工流动行为受到心理因素与社会因素的制约,在分析心理因素时,必须借助心理量表。但现有相关量表多基于一般研究或其他研究而设计,将现有相关量表与新生代农民工及其流动行为的特征结合起来,提高心理量表在新生代农民工调查中的信度与效度是一项重要课题。

六、新生代农民工婚姻问题研究

本次调查数据显示:新生代农民工在流动中,晚婚、晚育现象普遍,离婚率相对较高。新生代农民工作为未来中国人口增长的重要源泉,其婚姻状况将对人口变动带来重大影响。在农民工中,由于较高的流动性,易导致婚姻的破

裂，存在较高的离婚率，本次调查样本的离婚率为1.73％，根据民政部公布的《2010年社会服务发展统计公报》，2010年，民政部办理离婚登记196.1万对，因为本次调查对象是处于劳动力年龄阶段的人口，为提高可比性，将2010年所有离婚人数（虽然包括非劳动适龄离婚人口，但以适龄劳动离婚人口为主）与2010年的劳动力人口（15－59岁）相比，2010年全国劳动力人口离婚率约为0.42％，农民工的离婚率是全国劳动力人口离婚率的4.12倍。虽然该结果源自于全体农民工，但可对新生代农民工未来婚姻状况提供警示。在笔者近几年的村庄调查中，发现离婚率呈增长之势。深入、细致地研究农民工，尤其是新生代农民工的婚姻状况、婚姻问题与解决对策，可为完善婚姻家庭政策、优化农民工公共服务供给提供依据。

参考文献

一、外文参考文献

1.Ajzen.I., Fishbein M.Understanding Attitudes and Predicting Social Behavior[M]. Englewood Cliffs, NJ: Prentice Hall, 1980.

2.Ajzen I.From Intentions to Actions: A Theory of Planned Behavior[A].In: Kuhl J, Beckman J, (Eds.), Action Control: From Cognition to Behavior. Heidelberg, Germany: Springer, 1985.

3.Ajzen I.The Theory of Planned Behavior[J].Organizational Behavior and Human Decision Processes, Vol.2, No.50, 1991.

4.Amos H.Hawley.Ecology and Human Ecology[J].Social Forces, Vol.22, No.4.May, 1944.

5.Anderson, R.E., & Carter, I..Human Behavior in the Social Environment: A Social System Approach(4th ed.)[M].New York: Aldine, 1990.

6.Anna L.Paulson.Insurance Motives for Migration: Evidence from Thailand[EB/OL], http://www.kellogg.northwestern.edu/faculty/paulson/ftp/thaimig.pdf.

7.Anthony H.Richmond.Sociology of Migration in Industrial and Post-industrial Societies[A]. In J. A. Jackson, (ed), Migration. Sociological Studies 2. Cambridge: Cambridge Press, 1969.

8.Arne L. Kalleberg. Precarious Work, Insecure Workers: Employment Relations in Transition[J].American sociological review.No, 1.2009.

9.Bradford Barham, Stephen Boucher.Migration, remittances, and inequality: estimating the net effects of migration on income distribution[J].Journal of Development Economics, Vol.55, 1998.

10.Brinley Thomas.Migration and Economic Growth: A Study of Great Britain & the Atlantic Economy(2nd ed)[M].Cambridge University Press.1973.

11.Bronfenbrenner, U.Toward an Experimental Ecology of Human Development[J].American Psychologist, No.32, 1977.

12.Chan Kam Wing.Cities with Invisible Walls [M].Hong Kong.Oxford University Press, 1994.

13.Chien-Huang Lin、Wen-Hsien Huang and Marcel Zeelenberg.: Multiple reference points in investor regret[J].Journal of Economic Psychology,No.6,2006.

14.Christopher K.Hsee & Elke U.Weber.A fundamental prediction error:Self-others discrepancies in risk preference[J].Journal of Experimental Psychology:General,Vol.126 , No.1,1997.

15.Christopher K.Hsee & Elke U.Cross-National Differences in Risk Preference and Lay Predictions [J].Journal of Behavioral Decision Making,No.12,1999.

16.Daniel Kahneman.Maps of Bounded Rationality:a Perspective on Intuitive Judgment and Choice[R].Prize Lecture,December 8,2002.

17.David F.Sly.Migration and the Ecological Complex[J].American Sociological Review,Vol.37,No.5,1972.

18.David C.McClelland,Richard Koestner,and Joel Weinberger.How Do Self-attributed and Implicit Motives Differ? [J].Psychological Review,No.4,1989.

19.DeBrauw.Alan,Huang Jikun,Rozelle Scott D..Zhang Linxin,Zhang Yigang.The Evolution of China Rural Labor Markets during the Reforms[C].Agriculture and Resource Economics Working Paper,03—01,2002.

20.Dean Yang and HwaJung Choi.Are Remittances Insurance? Evidence from Rainfall Shocks in the Philippines[J].The World Bank Economic Review,No 2,2007.

21.Diana B.Winchie and David W.Carment.Migration and Motivation:The Migrant's Perspective[J].Internation Migration Review.Vol.23,No.1,1989.

22.D.J.Bogue,Principles of Demography[M].New York,John Wiley and Sons,1969.

23.Du,Ying."Rural Labor Migration in Contemporary China:An Analysis of its Features and the Macro Context." In Loraine A.West and Yaohui Zhao,Eds.,*Rural Labor Flows in China* ,Institute of East Asian Studies,University of California,Berkeley.2000.

24.Edward J.Taylor.The New Economics of Labour Migration and the Role of Remittances in the Migration Process[J].International Migration,Volume 37,Issue 1,1999.

25.E.G.Ravenstein.The Laws of Migration[J].Journal of the Statistical Society of London.Vol.48,No.2,1885.

26.Engin Sorhun.Economic and Social Motivation-Based Im/migration Modeling:The Case of Turkey[J].Review of Development Economics.Vol.15,Issue 2,2011.

27.Everett S.Lee.A Theory of Migration[J].Demography,Vol.3,No.1,1966.

28.Fishbein M, Ajzen I.Belief, Attitude, Intention, and Behavior: An Introduction to Theory and Research Reading[M],MA:Addison-Wesley,1975.

29.Fishbein M.An Investigation of the Relationships between Beliefs about an Object and the Attitude toward That Object[J].Human Relations,Vol 3,1963.

30.Flavell, J. H. Cognitive Development (2nd ed.) [M]. Englewood Cliff, NJ: Prentice Hall,1985.

31.Gary S. Fields. Rural-Urban Migration, Urban Unemployment and Underemployment, and Job-search Activity in LDCs[J].Journal of Development Economics. Vol 2., Issue 2, 1975.

32.G.J.Lewis.Human Migration[M].New York:Groom Helm Ltd,1986.

33.Gordon F.De Jong.Residential Preferences and Migration[J].Demography, vol 14, No.2, 1977.

34.James B.Kau.C.F.Sirmans.New, Repeat, and Return Migration: A Study of Migrant Types[J].Southern Economic Journal, Vol.43, No.2, 1976.

35.James.T.Fawcett.Migration Psychology: New Behavioral Models[J].Population and Environment, Vol.8, Number 1&2, 1985—86.

36.J.C. Alexander. Sociological theory since 1945 [M]. Berkeley University of Press, 1987.

37.J.DaVanzo. New, Repeat, and Return Migration: Comment[J]. Southern Economic Journal, Vol.44, No.3, 1978.

38.J.Edward Taylor, Scott Rozelle and Alan.DeBrauw.Migration and Incomes in Source Communities: A New Economics of Migration Perspective from China[J].Economic Development and Cultural Change. Volume.52, Issue: 1, 2003.

39.John R.Harris and Michael P.Todaro.Migration, Unemployment and Development: A Two-Sector Analysis[J].The American Economic Review, Vol.60, No.1 , 1970.

40.John.Stacey Adams. Inequity in Social Exchange[A]. In Leonard Berkowitz(Ed), Advances in Experimental Social Psychology. Volume 2, 1965.

41.Julian Wolpert.Behavioral Aspects of The Decision to Mignt[J].Papers in Regional Science. Vol.15, Issue 1, 1965.

42.Julie DaVanzo.Differences between Return and Nonreturn Migration: An Econometric Analysis[J].International Migration Review, Vol.10, No.1, 1976.

43.Kahneman D, Tversky A. Prospect theory: An analysis of decision under risk[J]. Econometrica, 47(2), 1979.

44.Kam Wing Chan and Li Zhang. The Hukou System and Rural-Urban Migration in China: Processes and Changes[J]. The China Quarterly. Vol.160.

45.Karl Polanyi.The Great Transformation The Political and Economic Origins of Our Time[M].Boston: Beacon Press. 1957.

46.Keyfitz. Migration and Population Growth in Urban of Developing Countries[M]. UN.Population Division, New York, 1970.

47.Kietzman, Spring & Zubin.Perception, Cognition, Information Processing[A]n. H.I. Kaplan & B.J. Sadock(Eds), Comprehensive Text-book of Psychiatry. Baltimore: Williams & Wilkins. Vol.4, 1985.

48.Larry A.Sjaastad.The Costs and Returns of Human Migration[J].The Journal of Political Economy,Vol.70,No.5,1962.

49.Lewin Kurt.Field Theory in Social Science[M].New York:Harper Torch Books. 1951.

50.Lucas,Robert E.B.and Oded Stark.Motivation to Remit:Evidence from Botswana [J].Journal of Political Economy,Vol 93,No.5,1985.

51.Magnusson,D.& Torestad,B..The Individual as an Interactive Agent in the Environment[A].In W.B.Walsh,K.F.Craik,& R.H.Price (Eds.),Person-environment psychology:models and perspectives.Hillsdale,NJ:Lawrence Erlbaum Associates.1992.

52.Michael P.Todaro.A model of labor migration and urban unemployment in less developed countries[J].The American Economic Review,Vol 59,Issue 1,1969.

53.Morton Deutsch & Harold B.Gerard.A Study of Normative and Informational Social Influences upon Individual Judgment[J].Journal of Abnormal and Social Psychology,51 (3),1955.

54.M.Schwartz.Information Transmission,Modulation,and Noise (4th ed) [M].New York:McGraw-Hill,1990.

55.Nicole Hildebrandt、David J.Mckenzie.The Effects of Migration on Child Health in Mexico[J].Economia ,2005(Fall).

56.Nurcombe,B.,& Gallagher,R.M.The Clinical Process in Psychiatry:Diagnosis and Management Planning[M].London:Cambridge University Press.1986.

57.Oded Stark.Rural-to-Urban Migration in LDCs:A Relative Deprivation Approach [J].Economic Development and Cultural Change.Vol.32,No.3,1984.

58.Oded Stark.The Migration of Labor[M].Cambridge.1991.

59.Oded Stark and J.Edward Taylor.Migration Incentives,Migration Types:The Role of Relative Deprivation[J].The Economic Journal,Vol.101,No.408,1991.

60.Oded Stark and David Levhari.On Migration and Risk in LDCs:A Relative Deprivation Approach[J].Economic Development and Cultural Change.Vol.31,No.1,1982.

61.Philip Nelson.Migration,Real Income and Information[J].Journal of Regional Science.Vol.1,Issue 2,1959.

62.P.Neal Ritchey.Explanation of Migration[J].Annual Review of Sociology.vol 2, 1976.

63.Qian Wenbao.Rural-Urban Migration and Its Impact on Economic Development in China[M].Ashgate Pub Co,1996.

64.Rabin,Matthew.Incorporating Fairness into Game Theory and Economics[J].American Economic Review,No.2,1993.

65.Ralph R.Sell and Gordon F.De Jong.Toward a Motivational Theory of Migration

Decision Making[J].Journal of Population.Vol.1(4),1978.

66.R.J.May and Ronald Skeldon."Internal migration in Papua New Guinea:an introduction to its description and analysis"[A].in Change and movement:readings on internal migration in Papua New Guinea[M].R.J.May ed.Canberra:Papua New Guinea Institute of Applied Social and Economic Research in Association with Australian National Press,1977.

67.Robert F.Wiseman & Curtis C.Roseman.A Typology of Elderly Migration Based on the Decision Making Process[J].Economic Geography,Vol.55,No.4,1979.

68.Sally.Findley.Planning for Internal Migration:a Review of Issues and Policies in Developing Countries[M].U.S.Government Printing Office,Washington,1977.

69.Scott Rozelle,J.Edward Taylor and Alan.DeBrauw.Migration,Remittances,and Agricultural Productivity in China[J].AEA Papers and Proceedings.Vol 89.No 2,1999.

70.Sune Åkerman.The psychology of migration[J].American Studies in Scandinavia,No.1,1972.

71.Theodore W.Schultz.Investment in Human Capital[J].*The American Economic Review*,Vol.51,No.1,1961.

72.W.Arthur Lewis.Economic Development with Unlimited Supplies of Labour[J].The Manchester School,Volume 22,Issue 2,1954.

73.William Petersen.A General Typology of Migration [J].American Sociological Review,Vol.23,1958.

74.W.J.Goode.Rational Choice Theory[J].The American Sociologist,Summer 1997.

75.X.T.Wang.Risk as reproductive variance[J].Evolution and Human Behavior,No.1,2002.

76.Yaohui Zhao.Leaving the Countryside:Rural-to-Urban Migration Decisions in China [J].The American Economic Review.Vol 89,No.2,1999.

77.Yaohui Zhao.The Role of Migrants Networks in Labor Migration:The Case of China[J].Contemporary Economic Policy.Vol.21,No.4,2003.

78.Yaohui Zhao.Labor Migration and Earnings Differences:The Case of Rural China [J].Economic Development and Cultural Change,Vol.47,No.4,1999.

79.Yates F J,Stone E R.The risk construct[M].Yates F J.Risk-taking behavior.New York:John Wiley &Sons,1992.

80.Zhang,Z.,A.Liu,S.Yao.Convergence of China's regional icomes,1952—1997 [J].China Economic Review,No.12,2001.

81.Yu Zhu,Wenzhen Chen.The Settlement Intention of China's Floating Population in the Cities:Recent Changes and Multifaceted Individual-level Determinants [J].Population,Space and Place,Vol.16,Issue 4,2010.

二、中文专著

1.A K.Mabogunje.乡村——城市迁移理论的系统研究[A].转引自李竞能编著.现代西方人口理论[M].上海:复旦大学出版社,2004.

2.R.赫伯尔.乡村——城市迁移的原因[A].转引自李竞能编著.现代西方人口理论[M].上海:复旦大学出版社,2004.

3.[美]L.G.希夫曼、L.L.卡纽克著,俞文钊、肖余春译.消费者行为学(第七版)[M].上海:华东师范大学出版社,2002.

4.[法]H.孟德拉斯著,李培林译.农民的终结[M].北京:社会科学文献出版社,2010.

5.[美]L.科塞著,孙立平等译.社会冲突的功能[M].北京:华夏出版社,1989.

6.[美]阿罗著,何宝玉等译.信息经济学[M].北京:北京经济学出版社,1989.

7.[美]艾尔·巴比著,邱泽奇译.社会研究方法(第十一版)[M].北京:华夏出版社,2009.

8.安东尼·吉登斯著,李康、李猛译.社会的构成[M].北京:生活·读书·新知三联书店.

9.蔡昉.中国流动人口问题[M].北京:社会科学文献出版社,2007.

10.蔡昉.从农民工到市民:中国特色的深度城市化[A].蔡昉主编.后金融危机时期的劳动力市场挑战[M].北京:社会科学文献出版社,2010.

11.蔡和平.农民工工资的变动趋势[A].韩俊主编.中国农民工战略问题研究[M].上海:上海远东出版社,2009.

12.陈明立等著.中国人口法治论[M].北京:中国人口出版社,2010.

13.崔传义著.中国农民流动观察[M].太原:山西经济出版社,2004.

14.[美]戴维·迈尔斯著,侯玉波、乐国安、张智勇等译.社会心理学(第8版)[M].北京:人民邮电出版社,2009.

15.[美]丹尼尔·贝尔著,赵一凡、蒲隆、任晓晋译.资本主义文化矛盾[M].北京:三联书店,1989.

16.风笑天.现代社会调查方法(第四版)[M].武汉:华中科技大学出版社,2009.

17.葛剑雄.中国移民史(第一卷)[M].福州:福建人民出版社,1997.

18.葛正鹏.农民工就业问题研究——基于浙江省新生代农民工视角[M].北京:水利水电出版社,2009.

19.辜胜阻、刘传江.人口流动与农村城镇化战略管理[M].武汉:华中理工大学出版社,2000.

20.国务院研究室课题组.中国农民工调研报告[M].北京:中国言实出版社,2006.

21.郭志刚.社会统计分析方法——SPSS软件应用[M].北京:中国人民大学出版社,2009.

22.韩晓燕、朱晨海.人类行为与社会环境[M].上海:格致出版社、上海人民出版社,2009.

23.何大安.选择行为的理性与非理性融合[M].上海：上海三联书店、上海人民出版社，2006.

24.[美]加里·S.贝克尔著，王业宇、陈琪译.人类行为的经济分析[M].上海：格致出版社、上海三联书店、上海人民出版社，2008.

25.[美]加洛蒂著，吴国宏等译.认知心理学[M].西安：陕西师范大学出版社，2005.

26.蒋太岩、刘芳、谷颖等.从歧视走向公平——中国农民工及其子女教育问题调查与分析[M].沈阳：东北大学出版社，2008.

27.金雪军、杨晓兰主编.行为经济学[M].北京：首都经济贸易大学出版社，2009.

28.[美].凯温·R.墨菲、查尔斯·O.大卫著，张娜、杨艳苏、徐爱华译.心理测验——原理和应用(第6版)[M].上海：上海社会科学院出版社，2006.

29.[德]伊曼努尔.康德著，蓝公武译.纯粹理性批判[M].北京：商务印书馆，1993.

30.[德]柯武刚、史漫飞著、韩朝华译.制度经济学——社会秩序与公共政策[M].北京：商务印书馆，2004.

31.[美]理查德·P.鲁尼恩、凯·A.科尔曼、戴维·J.皮腾杰著，王星译.行为统计学基础(第9版)[M].北京：中国人民大学出版社，2007.

32.李竞能编著.现代西方人口理论[M].上海：复旦大学出版社，2004.

33.刘传江、程建林、董延芳.中国第二代农民工研究[M].济南：山东人民出版社，2009.

34.刘家强.人口经济学新论[M].成都：西南财经大学出版社，2004.

35.刘怀廉.中国农民工问题[M].北京：人民出版社，2005.

36.刘少杰.经济社会学的新视野——理性选择与感性选择[M].北京：社会科学文献出版社，2005.

37.刘世定、胡冀燕著.趋同行为与人口规模[M].北京：中国人口出版社，1993.

38.柳友荣主编.现代心理学基础[M].合肥：安徽人民出版社，2003.

39.刘铮、李竞能.人口理论教程[M].北京：中国人民大学出版社，1985.

40.[德]马克斯·韦伯著，阎克文译.经济与社会(第一卷)[M].上海：世纪出版集团，2010.

41.[美]马斯洛著.成明编译.马斯洛人本哲学[M].北京：九州出版社，2003.

42.孟昭兰.普通心理学[M].北京：北京大学出版社，1994.

43.[美]乔斯·B.阿什福德、克雷格.温斯顿·雷克劳尔、凯西·L.洛蒂著，王宏亮、李艳红、林虹译.人类行为与社会环境——生物学、心理学与社会学视角(第二版)[M].北京：中国人民大学出版社，2005.

44.邱皓政.社会与行为科学的量化研究与统计分析[M].台北：五南图书出版股份有限公司，2002.

45.沈立人.中国农民工[M].北京：民主与建设出版社，2005.

46.盛来运.流动还是迁移——中国农村劳动力流动过程的经济学分析[M].上海：上海远东出版社，2008.

47.苏同华.行为金融学教程[M].北京：中国金融出版社，2006.

48.孙绍荣、宗利永、鲁虹编著.理性行为与非理性行为——从诺贝尔经济学奖获奖理论看行为管理研究的进展[M].上海：上海财经大学出版社，2007.

49.涂尔干.《〈社会分工论〉第二版序言》[A].渠东译，载苏国勋、刘小枫主编.社会理论的开端[M].上海：上海师范大学出版社，2005.

50.王国辉著.基于农户净收益最大化的中国乡城迁移研究[M].北京：经济科学出版社，2006.

51.王济川、郭志刚.Logistic回归模型——方法与应用[M].北京：高等教育出版社，2001.

52.王学义.人口现代化研究[M].北京：中国人口出版社，2006.

53.魏城编著.中国农民工调查[M].北京：法律出版社，2008.

54.吴明隆著.问卷统计分析实务——SPSS操作与应用[M].重庆：重庆大学出版社.2010.

55.[美]西蒙著.转引自约翰·伊特韦尔、默里·米尔盖特、彼得·纽曼编.新帕尔格雷夫经济学大辞典(第一卷)[M].北京：经济科学出版社，1996.

56.薛薇.SPSS统计分析方法及应用(第2版)[M].北京：电子工业出版社，2009.

57.[英]亚当·斯密著，郭大力、王亚南译.国民财富的性质和原因的研究(上卷)[M].北京：商务印书馆，1972.

58.杨成钢.失业属性与中国失业问题研究[M].成都：西南财经大学出版社，2008.

59.杨菊华.社会统计分析与数据处理技术——STATA软件的应用[M].北京：中国人民大学出版社，2008.

60.[英]约翰·梅纳德·凯恩斯著，高鸿业译.就业、利息和货币通论[M].北京：商务印书馆，1999.

61.赵树凯.纵横城乡——农民流动的观察与研究[M].北京：中国农业出版社，1998.

62.郑杭生主编，李强、李路路、林克雷副主编.社会学概论新修(第三版)[M].北京：中国人民大学出版社，2007.

63.郑日昌、孙大强编.心理测量与测验[M].北京：中国人民大学出版社，2008.

64.钟水映著.人口流动与社会经济发展[M].武汉：武汉大学出版社，2000.

65.周文贤.多变量统计分析—SAS/STAT使用方法[M].台北：智胜文化，2002.

三、中文期刊论文

1.白南生、李靖.城市化与中国农村劳动力流动问题研究[J].中国人口科学，2008(4).

2.蔡昉.人口迁移和流动的成因、趋势与政策[J].中国人口科学，1995(6).

3.蔡昉、都阳.迁移的双重动因及其政策含义——检验相对贫困假说[J].中国人口科学，2002(4).

4.蔡昉、王美艳.户籍制度改革的历程与展望[J].广东社会科学，2008(6).

5.蔡昉.劳动力迁移的两个过程及其制度障碍[J].社会学研究,2001(4).

6.曹向昀.西方人口迁移研究的主要流派及观点综述[J].中国人口科学.1995(1).

7.长子中.新生代农民工不能顺利市民化的不良影响[J].中国经贸导刊.2010(9).

8.陈明立.略论规范公民的人口行为[J].四川行政学院学报,2005(4).

9.陈明立.流动人口的婚姻家庭形式及其人口学效应[J].南方人口,1990(4).

10.陈芳妹、龙志和.新迁移经济学视角的RD模型述评[J].中国劳动经济学,2006(2).

11.陈善平、闫振龙、谭宏彦.体育消费需要量表的编制和信效度分析[J].体育科学,2010(6).

12.陈世平、张艳.风险偏好与框架效应对大学生职业决策的影响[J].心理与行为研究,2009(3).

13.陈延秋、金晓彤.新生代农民工市民化意愿影响因素的实证研究——基于人力资本、社会资本和心理资本的考察[J].西北人口,2014(4).

14.迟帅、金银.新生代农民工群体特征研究[J].当代青年研究,2012(5).

15.丁志宏.我国新生代农民工的特征分析[J].兰州学刊,2009(7).

16 董振国、梁鹏、张军,双重边缘化:新生代农民工调查[J].检察风云,2009(9).

17.董志强、洪夏璇.行为劳动经济学研究进展[J].经济学动态,2008(2).

18.段成荣、孙玉晶.我国流动人口统计口径的历史变动[J].人口研究,2006(4).

19.段成荣.省际人口迁移迁入地选择的影响因素分析[J].人口研究,2001(1).

20.段平忠.我国流动人口行为的影响因素分析[J].中国地质大学学报(社会科学版),2008(1).

21.段文婷、江光荣.计划行为理论述评[J].心理科学进展,2008(2).

22.范维.人力资本对农民工市民化能力提升的影响分析[J].农村经济与科技,2014(4).

23.符平、黄莎莎.在梦想与现实之间——“80”后新生代农民工与“四个世界”关系的研究[J].青年研究.2009(4).

24.符平、唐有财,倒“U”轨迹与新生代农民工的社会流动——新生代农民工的流动史研究[J].浙江社会科学,2009(12).

25.高建丽、孙明贵.新生代农民工就业能力综合评价模型构建[J].理论观察,2014(12).

26.高建丽、张同全.新生代农民工就业能力量化评价体系的构建[J].西北人口,2013(2).

27.高彦彦、郑江淮、孙军.从城市偏向到城乡协调发展的政治经济逻辑[J].当代经济科学,2010(5).

28.高芸、张丞.农村劳动力反复流动行为的决定因素分析[J].农业技术经济,2010(3).

29.庚德昌.全国百村劳动力调查资料集[A].高小贤.当代中国农村劳动力转移及农业女性化趋势[J].社会学研究.1994(2).

30.辜胜阻、朱农、邓邦林.人口流动及其后果探微[J].人口与经济,1989(4).

31.辜胜阻、李华、易善策.均衡城镇化:大都市与中小城市协调共进[J].2010(5).

32.郭星华.城市居民相对剥夺感的实证研究[J].中国人民大学学报,2001(3).

33.郭星华、才凤伟.新生代农民工的社会交往与精神健康——基于北京和珠三角地区调查数据的实证分析[J].甘肃社会科学,2012(4).

34.郭星华、郑日强.农民工创业:留城还是返乡?——对京粤两地新生代农民工创业地选择倾向的实证研究[J].中州学刊,2013(2).

35.韩俊等.农民工培训实态及其“十二五”时期的政策建议[J].改革.2010(9).

36.韩雪松,新生代农民工的心理困境与解决策略[J].西安社会科学,2009(11).

37.和红、任迪.新生代农民工健康融入状况及影响因素研究[J].人口研究,2014(6):96—100.

38.贺雪峰.村庄精英与社区记忆:理解村庄性质的二维框架[].社会科学辑刊,2000(4).

39.何贵兵、于永菊.决策过程中参照点效应研究述评[J].心理科学进展,2006(3).

40.洪小良.城市农民工的家庭迁移行为及影响因素研究——以北京市为例[J].中国人口科学,2007(6).

41.胡凯、胡莹.心理因素对农民工回流的影响及对策[J].湖南省医科大学学报(社会科学版),2009(3).

42.黄佳豪.社会排斥视角下新生代农民工市民化问题研究[J].中国特色社会主义研究,2013(3).

43.黄乾.农村劳动力转移就业问题性质的根本转变与社会政策选择[J].人口研究,2007(4).

44.黄裕安.新生代农民工问题的社会反应方式与改革对策—以富士康N连跳为例[J].中国青年研究,2011(1).

45.黄祖辉、王朋.农村土地流转:现状、问题及对策——兼论土地流转对现代农业发展的影响[J].浙江大学学报(人文社会科学版),2008(2).

46.简新华.新生代农民工融入城市的障碍与对策[J].求是学刊,2011(1).

47.蒋萍、田成诗、肖红云.人口健康与中国长期经济增长关系的实证研究[J].中国人口科学,2008(5).

48.李超海,主体认知和行动能力失衡的青年农民工群体——兼与珠三角地区中老年农民工的比较[J].南方人口,2007(3).

49.李红专.当代西方社会理论的实践论转向——吉登斯结构化理论的深度审视[J].哲学动态.2004(11).

50.李练军、邓连望.新生代农民工市民化能力:一个基于“三环节”的理论探讨[J].农业经济,2016(1).

51.李练军.新生代农民工融入中小城镇的市民化能力研究——基于人力资本、社会资本与制度因素的考察[J].农业经济问题,2015(9).

52.李培林.流动民工的社会网络和社会地位[J].社会学研究,1996(4).

53.李培林.全球化与中国“新三农问题”[J].福建行政学院福建经济管理干部学院学报,2006(2):6.

54.李培林、李炜.近年来农民工的经济状况和社会态度[J].中国社会科学,2010(1).

55.李培林.农村发展研究的新趋势、新问题[J].吉林大学社会科学学报,2010(1):6.

56.李培林、田丰.中国新生代农民工:社会态度和行为选择[J].社会,2011(3).

57.李强.影响中国城乡流动人口的推力与拉力因素分析[J].中国社会科学,2003(1).

58.李强.为什么农民工“有技术无地位”——技术工人转向中间阶层社会结构的战略探索[J].江苏社会科学,2010(6).

59.李强、龙文进.农民工留城与返乡意愿的影响因素分析[J],中国农村经济,2009(2).

60.里昕.基于族际对比的少数民族农民工就业竞争能力研究[J].贵州大学学报(社会科学版),2014,(2).

61.李新华.第三代与新生代——关于“代际理论”的手记之二[J].当代青年研究,1989(1).

62.李义波、朱考金.农民工融合度主观认知状况:身份认同、城市归属与发展规划——以江苏省 1085 名农民工为例[J].南京农业大学学报(社会科学版),2010(1).

63.廖小平、曾祥云.“代”论[J].江海学刊,2004(4).

64.刘传江.农民工生存状态的边缘化与市民化[J].人口与计划生育,2004(11):44.

65.刘传江、徐建玲.“民工潮”与“民工荒”——农民工劳动供给行为视角的经济学分析[J].财经问题研究,2006(5).

66.刘传江、徐建玲.第二代农民工及其市民化研究[J].中国人口·资源与环境,2007(1).

67.刘传江、程建林.我国农民工的代际差异与市民化[J].经济纵横,2007(4).

68.刘传江、程建林.第二代农民工市民化:现状分析与进程测度[J].人口研究,2008(5).

69.刘传江.新生代农民工的特点、挑战与市民化[J].人口研究,2010(2).

70.刘富厚.新形势下对我国农村基础教育的社会学思考[J].教学与管理,2010(2).

71.刘家强、蒋华、唐代盛.人本主义城乡一体化及其路径选择——以成都为例[J].人口与经济,2006(3).

72.刘继云、孙绍荣.制度影响行为的机理分析[J].科技创业月刊,2005(5).

73.刘剑康、李清菊.从湖南省情况看农民工就业问题[J].文史博览(理论).2009(9).

74.刘金塘、伍小兰.多元统计分析技术在人口研究中的应用[J].人口研究,2002(2).

75.刘俊彦、胡献忠.新一代农民工发展状况研究报告[J].中国青年研究,2009(1).

76.刘俊威、刘纯彬.农民工创业性回流影响因素的实证分析——基于安徽省庐江县调研数据[J].经济体制改革,2009(6).

77.刘俊威.我国新生代农民工就业能力内涵与特征研究[J].安徽农业科学,2012(8).

78.刘少杰.当代社会学的理性化反省与感性论转向[J].中国人民大学学报,2008(3).

79.柳建平、孙艳飞.新生代农民工就业行为、收入水平及其变动趋势[J].农村经济,2014(8):55.

80.罗恩立.新生代农民工的就业能力研究[J].中国人力资源开发,2010(2).

81.罗恩立.新生代农民工就业能力初探——一个分析的框架[J].经济问题探索,2010(3).

82.罗恩立.就业能力对农民工城市居留意愿的影响——以上海市为例[J].城市问题,2012(7).

83.罗光帆.广州外来新生代农民工流动性和回乡创业意愿分析[J].广东青年干部学院学报,2011(2).

84.罗霞、王春光.新生代农村流动人口的外出动因与行动选择[J].浙江社会科学,2003(1).

85.马本昌.人口迁移与流动概念及其调查指标设置探讨[J].人口与计划生育,1998(6).

86.马云献.新生代农民工就业能力评估及代际差异——基于河南的调查[J].郑州航空工业管理学院学报,2011(6).

87.穆光宗.人口流动效应与新农村建设——“文化家乡”的理论构建[J].中国图书评论,2006(10).

88.潘捷军.新农村建设、城镇化进程与流动人口问题——我国“三农”问题的双重视野、双向效应和双轨路径[J].浙江师范大学学报(社会科学版).2007(1).

89.彭仁贤、韩江波、饶惠霞.分享经济:新生代农民工可持续就业能力研究的新视角[J].学习与实践,2013(6).

90.钱人磊.新生代农民工生活状况调查[J].中国乡村发现,2007(3).

91 .任远、姚慧.流动人口居留模式变化和城市管理——基于对上海的研究[J].人口研究,2007(3).

92.盛来运.中国农村劳动力外出的影响因素分析[J].中国农村观察,2007(3).

93.石玉顶.我国农民工流动就业的历史演变及制度创新研究[J].农业现代化研究,2008(6).

94.宋健.中国流动人口的就业特征及其影响因素——与留守人口的比较研究[J].人口研究,2010(6).

95.檀学文.稳定城市化——一个人口迁移角度的城市化质量概念[J].中国农村观察,2012(1).

96.唐灿、冯小双,“河南村”流动农民的分化[J].社会学研究,2000(4).

97.特里安迪斯.跨文化心理学[J].美国心理学家,1984(9).

98.童星、赵夕荣.“社区”及其相关概念辨析[J].南京大学学报(哲学.人文科学.社会科学版),2006(2).

99.王春光.新生代的农村流动人口对基本公民权的渴求[J].民主与科学,2000(1).

100.王春光.新生代农村流动人口的社会认同与城乡融合的关系[J].社会学研究,2001(3).

1001.王春光.农村流动人口的"半城市化"问题研究[J].社会学研究.2006(5).

102.王春光.对中国农村流动人口"半城市化"的实证分析[J].学习与探索.2009(5).

103.王春光.对新生代农民工城市融合问题的认识[J].人口研究,2010(2).

104.王德、叶晖.1990年以后的中国人口迁移研究综述[J].人口学刊,2004(1).

105.王国辉.基于农户净收益最大化的宏观乡城迁移模型[J].中国人口科学,2006(2).

106.王兴周.新生代农民工的群体特性探析——以珠江三角洲为例[J].广西民族大学学报(哲学社会科学版),2008(7).

107.王学义、徐宏.人口经济效益的另类解释——我国"人口红利"研究述评[J].天府新论,2009(2).

108.汪永涛.各年龄层新生代农民工心理状况比较研究[J].预防青少年犯罪研究,2012(9).

109.王云.农业投入与农业增长的灰色关联分析[J].当代经济管理,2010(10).

110.王竹林、范维.人力资本视角下市民化能力形成机理及提升路径[J].西北农林科技大学学报(社会科学版),2015(2).

111.王宗萍、段成荣.第二代农民工特征分析[J].人口研究,2010(2).

112.文军.从生存理性到社会理性选择:当代中国农民外出就业动因的社会学分析[J].社会学研究,2001(2).

113.吴漾.论新生代农民工的特点[J].东岳论丛,2009(8).

114.徐明华.关于湖南省农村土地流转的调查与思考[J].新湘评论,2009(1).

115.许若兰、许传新,新生代农民工现代性人格发展状况及影响因素[J].南京人口管理干部学院学报,2007(7).

116.杨成钢、赵小殊.户籍制度存废刍议[J].人口与发展,2009(6).

117.杨成钢.生育工作新机制与人口管理科学的发展[J].人口学刊,2009(4).

118.杨成钢、杨风.市民化进程的社会学思考[J].农村经济,2004(10).

119.杨成钢.谈农业劳动力过剩问题[J].人口研究,1983(6).

120.杨聪敏.改革开放以来农民工流动规模考察[[J].探索,2009(4).

121.杨德才.制度变迁与我国农村剩余劳动力转移——改革以来我国农村剩余劳动力阶段性95.流动的实证研究[J].当代经济研究.2006(12).

122.杨菊华.对新生代流动人口的认识误区[J].人口研究,2010(2).

123.杨廷钫、凌文辁.新生代农民工工作嵌入测量量表构建——社区嵌入的调节作用[J].人口与经济,2013(4).

124.杨云彦、石智雷.家庭禀赋对农民外出务工行为的影响[J].中国人口科学,2008(5).

125.姚植夫，薛建宏.新生代农民工市民化意愿影响因素分析.人口学刊，2014(3).

126 苑会娜.进城农民工的健康与收入[J].管理世界.2009(5):63.

127.悦中山、李树茁、费尔德曼、杜海峰.徘徊在“三岔路口”：两代农民工发展意愿的比较研究[J].人口与经济，2009(6).

128.张川川.健康变化对劳动供给和收入影响的实证分析[J].经济评论，2011(4).

129.张斐.新生代农民工市民化现状及影响因素分析[J].人口研究，2011(6).

130.张俊良、刘飞.金融危机背景下农村剩余劳动力转移的问题与对策[J].农村经济，2010(12).

131.张俊良.农业劳动力就业培训财政支持政策的探讨[J].中国劳动，2010(12).

132.张丽艳、陈余婷.新生代农民工市民化意愿的影响因素分析——基于广东省三市的调查[J].西北人口，2012(4).

133.张娜、雷怀英.新生代农民工收入影响因素研究——基于天津市的调查[J].农业技术经济，2013(7).

134.张笑秋.基于参照点依赖的新生代农民工“民工荒”成因分析[J].福建论坛(人文社会科学版)，2011(2).

135.张雄.哲学理性概念与经济学理性概念辨析[J].江海学刊，1999(6).

136.张新岭.农民工就业能力及其开发刍议[J].人口与经济，2008(2).

137.张英魁.农村精英人才流失与新农村人力资源再造的路径选择[J].华南农业大学学报(社会科学版)，2008(2):6.

138.张永丽、黄祖辉.中国农村劳动力流动研究述评[J].中国农村观察，2008(1):71—77.

139.张永丽、黄祖辉.新一代流动劳动力的特征及流动趋势——来自甘肃省10个样本村的调查与分析[J].中国人口科学，2008(2).

140.赵芳.“新生代”，一个难以界定的概念——以湖南省青玄村为例[J].社会学研究，2003(1).

141.赵培红.城市承载力研究评述[J].城市，2012(9).

142.赵智晶、吴秀敏、陈科宇、杨易.新生代农民工工作满意度实证分析——基于结构方程模型的研究[J].四川农业大学学报，2010(2).

143.郑杭生.农民市民化：当代中国社会学的重要研究主题[J].甘肃社会科学，2005(4).

144.周晓虹.模仿与从众：时尚流行的心理机制[J].南京社会科学，1994(8).

145.朱考金.城市农民工心理研究——对南京市610名农民工的调查与分析[J].青年研究，2003(6).

四、其他参考文献(学位论文、论文集、报纸、电子文献)

1.牟新云.基于需要理论的进城农民工行为分析与管理研究[D].2007.

2.王春蕊.禀赋、有限理性与农村劳动迁移行为研究[D].西南财经大学,2010.

3.杨波.中国农村劳动力回乡创业问题研究[D].中国农业大学,2009.

4.杨肖丽.城市化进程中农民工的迁移行为模式及其决定[D].沈阳农业大学,2009.

5.张宝庆.新生代农民工流动研究[D].2005.

6.[美]阿莫斯·特韦尔斯基.理性选择与感性选择的管理比较[A].理查德·J.济科豪瑟、拉尔夫·L.基尼、詹姆斯·K.萨本缪斯.决策、博弈与谈判[C].北京:机械工业出版社,2004.

7.陈新焱、杜蕾."民工荒"真相调查[N].南方周末.2011-03-03.

8.韩长赋.第三代农民工群体已经形成[N].人民日报,2010-02-01.

9.梁平.社会学家李强:中国亟待开放农民工步入社会中间阶层的通道[N].中国青年报,2011-01-13.

10.全国总工会新生代农民工问题课题组.关于新生代农民工问题的研究报告[N].工人日报,2010-06-21.

11.王小乔.一个贫困县村庄的打工变迁史[N].南方周末,2011-03-03.

12.颜维琦.愿"农民工"成为历史[N].光明日报,2010-11-24.

13.80后农民创业故事3篇[EB/OL].学习啦,http://www.xuexila.com/gushi/lizhi/377493.html,2015-12-24.

14.国家统计局.2011年我国农民工调查监测报告[EB/OL].国家统计局网站.http://www.stats.gov.cn/ztjc/fxbg/201204/t20120427_16154·html.2012—04—27.

15.国家统计局.2012年全国农民工监测调查报告[EB/OL].国家统计局网站.http://www.stats.gov.cn/tjfx/jdfx/t20130527_402899251.htm.2013-05-27.

16.国家统计局.国家统计局数据显示2013年中国城镇化率为53.7%[EB/OL].网易,2014-01-20,http://news.163.com/14/0120/10/9J1BQSN700014JB5.html.

17.国家统计局.2014年全国农民工监测调查报告[EB/OL].国家统计局网站.http://www.stats.gov.cn/tjsj/zxfb/201504/t20150429_797821.html.2015—4—29.

18.国家统计局.2015年农民工监测调查报告[EB/OL].国家统计局网站.http://www.stats.gov.cn/tjsj/zxfb/201604/t20160428_1349713.html,2016—04—28.

19.辜胜阻.城镇化如何让农民变"中产"?[EB/OL].订阅一腾讯网,http://dy.qq.com/article.htm? id=20160412A05SSJ00,2016-4-12.

20.胡薇.蔡昉:"民工荒"非民工慌 二次人口红利仍有优势[EB/OL].人民网,http://finance.people.com.cn/GB/11065043.html.2010-03-03.

21.姜文杰.2010年湖南省农民工总人数1063.3万人[EB/OL].湖南省统计信息网,http://www.hndc.gov.cn/Article/ArticleShow.asp? ArticleID=1096.2011-1-25.

22.Jonathan Woetzel and Janamitra Devan.成长的烦恼——中国城市化进程[EB/OL].360doc个人图书馆,2008-04-16,http://www.360doc.com/content/08/0416/18/267_1194607.shtml.

23.农民工回乡创业问题研究课题组.农民工回乡创业现状的调查与政策建议[EB/OL].人民网,http://nc.people.com.cn/GB/8751401.html.2009-02-05.

24.新生代农民工问题课题组.2010年企业新生代农民工状况调查及对策建议[EB/OL].人民网,http://acftu.people.com.cn/GB/67582/13966631.html.2011-02-21.

25.中国青少年研究中心.中国新生代农民工发展状况及代际对比研究报告[EB/OL].中国青少年研究网 http://www.cycs.org/Article.asp? Category=1&Column=389&ID=7879,2008-08-03.

26.Jenny Chan and Ngai Pun.Suicide as Protest for the New Generation of Chinese MigrantWorkers:Foxconn,Global Capital,and the State[EB/OL].http://w3.uniroma1.it/sapienzamillenniumcourse/Student%20Assignments/May%2020%20-%20Battistin/promoting%20basic%20rights%20at%20work%20and%20economic%20growth%20-%20which%20one%20is%20the%20priority.pdf.

附录 1 >>>

“湖南省农民工流动调查”预问卷

问卷编号：______________

湖南省城市新移民流动问卷

尊敬的朋友：

您好！

我是湖南科技大学的老师，正在进行湖南城市新移民调查。您为我国经济和社会发展做出了卓越的贡献，您的现状、您对未来的计划和选择将关系到我国城市与农村、经济与社会的发展！为促进政府制定更具针对性的、更满足不同类型需求的个性化政策，特进行此次问卷调查。调查结果仅用于数据分析，所填信息绝对保密。

请在横线上填写符合您实际情况的选项，或根据自身情况填写具体的数字或文字。如果被调查朋友回家，则请以回家前的务工情况填写。

谢谢您的配合！

一、被调查者的社区特征(A)、家庭特征(B)、个人特征(C)

A1 您家庭人口总数为________人，其中，15—64 岁人口________人，65 岁以上人口________人。

A2 您家在本乡(镇)务工的人数为______人，在其他地方务工的人数为______人。

A3 您父亲或母亲有外出务工的经历吗？__________

1.有　　　　2.没有

A4-1 您家户主是__________

1.父亲　2.母亲　3.配偶　4.儿子
5.女儿　6.自己
7.其他(请注明)＿＿＿＿＿(选择“自己”请跳答至A5)

A4-2 户主的年龄＿＿＿＿＿岁

A4-3 户主的受教育程度＿＿＿＿＿
1.未上过学　2.小学　3.初中　4.高中
5.大专及以上

A5 您家庭的年收入为＿＿＿＿＿元，其中，打工收入为＿＿＿＿＿元，农业收入为＿＿＿＿＿元。

A6 您家庭的年支出为＿＿＿＿＿元。

A7 您家收入水平在您村里处于＿＿＿＿＿水平
1.很低　2.较低　3.中等　4.较高
5.很高

A8 您家人均耕地面积为＿＿＿＿＿亩。

A9 您家种地的主要是＿＿＿＿＿
1.您的配偶　2.您的父亲　3.您的母亲　4.子女
5.雇工　6.转包出去的承包人
7.其他(请注明)＿＿＿＿＿

B1 您家所在地耕地的主要类型是＿＿＿＿＿
1.平原地　2.丘陵地　3.山区地

B2 村里允许进行土地转包吗？＿＿＿＿＿
1.允许　2.不允许　3.不知道

B3 村里有土地撂荒吗？＿＿＿＿＿
1.有　2.没有　3.不知道

B4 您家距离最近车站的距离＿＿＿＿＿
1.5公里以内　2.6—10公里　3.10—50公里　4.50公里以上

B5 您家所在地固定电话的普及率约为＿＿＿＿＿%。

B6 您家所在地有企业吗？＿＿＿＿＿
1.没有　2.有一点　3.比较多　4.很多

B7 您家所在地劳动力人口中外出比例约为＿＿＿＿＿%。

C1 您的性别＿＿＿＿＿
1.男　2.女

C2 您的年龄＿＿＿＿＿岁

C3 您的婚姻状况__________

1.未婚　2.有配偶　3.离婚　4.其他

C4 您的户口所在地__________市__________县__________乡（镇）__________村或__________街道

C5 您的受教育程度__________

1.未上过学　2.小学　3.初中　4.高中

5.大专及以上

C6 您拥有的技术有多少种？__________

C7 您外出前参加过培训吗？__________

1.参加过　2.没参加过

C8 您外出后参加过培训吗？__________

1.参加过　2.没参加过

二、外出务工情况(D)

D1 已经打工__________年，在现打工地已经__________年。

D2 外出次数__________次。

D3-1 外出后，曾到过__________个市__________个县__________个镇。

D3-2 最近一年，曾到过__________个市__________个县__________个镇

D4 务工地点是__________省__________市__________县__________镇(乡)

D5 务工方式是__________

1.常年务工　2.农闲务工，农忙务农

3.一边务工，一边务农　4.其他(请注明)__________

D6 初次外出排在前三位的原因依次是__________

1.家里很需要钱　2.务农收入太低

3.家里地少没活干　4.不会干农活

5.城市收入比农村高　6.城市生活比农村好

7.学技术　8.见世面

9.其他(请注明)__________

D7 现在外出排在前三位的原因依次是__________

1.家里很需要钱　2.务农收入太低

3.家里地少没活干　4.不会干农活

5.城市收入比农村高　6.城市生活比农村好

7.学技术　8.见世面

9.其他(请注明)__________

D8 找到现在工作的途径是 __________

1.亲戚、朋友或同乡　　2.招聘会

3.中介机构　　4.电视、报纸、网络等媒体

5.在农村招工的企业　　6.其他(请注明)__________

D9 务工所属行业__________

1.制造业　　2.建筑业　　3.采掘业　　4.餐饮娱乐业

5.交通运输业　　6.批发零售业　　7.家政服务业

8.其他(请注明)__________

D10 务工企业性质 __________

1.国有企业　　2.集体企业　　3.私营企业　　4.外商独资企业

5.混合所有制企业(中外合资、中外合作)

6.个体商户(员工少于8人)　　7.其他(请注明)__________

D11 所在企业有员工 __________人。

D12 职业 __________

1.工人　　2.服务员　　3.管理员　　4.技术员5.司机

6.自我经营(无雇员)　　7.做老板(有雇员)

8.其他(请注明)__________

D13 每天工作时间平均约__________ 小时。

D14 近一年务工月均收入约为 __________ 元。

D15 外出以来,务工收入的变化__________

1.不断增加　　2.时升时降　　3.基本不变　　4.趋于减少

D16 工资被拖欠的最长时间为__________个月(无工资拖欠现象,则为0个月)

D17 务工月支出约为______元,其中,房租______元,生活(含吃、穿)费______元。

D18 是否与同工单位签订了用工合同? __________

1.签过　　2.没签　　3.不知道

D19 以下项目中,您参加了哪些(多选) __________

1.什么都没参加 2.养老保险　　3.医疗保险　　4.住房公积金

5.失业保险　　6.工伤保险　　7.不知道

D20 为找到现在的工作,您的成本(含交通费、食宿费、介绍费、企业押金)约为______ 元。

D21 外出办理各种证件的费用约为__________元。

D22 最近一年，您的工作变动了__________次。

D23 在寻找工作时，看重的前三位条件依次是__________

1.收入　2.社会保障　3.工作环境　4.工作时间

5.人际关系　6.发展机会　7.其他(请注明)__________

D24 在城里，没有工作的最长时间为________个月(没有无工作状态，则为0个月)

D25 是否参与了企业管理__________

1.是　2.没有

D26 在工作中遇到过不公平待遇吗？__________

1.遇到过　2.没遇到过(选择“2”跳答至D28)

D27 在工作中遇到不公平待遇时，您会__________

1.忍耐　2.投诉　3.辞职　4.不知道怎么办

D28 您目前工作与工作中的下列因素的满意程度是：

	很不满意	不满意	一般	比较满意	很满意
目前工作					
劳动报酬					
社会保障					
劳动时间					
工作环境					
人际关系					
自身发展					

三、城市生活(E)与未来打算(F)

E1 有家人和您在打工城市一起居住吗？__________

1.有　2.没有

E2 有子女在你打工城市上学吗？__________

1.有　2.没有(选择“没有”请跳答至E5)

E3 您在城里的孩子所上学校的性质是__________

1.公立学校　2.农民工子弟学校

3.其他学校(选择“2”、“3”请跳答至E5)

E4 您孩子的学杂费与城里孩子相比__________

1.一样　　2.更少　　3.更多　　4.不知道

E5 务工时的居住方式是__________

1.在务工城市住　　2.回家住(选择“2”请跳答至E8)

E6 城里的住房是__________

1.单位免费住房　2.租住单位房　3.自有房　4.亲戚家

5.在外租房　6.工棚　7.其他(请注明)__________

E7 个人在城市中的居住面积约为人均__________平方米。

E8 是否参与了居住社区的管理__________ 1.否 2.是

E9 工作之余主要休闲方式是(限选两项)__________

1.睡觉　2.看电视　3.打牌或买彩　4.看书报

5.上网　6.逛街　7.其他(请注明)__________

E10 在城市中是否有受歧视的经历__________

1.没有　2.有

E11 您的被歧视感出现的频率是__________

1.从来没有　2.有一点　3.偶尔　4.有时5.经常

E12 你对自己的城市生活__________

1.很不满意　2.不满意　3.基本满意　4.比较满意

5.很满意

E13 您认为自己现在是__________

1.农民　2.市民　3.说不清

E14 您认为农民和市民的最大不同是__________

1.户口性质　2.生活方式　3.工作性质

4.收入的数量和稳定性　5.其他(请注明)__________

E15 在城里(包括乡镇、县市)有自有产权的房子吗__________

1.没有　2.有

F1 您对未来的打算__________

1.一直务工,不想干了就回农村　2.一直务工,争取成为城里人

3.挣几年钱回农村,自己创业　4.挣几年钱回农村务农

5.说不清

F2 如果您打算定居城市,将来定居地点计划选择在__________

1.现在打工地　2.家乡所在省的大城市

3.家乡所在省的中小城市　4.家乡所在乡镇

5.其他省的大城市　　6.其他省的中小城市

7.其他省的乡镇　　8.其他(请注明)__________

F3 在选择将来定居点时,您考虑的前三位因素依次是__________

1.房价　　2.挣钱机会　　3.教育质量　　4.户口限制

5.除房价外的生活成本　　6.与亲戚的距离

7.其他(请注明)__________

F4 下列因素中,您最希望拥有的前四位因素依次是__________

1.城市户口

2.住房公积金

3.社会保险

4.孩子在城里享受与城市人一样的教育

5.参与企业管理

6.参与居住社区的管理

7.参与政府相关政策制定

8.技能培训

9.其他(请注明)__________

四、流动的影响(G)

G1 回家频率一般为每年__________次。

G2 回家主要原因是__________

1.种地　　2.想家

3.家里有事　　4.放假在城里无事可干

5.其他(请注明)__________

G3 您汇回家的钱占您收入的比重约为__________%。

G4 寄回家的钱的主要用途是(限选两项)__________

1.修房子　　2.还债　　3.结婚　　4.学费

5.做生意　　6.日常开支　　7.看病

8.其他(请注明)__________

G5 外出使您家庭的经济生活条件__________

1.得到改善　　2.没有影响　　3.变差了

G6 外出使您家土地耕种面积__________

1.减少了　　2.没有影响　　3.增加了　　4.不知道

G7 外出使您家农作物产量__________

1.减少了　2.没有影响　3.增加了　4.不知道

G8 外出使您家的农业技术__________

1.更先进了　2.没有影响　3.不知道

G9 外出使您家的农业投资__________

1.增加了　2.没有影响　3.减少了　4.不知道

G10 外出使自己__________

1.收入增加　2.生存本领提高

3.思想发生了变化　4.生活方式发生了变化

5.没有变化　6.其他(请注明)__________

五、其他(H)

H1 请判断本人初次外出时对下列因素的需要程度：

	不需要	有一点需要	比较需要	需要	非常需要
1.增加收入					
2.城市的生活方式					
3.见识、本领					
4.其他(请注明)：					

H2 请判断本人现在外出时对下列因素的需要程度：

	不需要	有一点需要	比较需要	需要	非常需要
1.收入					
2.城市的生活方式					
3.见识、本领					
4.其他(请注明)：					

H3 请对下列说法发表意见：

	完全不同意	不同意	说不准	同意	非常同意
外出务工是增加收入、改变自己和生活状况的最佳方式					
农村比城市好					
城市比农村好					

续表

	完全不同意	不同意	说不准	同意	非常同意
城里的生活很满意					
户籍制度是影响我流动的主要制度					
住房价格、体制是影响我流动的主要制度					
教育制度是影响我流动的主要制度					
医疗制度是影响我流动的主要制度					
养老制度是影响我流动的主要制度					

H4 对下列问题，您的感受是：

	绝对劣势	劣势	相同	优势	绝对优势
1.与城市居民相比，您在收入方面处于：					
2.与老家邻居相比，您在收入方面处于：					
3.与城市居民相比，您在政治权力方面处于：					

H5 对下列陈述，您感受的频率：

	经常	有时	偶尔	很少	没有
1.打工时做得多，得到少					
2.受到老板的剥削					
3.没有机会得到晋升					
4.没有机会参与企业的管理					
5.没有机会进入收入更高的部门					
6.没有机会参与与己相关社会政策的制定					
7.社会不公平					

H6 在流动中是否与他人比较？__________

1.是　　　　2.否(回答“否”请跳答至H13)

H7 您将______作为第一比较对象，将______作为第二比较对象，将______作为第三比较对象。

1.城里同事　　2.城里同龄人　　3.城里人　　4.同乡同事

5.老家未外出的邻居　　6.父辈

7. 其他人(请注明)__________

H8 外出务工时，多少相关信息来自同乡？__________

1.与同乡无关　　2.极少部分　　3.大部分　　4.完全来自同乡

H9 外出务工是因为同村人务工吗？__________

1.不是　　2.说不清　　3.部分是　　4.大部分是

5.完全是

H10 假设您面临以下7种获得收入的情景，每种情景的收入分为两种情况：一种是收入确定；另一种是收入不确定，请您选择每种情景中您期望的收入，并在其代号(A或者B)下画钩。

定性收入	风险性收入	
情景1	A 400元	B得到2 000元的可能性为50%，得到0元的可能性为50%
情景2	A 600元	B得到2 000元的可能性为50%，得到0元的可能性为50%
情景3	A 800元	B得到2 000元的可能性为50%，得到0元的可能性为50%
情景4	A 1 000元	B得到2 000元的可能性为50%，得到0元的可能性为50%
情景5	A 1 200元	B得到2 000元的可能性为50%，得到0元的可能性为50%
情景6	A 1 400元	B得到2 000元的可能性为50%，得到0元的可能性为50%
情景7	A 1 600元	B得到2 000元的可能性为50%，得到0元的可能性为50%

H11 假设您面临以下7种失去收入的情景，每种情景的损失分为两种情况：一种是损失确定；另一种是损失不确定，请您选择每种情景中您期望的损失，并在其代号(A或者B)下画钩。

	确定性损失	风险性损失
情景1	A 400元	B损失2 000元的可能性为50%，损失0元的可能性为50%
情景2	A 600元	B损失2 000元的可能性为50%，损失0元的可能性为50%

续表

	确定性损失	风险性损失
情景3	A 800元	B 损失2 000元的可能性为50%,损失0元的可能性为50%
情景4	A 1 000元	B 损失2 000元的可能性为50%,损失0元的可能性为50%
情景5	A 1 200元	B 损失2 000元的可能性为50%,损失0元的可能性为50%
情景6	A 1 400元	B 损失2 000元的可能性为50%,损失0元的可能性为50%
情景7	A 1 600元	B 损失2 000元的可能性为50%,损失0元的可能性为50%

附录 2

“湖南省农民工流动调查”正式问卷

问卷编号：______________

湖南省农民工流动调查问卷

尊敬的朋友：

您好！

我是湖南科技大学的大学生，在老师的指导下进行湖南省农民工（包括户口登记地在某某村与户口登记地在某某居委会但有土地两类非农就业人员）流动调查。您为我国经济和社会发展做出了卓越贡献，您的现状、对未来的计划和选择将关系到我国城市与农村、经济与社会的发展！为促进政府制定更具针对性的、满足不同流动类型需求的政策，特进行此次调查。调查实行匿名制，调查结果仅用于数据分析，我们承诺对您所填信息绝对保密！

请在符合您实际情况的选项下打钩，或填写具体的数字或文字。如果被调查朋友回家，则请以回家前的打工（务工经商）情况填写。您的填答将为我们提供有力帮助！

衷心感谢您的支持！

一、被调查者的背景情况

（一）被调查者个人情况

A1 性别：

1.男　　　　2.女

A2 年龄 ______岁

A3 婚姻状况：

1.未婚　　2.有配偶
3.离婚　　4.其他(选择“1”请跳答至 A5)

A4 有几个孩子?
1.零个　　2.一个　　3.两个　　4.三个及以上

A5 户口所在地＿＿＿＿＿市

A6 受教育程度:＿＿＿＿＿
1.未上过学　　2.小学　　3.初中　　4.高中或中专
5.大专及以上

A7 有无技术?＿＿＿＿＿
1.有　　2.没有

A8 外出前参加过培训吗?＿＿＿＿＿
1.参加过　　2.没参加过

A9 外出后参加过培训吗?＿＿＿＿＿
1.参加过　　2.没参加过

(二)被调查者的家庭情况

B1 您家共有＿＿＿＿人,其中,15—64 岁有＿＿＿＿人,65 岁以上有＿＿＿＿人。

B2 您家打工人数共为＿＿＿＿＿人。

B3 您家近一年的年收入约为:＿＿＿＿＿
1.四千元以下　　2.四千到一万元
3.一万零一到两万元　　4.两万零一到三万元
5.三万零一元以上

B4 在家庭总收入中,打工收入与农业收入相比:＿＿＿＿＿
1.打工收入远远高于农业收入　　2.打工收入略高于农业收入
3.二者大致相等　　4.打工收入略低于农业收入
5.打工收入远远低于农业收入　　6.不知道

B5 您家的收入在您村里处于哪个水平?＿＿＿＿＿
1.很低　　2.较低　　3.中等　　4.较高
5.很高

B6 您家近一年的支出与收入相比为:＿＿＿＿＿
1.支出小于收入　　2.支出等于收入
3.支出大于收入　　4.不知道

B7 您家耕地面积约＿＿＿＿＿亩。

B8 您家种地的劳动力主要是：__________

1.家人　　2.雇工　　3.转包出去了

（三）被调查者所在村的基本情况

C1 您家所在村耕地类型主要是：__________

1.平原地　　2.丘陵地　　3.山区地

C2 村里有土地撂荒吗？__________

1.有　　2.没有　　3.不知道

C3 您家距离最近乘车点的距离是：__________

1.5公里以内　　2.6—10公里　　3.10—50公里　　4.50公里以上

C4 您家所在村有需要雇人的企业吗？__________

1.没有　　2.有一点　　3.有一些　　4.比较多

5.很多

C5 您家所在村劳动力人口（15—64岁）中外出比例约为__________%。

二、被调查者的打工情况

D1 已经打工__________年，在现打工地已经__________年。

D2 外出后，曾到过__________个市（或县）务工。

D3 最近一年，到过__________个市（或县）务工。

D4 现在打工地点是__________省__________市（或县）。

D5 打工方式是：__________

1.常年打工　　2.有时打工，有时务农

3.有时打工，有时不打工也不务农　　4.其他（请注明）__________

D6 初次外出原因有哪些？__________（所选选项请按重要程度从高到低排序）

1.家里需要钱　　2.务农收入低

3.地少没活干　　4.不会干农活

5.城市收入高　　6.城市生活条件好

7.学技术　　8.见世面

9.其他（请注明）__________（初次外出的朋友请跳答至D8）

D7 现在外出原因有哪些？__________（所选选项请按重要程度从高到低排序）

1.家里需要钱　　2.务农收入低

3.地少没活干　　4.不会干农活

5.城市收入高　　6.城市生活条件好

7.学技术　　8.见世面

9.其他(请注明)__________

D8 找到现在工作的途径是:__________

1.亲戚、朋友或同乡　　2.在农村招工的企业

3.招聘会　　4.学校

5.职介所或中间人　　6.电视、报纸、网络等媒体

7.其他(请注明)__________

D9 打工所属行业:__________

1.制造业　2.建筑业　3.采掘业　4.服务业

5.交通运输业　6.批发零售业　7.家政业

8.其他(请注明)__________

D10 职业:__________(如同时为司机与自我经营或做老板,选后者,其他亦同)

1.工人　2.服务员　3.销售员　4.技术员

5.司机　6.管理员　7.自我经营(无雇员)

8.做老板(有雇员)　9.其他(请注明)__________

D11 每周工作最少__________天,最多__________天;一天工作最少__________小时,最多__________小时。

D12 近一年打工月均收入约为:__________

1.1 000 元以下　　2.1 001—1 500 元

3.1 501—2 000 元　　4.2 001—2 500 元

5.2 501—3 000 元　　6.3 000 元以上

D13 外出以来,务工收入的变化是:__________

1.不断增加　2.时升时降　3.基本不变　4.趋于减少

D14 工资被拖欠的最长时间为__________个月(无工资拖欠现象,则为 0 个月)。

D15 务工月支出与月收入相比:__________

1.支出远远小于收入　　2.支出略小于收入

3.支出等于收入　　4.支出略大于收入

5.支出远远大于收入

D16 房租月支出约__________元,生活(含吃、穿)费月支出约__________元。

D17 与用工单位签订了用工合同吗？__________

1.签过　　2.没签

3 不知道(自我经营与做老板不用填答此题)

D18 以下项目中,您参加了哪些？__________

1.什么都没参加　2.养老保险　3.医疗保险　4.住房公积金

5.失业保险　6.工伤保险　7.不知道

D19 最近一次外出办理各种相关证件(如居住证等)的费用约为__________元。

D20 最近一年,您的工作变动了__________次(无变动请填“0”)。

D21 在寻找工作时,您看重的条件有哪些？__________(所选选项请按重要程度从高到低排序)

1.收入　2.社会保障　3.工作环境　4.工作时间

5.发展机会　6.能否照顾家庭　7.孩子能否就近入学

8.其他(请注明)__________

D22 在城里没工作的最长时间为__________个月(没有无工作状态,请填0)。

D23 是否参与了企业管理？__________

1.参与过　2.没有参与过

D24 在工作中遇到过不公平待遇吗？__________

1.遇到过　2.没遇到过

D25 如果在工作中遇到不公平待遇,您会:__________

1.忍耐　2.投诉　3.辞职　4.不知道怎么办

D26 对下列工作中各因素与工作总体的满意程度分别是:

	很不满意	不满意	一般	比较满意	很满意
劳动报酬					
社会保障					
劳动时间					
工作环境					
人际关系					
自身发展					
目前工作					

三、被调查者的城市生活(E)与未来打算(F)

(一)城市生活

E1 是否参与了城市居住社区组织的活动?

1.参与过　　2.没有参与过

E2 工作之余主要休闲方式有哪些? ________

1.睡觉　　2.看电视　　3.打牌或买彩　　4.看书报

5.上网　　6.逛街　　7.其他(请注明)________

E3 在城市中是否有受歧视的经历? ________

1.有　　2.没有

E4 "在城里受到了歧视"这种感觉出现的频率是:________

1.从来没有　　2.偶尔　　3.有时　　4.经常

E5 对现在的城市生活:________

1.很不满意　　2.不满意　　3.基本满意　　4..比较满意

5.很满意

E6 您认为自己现在是:________

1.农民　　2.市民　　3.说不清

E7 您认为农民和市民的最大不同是:________

1.户口性质　　2.生活方式

3.工作性质　　4.收入的数量和稳定性

5.享受社会保障的程度　　6.其他(请注明)________

(二)未来打算

F1 对务工,您的打算是:________

1.身体允许,一直务工

2.务几年工,回农村创业

3.务几年工,回农村务农

4.通过务工,在城里(包括镇、县市)定居 (选择"1"、"2"、"3"请跳答至F4)

F2 您选择以下哪一类型城镇作为将来的定居地点? ________

1.中心镇　　2.县城

3.地级(县级)市　　4.省会城市或直辖市

F3 在选择将来定居点时,您考虑的因素有哪些? ________(所选选项请按重要程度从高到低排序)

1.挣钱机会　2.房价　3.生活成本　4.教育质量
5.与家人、亲戚的距离　6.户口限制
7.其他(请注明)__________

F4 下列因素中，您希望拥有的有哪些？__________(所选选项请按需要程度从高到低排序)

1.城市户口　2.社会保障
3.技能培训　4.孩子教育
5.参与企业管理　6.参与居住社区的管理
7.参与政府相关政策制定　8.其他(请注明)__________

四、被调查者流动的影响(G)（打工时住在自己家里的朋友请跳答至G3）

G1 每年回家最少__________次，最多__________次。

G2 回家主要原因是__________

1.种地　2.看望家人
3.家里有事　4.放假在城里无事可干
5.其他(请注明)__________

G3 您打工收入用于家庭支出的比重约为__________%。

G4 您用于家庭支出的打工收入主要用在：__________

1.修房子　2.日常开支　3.结婚　4.学费
5.做生意　6. 看病　7.还债
8.其他(请注明)__________

G5 外出使您家经济条件__________

1.变好了　2.没有影响　3.变差了

G6 外出使您家耕种土地__________

1.减少了　2.没有影响　3.增加了　4.不知道

G7 外出使您家农作物产量__________

1.减少了　2.没有影响　3.增加了　4.不知道

G8 外出使您家的农业技术__________

1.更先进了　2.没有影响　3.不知道

G9 外出使您家农业投资__________

1.增加了　2.没有影响　3.减少了　4.不知道

G10 外出使自己：__________

1.收入增加　2.生存本领提高

3.生活方式发生变化　　4.思想发生变化
5.没有变化　　6.其他(请注明)__________

五、其他(H)

H1 在流动中是否与他人比较?__________
1.是　　2.否(填答“否”请跳答至 H3)
H2 您将________作为第一比较对象,将________作为第二比较对象
1.城里同事　　2.城里同龄人　　3.城里人　　4.同乡同事
5.父辈
6.老家未外出的邻居　　7. 其他人(请注明)__________
H3 多少打工相关信息来自同乡?__________
1.与同乡无关　　2.极少部分　　3.大部分　　4.完全来自同乡
H4 自己打工是因为同村人打工吗?__________
1.不是　　2.说不清　　3.部分是　　4.大部分是
5.完全是
H5 在肯定得到 1 000 元与有 50%的可能性得到 2 000 元的收入中,您选择:______
1.肯定得到的 1 000 元　　2.可能得到的 2 000 元
3.无所谓
H6 在肯定遇到 1 000 元损失与有 50%的可能性遇到 2 000 元的损失中,您选择:__________
1.肯定损失的 1000 元　　2.可能损失的 2000 元
3.无所谓
H7 初次外出时对下列因素的需要程度:

	完全不需要	不需要	一般	需要	非常需要
1.收入					
2.城市的生活方式					
3.见识、本领					
4.市民享受的权利					

H8 现在外出时对下列因素的需要程度:(初次外出的朋友此项不填)

	完全不需要	不需要	一般	需要	非常需要
1.收入					
2.城市的生活方式					
3.见识、本领					
4.市民享受的权利					

H9 对下列说法,您的意见是:

	完全不同意	不同意	说不准	同意	非常同意
1.打工是增加收入、改变自己和生活状况的最佳方式					
2.城市比农村好					
3.户口阻碍打工与打工选择					
4.住房价格阻碍打工与打工选择					
5.教育制度阻碍打工与打工选择					
6.医疗制度阻碍打工与打工选择					
7.养老制度阻碍打工与打工选择					

H10 在下列比较中,您的感受是:

	绝对劣势	劣势	相同	优势	绝对优势
1.与城市居民相比,在收入方面处于:					
2.与老家邻居相比,在收入方面处于:					
3.与城市居民相比,在社会保障方面处于:					

H11 对下列问题,您的感受是:

	经常	有时	偶尔	很少	没有
1.打工时做得多,得到少					
2.受到老板的剥削					
3.没有机会得到晋升					

续表

	经常	有时	偶尔	很少	没有
4.没有机会参与企业的管理					
5.没有机会进入收入更高的部门					
6.没有机会参与与己相关政策的制定					
7.社会不公平					

调查结束了,再次谢谢您!如对本次调查有什么意见、建议和要求,欢迎写在下面。祝您工作顺利!心想事成!

调查员:__________调查日期:201______年______月;

调查地点:1.打工地　　2.家乡地　　3.其他